eye

守望者

———

到灯塔去

雷蒙德·卡佛访谈录

[美] 马歇尔·布鲁斯·金特里
[美] 威廉·L. 斯塔尔 编　小二 译

Conversations with Raymond Carver

Edited by Marshall Bruce Gentry
and William L. Stull

南京大学出版社

Conversations with Raymond Carver
Edited by Marshall Bruce Gentry and William L. Stull
Copyright © 1990 by the University Press of Mississippi
Simplified Chinese translation copyright © 2021 by Nanjing University Press
All rights reserved.

江苏省版权局著作权合同登记　图字：10-2018-457号

图书在版编目(CIP)数据

雷蒙德·卡佛访谈录/(美)马歇尔·布鲁斯·金特里，(美)威廉·L.斯塔尔编；小二译.—南京：南京大学出版社，2021.7
书名原文：Conversations with Raymond Carver
ISBN 978-7-305-24463-6

Ⅰ.①雷… Ⅱ.①马… ②威… ③小… Ⅲ.①雷蒙德·卡佛(Carver, Raymond 1938-1988)—访问记 Ⅳ.①K837.125.6

中国版本图书馆CIP数据核字(2021)第102239号

出版发行	南京大学出版社
社　　址	南京市汉口路22号　邮　编　210093
出 版 人	金鑫荣
书　　名	雷蒙德·卡佛访谈录
编　　者	[美]马歇尔·布鲁斯·金特里　[美]威廉·L.斯塔尔
译　　者	小　二
责任编辑	顾舜若
照　　排	南京紫藤制版印务中心
印　　刷	江苏凤凰通达印刷有限公司
开　　本	787mm×1092mm　1/32　印张14.625　字数213千
版　　次	2021年7月第1版　2021年7月第1次印刷
ISBN	978-7-305-24463-6
定　　价	68.00元

网　　址：http://www.njupco.com
官方微博：http://weibo.com/njupco
官方微信：njupress
销售咨询：(025)83594756

* 版权所有，侵权必究
* 凡购买南大版图书，如有印装质量问题，请与所购图书销售部门联系调换

目　录

- 001　引言
- 023　年表
- 001　载誉作家重返洪堡州立大学
- 010　我们自己生活的回音
- 016　雷蒙德·卡佛演讲录
- 039　雷蒙德·卡佛:好小说没有捷径
- 045　卡佛的声望在他的沉思中增长
- 051　小说的艺术
- 093　雷蒙德·卡佛:保持简短
- 111　来自荒原的声音

118	"好作家用他的想象说服读者"
139	采访雷蒙德·卡佛
173	诗歌、贫困和"卡佛领地"里的现实主义
179	对话雷蒙德·卡佛
203	雷蒙德·卡佛
236	当我们谈论文学时我们在谈论什么
271	卡佛的世界
286	生死攸关的大事
316	雷蒙德·卡佛和他的世界
326	《伦敦书评》访谈
340	小说与美国:雷蒙德·卡佛
359	重燃激情:采访雷蒙德·卡佛
400	《出版人周刊》采访雷蒙德·卡佛
409	雷蒙德·卡佛:黑暗主宰着他的作品,而非他的生活
419	"我有本书要写完,我是个幸运的人"

引 言

1983年春天,当日本记者宫本美智子(Michiko Miyamoto)请求杰·麦金纳尼(Jay McInerney)引荐雷蒙德·卡佛时,麦金纳尼有点犹豫。"问题是,"年轻作家提到他雪城大学的名师时说,"他不怎么喜欢被采访。"[①]近期,卡佛经由主流出版社出版的第三部小说集《大教堂》获得了普利策奖提名,他还是美国艺术文学院即将颁发的首届斯特劳斯津贴的受益者之一,这份令人垂涎的学

[①] 在本文中,摘自本访谈录的引文均已在正文中给出采访者、出版物或年份。摘自其他访谈、文章和书籍的引文均已在脚注中标明出处。——原注

术奖金将提供给他五年的免税资助。尽管有以上提到的及其他的荣誉,卡佛仍然很谦虚。为了减轻这位记者的困惑,麦金纳尼直截了当地说:"他没有意识到他已经名气大到可以被采访了。"

最终,像其他约五十位采访者一样,宫本获得了与"传奇"卡佛见面的机会,刚过几分钟,她就发现麦金纳尼的话得到了证实。尽管"个头很高"(卡佛身高 6.2 英尺),在纽约卡莱尔酒店为她打开房门的魁梧男子却驼着背,脚步拖沓。卡佛的蓝眼睛有种穿透力,但被浓密的眉毛遮住了。穿着灰色运动衫、棕色斜纹棉布裤和高帮皮靴,他放松地坐在一张看上去不怎么结实的扶手椅上。采访前,卡佛曾预告宫本他被"毁容"了,此刻,他指着下巴解释说:"我刮胡子时割伤了自己。"

对一般人而言,雷蒙德·卡佛留给采访者最深的印象是戴维·阿普尔菲尔德(David Applefield)所说的:"作家本身的质朴与其小说的精雕细琢、风格化和精巧看似相矛盾。"卡佛也因这种看似的矛盾而闻名。这种截然对立的标志之一是他强壮的体魄和几乎听不见的嗓音。"雷蒙德·卡佛是个身材魁梧、饱经风霜的人,"南希·康

引言

纳斯(Nancy Connors)1986年写道,"嗓音却很轻柔,像是尴尬得说不出话来。"①卡佛沙哑的轻声细语部分是因为他连续不断地抽烟,也是抽烟最终导致他1988年死于肺癌,年仅五十岁。("我开始觉得自己像一根连着个身体的香烟。"1977年,他告诉他的第一位采访者。)不过他轻声细语的说话方式有其本质的原因。作为俄勒冈州和华盛顿州锯木厂锉锯工的儿子,卡佛是在用只字片语来掩饰没有说出的情感的人群中长大的。

卡佛沙哑的嗓音迫使采访者为听清楚而靠近他。"有时冒出一长串,有时则像是拿不定主意,"罗克珊·劳勒(Roxanne Lawler)注意到,"就像他写作时那样字斟句酌。"即便《纽约时报杂志》《人物》和《名利场》像介绍名流一样介绍他,他的言谈举止仍然保留着"一个极感兴趣的朋友"的样子,威廉·斯塔福德(William Stafford)回忆道。② 卡佛坦率、不做作的风格让陌生人放松,把正式访

---

① "Form's Master Sees a Revival," (Cleveland, Ohio) *Plain Dealer*, 30 November 1986, p. 1H. ——原注

② "Suddenly Everything Became Clear to Him," *Washington*, November 1988, p. 104. ——原注

谈变成一种双向的交谈。然而,他的随和也有缺陷。首先,卡佛轻声细语的咕哝声挑战电子复录产品,给不止一位采访者留下除了咝咝声外什么都没有的磁带。再有就是他对对方观点的真诚关注(或对一连串诱导性问题的不耐烦),使得好几位采访者大部分时间都在那里自说自话。

"无论是好是坏,"卡佛告诉卡西娅·博迪(Kasia Boddy),"我是一个靠直觉写作的作家,不是一个做计划或寻找适合特定主题的小说的作家。"卡佛对标签和抽象概念持怀疑态度,对分析没有兴趣。"我的智力没那么发达,"他告诉卡桑德拉·菲利普斯(Cassandra Phillips),"我贴着骨头写。"只在被逼无奈的情况下,他才会详细分析一首诗或一篇小说,多年的大学教师生涯只是坚定了他对理论的抵触。"你对解构主义有多了解?"1986年,约翰·奥尔顿(John Alton)问他。"足以知道他们在发疯。"卡佛回答说。他的写作之路非常艰辛,在第一部小说集《请你安静些,好吗?》(1976)上花费了十五年的时间。正因为这样,不管你怎么敦促,他也不会诽谤中伤其他的作家,不管是已经去世的还是活着的。他喜欢的现代经典作家包括海明威、福楼拜和契诃夫。当被要求对当代作家做出评价时,他给出的都是好评,从 A. R. 安蒙斯(A. R. Ammons)到托拜厄斯·沃尔夫(Tobias Wolff)。正如他在一首诗中写道:"我的小船足够大/谁都能坐下。"卡佛慷慨地承认他从老师、编辑和朋友那里得到的帮助,对于他自己的时间,他更是慷慨到了极致。

"写作是一种发现。"卡佛1987年告诉弗朗切斯科·杜兰特(Francesco Durante)。往好里说,对他的采访也是一种发现。访谈让他能够检验自己的信念,回应别人对他的评价,预演将来发展成散文和评论的想法。不止一次,访谈的经历促使他写出一首诗(两首说明这一过程的诗歌分别为《访谈》和《发射物》)。卡佛如果说过某件事情,通常会重复说到它,但每一次都有更深的信念。此外,在他用心参与的重要访谈[比如,与莫娜·辛普森(Mona Simpson)、戴维·阿普尔菲尔德和迈克尔·舒马赫(Michael Schumacher)的访谈]发表之前,他会收到一份谈话的稿件。他对这些"草稿"做修改和增补,他对自己言论的润色几乎达到了文学创作的程度。

本书重印的二十五篇访谈[①]取自各个大小城市的报纸、流行杂志和学术期刊，包括国内和国外的。它们跨越了卡佛戒酒后的"第二次生命"的十年，从三十九岁到五十岁生日。最早的采访发生在1977年7月，在他喝完此生最后一杯酒后一个月，离他和特丝·加拉格尔（Tess Gallagher）开始交往尚有一年的时间。最后的几篇则几乎是在1988年春季同时进行的，在卡佛和加拉格尔结婚前几周，他去世前不久。尽管卡佛早在1960年就发表了自己的第一篇小说，而且在70年代获得了很多的奖项和奖金，但在那些被他称为"坏雷蒙德"的日子里，没有人对他进行过正式的采访。尽管如此，这些"坏日子"在本书重印的访谈中被反复提起，因为那些"锦上添花"的日子就紧随其后。

卡佛告诉《巴黎评论》，如果他相信星座的话，那么他的星座会是乌龟。"我的写作是间歇性的。"他说。这一

[①] 由于版权限制，中译本仅收录二十三篇访谈。宫本美智子和布鲁斯·韦伯（Bruce Weber）的两篇访谈未译出。（如无特殊说明本书脚注均为译注。）

引 言

观察用在他的文学访谈上同样正确。月复一月年复一年,卡佛的思维遵循一种发现、重新评估、发展的螺旋推进模式。他循着一条缓慢的、有时不那么平稳的航线,开辟新的领域,站稳脚跟,再向前推进,往往沿着一个新的方向。大多数让他长久"痴迷"的东西(他不喜欢主题这个词)在他的第一次访谈中就已露出端倪:对技巧和清晰的专注,对他的老师约翰·加德纳(John Gardner)和理查德·戴(Richard C. Day)的感激,以及对于秘密和幸存的迷恋。同时,他生活和艺术创作上的其他"热点"仍然没有公开,特别是几乎置他于死地的酗酒,一个直到1983年他才公开谈论的话题。1987年与卡西娅·博迪交谈时,卡佛列出他写作中不变的话题:"男人与女人之间的关系;为什么我们经常失去那些自己认为最重要的东西;我们内部资源的处置不当。我也对幸存感兴趣,处于低潮时,能够做些什么让自己振作起来。"在经历了一连串令人气馁的"狗屎不如的工作"及两次破产并存活下来后,卡佛有充分的理由把自己算作贫困劳动者中的"正式成员"。"他们是我这样的人,"他告诉斯图尔特·凯勒曼

(Stewart Kellerman),"我决不可能贬低他们。"[1]

访谈录按照时间顺序自动划分成五个既有区别但有时又会重叠的阶段,每个阶段都由他生活和工作的转折点划分。两篇早期的采访,分别发生在1977年夏天和1978年春天,显示卡佛正处在个人生活和艺术的临界点。他"无止境地浪费"的第一次生命已经成为过去,但前面有什么仍然不清楚。为了出版《请你安静些,好吗?》和《狂怒的季节》(1977)这两本书,他已经用尽了自己小说的"存货"。("我的橱柜空空的。"他后来说道。)此刻,在与卡桑德拉·菲利普斯和戴维·克内(David Koehne)的访谈中,他尝试着确定了一个不同的新航向。指引他的是埃兹拉·庞德像护身符一样的话语:"表述的基本准确是写作唯一的道德标准……"这种对语言精准的美学观确定了接下来三年卡佛小说的形式,那些反复修改的小说最终构成了他"极简主义"的代表作《当我们谈论爱情时我们在谈论什么》(1981)。在该书出版前不久发表

---

[1] "'Grace Has Come into My Life,'" *The New York Times Book Review*, 15 May 1988, p. 40. ——原注

的那篇影响深远的随笔《讲故事的人的行话》里,他确实重复了庞德的那句格言。①

在卡佛艰苦跋涉的这一阶段,庞德是他真正的珀涅罗珀②。但也有塞壬③的歌声在引诱他走向暗礁。新近戒酒成功的卡佛告诉卡桑德拉·菲利普斯,他在写一部长篇小说,"会是《非洲女王》那种类型的东西",故事发生在第一次世界大战后的德属东非。能想象一个比这更不"雷蒙德·卡佛"的题材吗?这一对长篇小说不成功的努力的结果是《奥古斯丁笔记本》,其中的一段摘录最终发表在《爱荷华评论》上。④ 幸运的是,等卡佛来到爱荷华城与戴维·克内对话时,他已经放弃了那部长篇小说,回头写诗和短篇小说,那种他擅长的短篇幅。

1979年到1982年之间,似乎没有人对雷蒙德·卡

---

① *The New York Times Book Review*, 15 February 1981, pp. 9, 18. 该文章后来更名为《论写作》,收入《火》一书中。——原注
② 古希腊神话中英雄奥德修斯的妻子,她为了等候丈夫归来,坚守贞节二十年,于是后人将她的名字作为"忠贞"的代名词。
③ 塞壬是古希腊神话中的海妖,用自己的歌喉使得过往的水手倾听失神,导致航船触礁沉没。
④ "From *The Augustine Notebooks*," *Iowa Review*, 10 (Summer 1979), pp. 38-42. ——原注

佛进行过重要采访,即便《当我们谈论爱情时我们在谈论什么》受到了《纽约时报书评》头版的热情称赞。[1] 评论界轻视短篇小说的"悠久传统"部分解释了这种冷漠。延长这个沉默期的第二个因素是卡佛为这本书耗尽了精力。像他两年后向莫娜·辛普森解释的,《当我们谈论爱情时我们在谈论什么》是他写过的最"刻意"的一本书。"我对这些小说所做的推敲是前所未有的。"他说。事实上,这本小说集里的一些小说此前已经发表过多达三种不同的版本,每一篇都比上一次发表时更加精简和隐晦。受到海明威省略理论的启发[还有他长期的编辑戈登·利什(Gordon Lish)的敦促],卡佛把《当我们谈论爱情时我们在谈论什么》里面的小说削减到"不是只剩下骨头,而是只剩下骨髓"。唐纳德·纽洛夫(Donald Newlove)的概要评述暗示了这种削减的结果:"十七个'无望村'的故事,婚姻和酗酒的残骸,用一种像五分之一冰斯米诺伏

---

[1] Michael Wood, "Stories Full of Edges and Silences," *The New York Times Book Review*, 26 April 1981, pp. 1, 34. For a minor interview from this period, see Stephen Wigler, "Extraordinary Insights into Ordinary People," (Rochester, New York) *Sunday Democrat and Chronicle*, 21 June 1981, pp. 1-2C. ——原注

特加那样有节制的清澈文字讲述。"①

《当我们谈论爱情时我们在谈论什么》受到弗兰克·克默德(Frank Kermode)和其他人的高度称赞,卡佛也被称作讲故事这门艺术的"成熟的大师"。此外,这本骨瘦如柴的小说集在80年代逐渐成熟的年轻一代短篇小说写作者中证明了它的影响力。杰恩·安妮·菲利普斯(Jayne Anne Phillips),举例来说,宣称这本书是"这个十年的寓言集"②。但是这种极端的删减削弱了卡佛的精力。《当我们谈论爱情时我们在谈论什么》出版后的六个月里,他感觉自己什么都写不出来。此外,经过反思,他发现简约小说的文字在美学上难以让人满意,特别是在评论家开始把他称作文学上的"极简主义者"之后。这个名词的内涵让他感到不安。"'极简主义'隐含了视野和手法上狭窄的意味,我不喜欢。"他告诉莫娜·辛普森。更糟糕的是,这个使用方便的标签粘在了他身上。采访者和评论家对此难以拒绝。直到多年以后,在卡佛超越

---

① *Saturday Review*, April 1981, p. 77. ——原注
② "The Secret Places of the Heart," *New York*, 20 April 1981, p. 77. ——原注

了《当我们谈论爱情时我们在谈论什么》的"极简"风格很久以后,他才得以从这个标签下脱身(当卡佛的小说自选集《我打电话的地方》于1988年出版时,"不再是极简主义者的他"得到《纽约时报书评》编辑的一致称赞。[1])

卡佛再次处于紧要关头。就像他向辛普森解释的:"再往前走……就是死路一条。"为了走出这个死胡同,接下来的两年时间里,他成功地完成了风格上的一百八十度大转弯。在1981年到1983年之间,卡佛恢复并扩充了《当我们谈论爱情时我们在谈论什么》里的很多小说被删减的文字。〔这些修缮的成果收录在《火》(1983)和《如果这让你高兴》(1984)里。〕此外,在此期间他还写了近一打更饱满和更有希望的新小说。"我的小说将比五年前更加确定。"1982年春,他告诉阿克伦大学的大学生采访者。第二组访谈正是在卡佛的这一发展阶段,这个被亚当·迈耶[2]恰当地称为"沙漏型"的发展阶

---

[1] "And Bear in Mind," *The New York Times Book Review*, 22 May 1988, p. 36. ——原注
[2] 亚当·迈耶(Adam Meyer),美国范德堡大学教授,美国20世纪文学专家,著有"特韦讷美国作家丛书"中的《雷蒙德·卡佛》。

段进行的。①

第二组访谈的巅峰显然是发表在 1983 年《巴黎评论》夏季号上的莫娜·辛普森和刘易斯·布兹比（Lewis Buzbee）的长篇访谈。另一篇在广度上与之相当的是凯·博内蒂（Kay Bonetti）的访谈，卡佛说起自己发自内心的决定：脱离"极简"风格，写"更宽厚"的小说。在和辛普森的访谈中，他第一次谈到此前一直"乏味得不想再说"的故事：形成他小说背景的酗酒和婚姻破裂等真实生活中的故事。在此期间，卡佛一次又一次提起自己新近获得的自信。1983 年 5 月，美国艺术文学院把米尔德丽德和哈罗德·斯特劳斯津贴之一给予卡佛后，这种自信得到了巩固和加强。这是一笔历时五年的津贴，带给他每年三万五千美金的免税收入。1983 年末，《大教堂》获得国家图书评论奖和普利策奖的提名，这是雷蒙德·卡佛人生的高光时刻。这也是一段动荡的时光，正如 1984 年至 1986 年中期进行的第三组访谈所展示的。

---

① "Now You See Him, Now You Don't, Now You Do Again: The Evolution of Raymond Carver's Minimalism," *Critique*, 30 (Summer 1989), pp. 239-251. ——原注

到了1984年,卡佛已经是一个名人。对他的介绍不仅登上了《纽约时报杂志》,还登上了伦敦的《星期日泰晤士报》和阿姆斯特丹的《海牙邮报》。辞去教职是他接受斯特劳斯津贴的条件,但卡佛暂时还住在雪城,加拉格尔继续在那里任教。然而他并没有沉浸在公众的关注中,而是发现他的名声在东海岸引发的"喧闹"干扰了自己的工作。"如果能把信件回复了,就觉得这一天没白过。"他告诉拉里·麦卡弗里(Larry McCaffery)和辛达·格雷戈里(Sinda Gregory)。

1984年1月下旬,卡佛逃到了西海岸。从1982年起,他与加拉格尔就在她的家乡安吉利斯港度夏,那是华盛顿州奥林匹克半岛北岸一个低调的工业小城和渔村。在安吉利斯港,加拉格尔新建的俯瞰胡安·德富卡海峡的"空中楼阁"正好空着。为了寻找清静,卡佛独自搬了过去。他的目的是写小说,甚至是拖延已久的第一部长篇。然而,看着窗外深蓝色的海水,他发现自己在写诗。"没有人比我更惊讶了,"后来他告诉威廉·L. 斯塔尔(William L. Stull),"因为我已经有两年多没写诗了。每天我都把自己写空了,到了晚上什么都不剩。碗里空空的。晚上上床后,我不知道第二天早晨会有什么,但一直有。"

卡佛的生活和艺术创作再次改变了航向。首先,这期间的访谈者几乎不敢相信他们听到的。80年代最成功的短篇作家为了诗歌放弃了散文①。(首先注意到这个变化的布鲁斯·韦伯把诗歌看作卡佛的一种短暂的自我放纵。)然而在接下来的两年里,卡佛没有产出新的小说。取而代之,他写出两本诗集——《水流交汇的地方》(1985)和《海青色》(1986)。卡佛的小说,特别是《当我们谈论爱情时我们在谈论什么》里的简约文字为他赢得了四处漂泊、记录工薪阶级的绝望之人的名声。但1984年夏天,麦卡弗里和格雷戈里去安吉利斯港采访他时,他们见到的是一个幸福的男人。"现在我感到与周围环境有了直接接触,很多年没有这样的感觉了。"卡佛说。

这份诗歌的"厚礼"不期而至,离开得也同样突然。"现在让我坐下来写一首诗都很困难。"1986年11月《海

---

① 在英语文学中,散文(prose)代表一种语言的形式,而非一种文体。它指的是没有韵的文学语言,与诗或韵文(verse)相对。小说在语言形式上也属于散文。

青色》出版后不久,卡佛说道。1985年末,他又开始写小说。1986年2月24日,他在十八个月里写成的七篇新小说的第一篇《箱子》登上了《纽约客》。与早期的转折点相似,随着写作体裁的改变,卡佛的文学访谈也改变了。第四组独具特色的访谈从1986年秋天一直延续到1987年秋天。

卡佛螺旋推进的思维模式可以从他80年代中期的写作上清晰地看出。举例来说,在《1954年,在伍尔沃思零售店》(《巴黎评论》,1984年秋)这首诗和小说《亲密》(《时尚先生》,1986年8月)里,一个半自传性的叙事者回到自己的过去,重新确定当下的自己,再尝试着向前,进入未知。与自我再生类似的过程出现在这个时期很多对卡佛的传记性描写里。[最具透露性的或许是戴维·卡彭特(David Carpenter)所写的《当我们谈论卡佛时我们在谈论什么》。[1]]采访者也注意到卡佛回顾过去然后展望未来的模式。"卡佛承认他的过去与现在是两

---

[1] *Descant* (Toronto), No. 56/57 (Spring—Summer 1987), pp. 20-43. ——原注

次不同的生命,"迈克尔·舒马赫写道,"他说能够活下来很幸运,并补充说他的诗和小说'见证'了他的过去,很不幸,也'见证'了太多人的当下。"

这几年,卡佛经常扮演美国年轻的新现实主义者的"教父",一个他既没有承认也不想担当的角色。〔当意大利记者西尔维娅·德尔波佐(Silvia Del Pozzo)问他是不是戴维·莱维特(David Leavitt)、布莱特·伊斯顿·埃利斯(Bret Easton Ellis)和杰·麦金纳尼的"父亲"时,卡佛回答道:"我只是我自己两个孩子的父亲。"①〕且不谈新闻界的夸大,到80年代后期,卡佛毫无疑问已成为他这一代短篇小说家中的翘楚。卡佛的自我评估尽管比较谦逊,却反映了他对自己"第二次生命"的安全感。像他告诉尼古拉斯·奥康奈尔(Nicholas O'Connell)和其他采访者的那样:"我只是为我知道的一些事情做见证。"

如果说卡佛对自己的看法发生了改变,那么可以说他的文学实践也发生了改变。代表他80年代初期作品

---

① "Sono quasi il loro papà," *Panorama* (Milan), 23 March 1986, p. 95.——原注

特点的过度修改和重复发表不见了。"有一段时间我修改所有的东西。"1986年,他告诉斯塔尔,"但我已经有好几年不那么做了。"更重要的是,过去他觉得有必要把他的小说削减到最短,现在他有足够的信心让它们变长。七篇新小说"都更长、更详细了,某种程度上也更肯定了",他告诉戴维·阿普尔菲尔德。伴随这种风格变化的是题材的变化。"现在它们不仅涉及夫妻关系,还包括家庭关系,"他补充道,"儿子和母亲、父亲与孩子,而且它们更广泛地介入这些关系。"也许最不可思议的是,卡佛发现自己同时在写诗和小说,这对他来说是从没有过的。这些变化的累积效应是一种对可能性的紧迫感。"我现在觉得要做的事情太多,而时间太少。"他告诉迈克尔·舒马赫。

正如第五组访谈所不幸展示的,雷蒙德·卡佛剩下的时间不多了。1987年9月,他经历了一系列的肺部出血。诊断结果是癌症,10月,医生切除了他左肺的三分之二。短暂缓解后,1988年3月,癌细胞重新出现在卡佛的大脑里,随后进行了为期七周的化疗。他重要的小说自选集《我打电话的地方》定于5月上架。这本书的出

引言

版,加上诸多的荣誉,标志着5月25日卡佛的五十岁生日,也证明是对他采访的最后一轮机会。卡佛发表的最后一个短篇小说《差事》(《纽约客》,1987年6月1日)取材于激励他终生的安东·契诃夫生命最后的日子。现在,面对自己的死亡,他的言行里有契诃夫式的大胆。一方面,卡佛告诉采访者他想要的墓志铭。"除了被称为作家,我想不出来还有其他什么,"他说,"除非是诗人。"另一方面,他坚称他最好的作品还没写出来。"我会挺过来的。"他告诉凯勒曼,"我有鱼要钓,有小说和诗要写。"①

卡佛没来得及写出这些小说。不过在和特丝·加拉格尔6月17日举行婚礼后的几周里,他与妻子汇编了他的最后一本诗集《通向瀑布的新路》(1989)。7月,卡佛和加拉格尔去阿拉斯加做了一次钓鱼之旅。8月2日早晨,卡佛在安吉利斯港的家中去世。"最近几年,"他曾和凯勒曼说起过,"一些光芒,如果你愿意这么说的话,还有恩典,进到了我的生命里。"②卡佛最后的访谈证实了这

---

① "For Raymond Carver, A Lifetime of Storytelling," *The New York Times*, 31 May 1988, sec. C, p. 17. ——原注
② "'Grace Has Come into My Life,'" p. 40. ——原注

些恩典,就像他最后一本书里的最后一首诗《迟到的断想》所说的:

> 尽管这样,你有没有得到
> 此生想得到的?
> 我得到了。
> 你想要的又是什么?
> 称自己为亲爱的,感到
> 被这个世界爱过。[1]

与"文学访谈"丛书中其他访谈一样,访谈重印时都没有删节,也基本上未做编辑。书名被规范成斜体字。排字错误和明显的事实错误(包括经常出现的卡佛出生年份的错误)被悄悄地更正了。编者参照卡佛的原作,对访谈中出现的卡佛作品的标题与摘录做了检查和修订。访谈按照采访进行的日期排列。这些日期尽可能准确地

---

[1] *A New Path to the Waterfall* (New York: Atlantic Monthly Press, 1989), p. 122. ——原注

引　言

放在了文章的后面。

本书包括的二十五篇访谈代表了编辑能够收集到的大约一半的访谈。很多访谈以扩充后的形式出现在这里。《巴黎评论》的访谈采用了收录在《作家在写作(第七辑)》里的版本。凯·博内蒂为《星期六评论》做的采访增补了保存在美国语音散文图书馆的语音磁带上的对话。最先发表在《密西西比评论》上的拉里·麦卡弗里和辛达·格雷戈里的访谈,这里采用的是经修改并收录在《活着并写作》(1987)里的版本。戈登·伯恩(Gordon Burn)给他为《伦敦时报》做的访谈进行了文字扩充。三篇发表过的访谈[分别由罗克珊·劳勒、汉斯马尔滕·特龙普(Hansmaarten Tromp)和威廉·L. 斯塔尔采访]增补了采访者录音带上记录的额外资料。为易懂起见,编者对这些记录做了少量的编辑。采访者向卡佛反复问某些问题,他的回答不可避免会出现重复。

很多人为本书做出了贡献。我们衷心感谢准许我们重印资料的作家和出版商。有几篇访谈首次以英文翻译的形式发表。我们感谢宫本美智子、汉斯马尔滕·特龙普和里卡尔多·迪朗蒂协助我们获得外文出版物。我们也感谢把卡佛的话恢复成英文的翻译家:高冈直子、斯蒂芬·T. 莫斯凯和苏珊娜·彼得斯·科伊。罗伯特·A. 蒂贝茨提供了使用俄亥俄州立大学图书馆威廉姆·沙尔瓦特美国小说收藏中的雷蒙德·卡佛档案的机会。我们感谢向我们的研究提供协助的印第安纳波利斯大学克兰纳特纪念图书馆的克里斯蒂娜·居约诺、雪莉·比格纳,以及邦尼·安德森。很多采访的文字及与本书有关的信件往来的打字工作都是由谢里·伯顿完成的。我们的妻子,艾丽斯·露丝·弗里曼和莫琳·帕特里夏·卡罗尔,用富有洞察力的评论与极具价值的鼓励为我们的工作提供了助力。在这个项目的每个阶段,我们都获益于西塔·斯里尼瓦桑作为编辑的敏锐。

在他丰富多产的"第二次生命"里,雷蒙德·卡佛把他的书献给了一位与他作品的成功密切相关的作家同行。我们怀有同样的感激,因此谨将本书献给特丝·加拉格尔。

M. B. G.

W. L. S.

1990 年 3 月

年　表

1938年　5月25日,小雷蒙德·克莱维·卡佛在俄勒冈州的克拉茨卡尼镇出生,是艾拉·比阿特丽斯·凯西和沃纳锯木厂锉锯工克莱维·雷蒙德·卡佛的第一个孩子。

1941年　卡佛全家搬到华盛顿州的亚基马。

1943年　8月5日,卡佛唯一的弟弟詹姆斯·卡佛在亚基马出生。

1956年　6月,卡佛从亚基马高中毕业。他和母亲跟随父亲去了加州的切斯特,与父亲一起在一家锯木厂上班。11月,卡佛独自返回亚基马。

1957年　6月7日,卡佛与十六岁的玛丽安·伯克在亚基马举行婚礼,他在当地的一家药店做送货员。12月2日,女儿克里斯蒂娜·拉蕾出生。

1958年　8月,卡佛与妻女和岳父母一起搬到加州的天堂镇,他在加州州立大学奇科分校注册成为在职学生。10月17日,儿子万斯·林赛出生。10月31日,卡佛的首个出版物,题名《才智超群的人在哪里?》的一封信刊登在奇科分校的《野猫》杂志上。

1959年　6月,卡佛全家搬到加州奇科镇。秋天,卡佛选修了约翰·加德纳教授的创意写作初级课程。

1960年　春季学期,卡佛创建并编辑了首期奇科分校的文学杂志《选择》。6月,卡佛全家搬到加州的尤里卡,在佐治亚-太平洋锯木厂工作。秋天,他转学去了阿卡塔市附近的洪堡州立大学,选修理查德·戴教授的课程。

1961年　卡佛发表的第一篇小说《狂怒的季节》刊登在《选择》第二期(1960年冬—1961年)上,第二篇小说《父亲》刊登在洪堡州立大学的文学杂志《柳叶石楠》上。6月,卡佛全家搬到阿卡塔市。

1962年 5月11日,卡佛创作的首部戏剧《康乃馨》在洪堡州立大学上演。他发表的第一首诗歌《黄铜戒指》刊登在《目标》的秋季号上。

1963年 2月,卡佛从洪堡州立大学获得文学学士学位。他春季编辑的《柳叶石楠》收录了他用真名发表的小说《波塞冬和他的同伴》与《头发》,用笔名约翰·韦尔发表的海明威式的讽刺小说《狂迷者》与一首名为《公元480年春》的诗歌。卡佛获得去爱荷华作家工作坊学习一年的五百美元奖学金。在伯克利度过夏天后——其间卡佛在加州大学图书馆工作——卡佛全家搬到爱荷华州的爱荷华城。《狂怒的季节》修改后发表在《十二月》秋季号上,并登上《1964年美国最佳短篇小说选》的"1963年美国加拿大杂志优秀短篇小说名单"。

1964—1966年 1964年6月,卡佛全家搬回加州,住在萨克拉门托市,卡佛被慈善医院雇为日间清洁工。一年后，他换到了夜班。1966年秋，卡佛加入萨克拉门托大学由丹尼斯·施密茨组织的诗歌研习班。

1967年　春季，卡佛夫妇申请破产保护。6月17日，卡佛的父亲去世。7月31日，卡佛入职科学研究协会(SRA)，担任教科书编辑。8月，卡佛全家搬到加州的帕洛阿尔托市，卡佛在那里结识了他后来的编辑戈登·利什。玛莎·弗雷把短篇小说《请你安静些，好吗?》收入《1967年美国最佳短篇小说选》。

1968—1969年　1968年春，萨克拉门托州立大学英语俱乐部出版了卡佛的第一本书《克拉马斯河畔》（诗集）。玛丽安·卡佛获得去特拉维夫大学学习一年的奖学金，卡佛向SRA请假一年。6月，卡佛全家搬去以色列，但于10月返回加州。1968年11月至1969年2月，他们住在好莱坞的亲戚家，卡佛在那里卖节目单。2月，他被SRA重新雇用为"广告部主任"，卡佛全家搬到加州的圣何塞市。

1970年　卡佛获得国家艺术发现基金诗歌奖。6月,卡佛全家搬到加州森尼韦尔市居住。短篇小说《六十英亩》入选《1970年小型杂志最佳小说选》。他第一本正规出版的书《冬季失眠症》(诗集)由皮艇出版社发行。9月25日,卡佛被SRA解雇。遣散费和失业救济金供他全职写作了近一整年。

1971年　春季,旧金山基金会在其每年一次的约瑟夫·亨利·杰克逊奖竞赛活动上授予卡佛"荣誉奖/特别表扬"。时任《时尚先生》杂志小说编辑的戈登·利什在杂志的6月号上刊登了卡佛的短篇小说《邻居》。加州大学圣克鲁兹分校委任卡佛为1971—1972年度创意写作客座讲师。8月,卡佛全家搬到加州的本洛蒙德。短篇小说《肥》刊登在《哈珀集市》9月号上,《一个外出的夜晚》入选《1971年小型杂志最佳小说选》。卡佛在圣克鲁兹分校担任《采石场》(现在是《西部采石场》)杂志的创建顾问编辑。

1972年　卡佛获斯坦福大学1972—1973年度华莱士·

斯特格纳奖学金,同时被伯克利分校委任为小说写作课的客座讲师。7月,卡佛夫妇在加州库比蒂诺市购置了一栋房产。

1973年　爱荷华作家工作坊委任卡佛为1973—1974年度客座讲师,他独自前往爱荷华城,入住校内的"爱荷华之家",就住在约翰·契弗居住的房间下面两层楼的房间。小说《这是什么?》入选《1973年欧·亨利奖小说集》,《美国诗歌新声音》刊登了卡佛发表过的五首诗歌。

1974年　加州大学圣塔芭芭拉分校委任卡佛为1974—1975年度客座讲师,同时委任他为学校文学杂志《光谱》的顾问编辑。酗酒和家庭问题迫使他于12月辞职,卡佛夫妇随后申请第二次破产保护。8月,卡普拉出版社以单行本的形式出版了卡佛的短篇小说《把你的脚放在我鞋里试试》,该小说入选《1974年欧·亨利奖小说集》。失业后,卡佛回到库比蒂诺市。接下来的两年,他与家人待在那里,很少写作。

1975年　《你是医生吗?》入选《1975年欧·亨利奖小

说集》。

1976年　2月,卡普拉出版社出版了卡佛的第三本诗集《鲑鱼夜溯》。3月,他的第一本经主流出版社出版发行、留有戈登·利什烙印的小说集《请你安静些,好吗?》由麦格劳-希尔出版社出版。小说《家门口就有这么多的水》被收入首期《小推车奖选集》。1976年10月至1977年1月,卡佛因重度酒精中毒四次住院。10月,卡佛夫妇卖掉了库比蒂诺的房产,卡佛和妻子开始分居。

1977年　《请你安静些,好吗?》获国家图书奖提名。卡佛独自搬到加州的麦金利维尔。6月2日,他停止喝酒。与妻子和好后,这一年他继续住在麦金利维尔。11月,卡普拉出版社出版了《狂怒的季节和其他短篇小说》。就在那个月,在得克萨斯州达拉斯市的一个作家会议上,卡佛结识了诗人特丝·加拉格尔。

1978年　1月,卡佛在佛蒙特州普兰菲尔德的戈达德学院教授了两周艺术硕士课程。他获得了约翰·西蒙·古根海姆奖。从3月到6月,他和妻子在爱荷华城尝试复合。他们于7月分居,卡佛去了得克萨斯大学埃尔帕索分校,他被特聘为1978—1979年度的客座住校作家。8月,他第二次见到特丝·加拉格尔,两位作家开始密切交往。卡佛的书评开始出现在《芝加哥论坛报》《得克萨斯月刊》和《旧金山书评》上。

1979年　1月1日,卡佛和特丝·加拉格尔在埃尔帕索开始同居。他们去靠近加拉格尔老家安吉利斯港、华盛顿州奥林匹克半岛上的奇马克姆度夏。卡佛从未完成的长篇小说的片段《〈奥古斯丁笔记本〉摘选》刊登在《爱荷华评论》夏季号上。9月,卡佛和加拉格尔搬到图森市,加拉格尔在亚利桑那大学教书。卡佛被纽约州雪城大学委任为英文教授。为了继续获取古根海姆奖和写作,他延缓一年接受这一委任。

1980年　卡佛获得国家艺术基金小说奖。由于雪城大学教工意外退休,他从1月开始教学,比原计划提前了一个学期。5月到8月,卡佛和加拉格尔住在安吉利斯港一间租借的小木屋里。他俩于9月回到雪城,加拉格尔担任大学创意写作计划的协调员。卡佛和加拉格尔在雪城联合购置了一栋房产。

1981年 卡佛和加拉格尔继续他们的常规:9月至来年5月在雪城教书,然后去安吉利斯港度夏。2月15日,随笔《讲故事的人的行话》(后来更名为《论写作》)发表在《纽约时报书评》上。4月20日,他的第二本经主流出版社出版的短篇小说集《当我们谈论爱情时我们在谈论什么》由克诺夫出版社出版,编辑是戈登·利什。《洗澡》赢得《哥伦比亚杂志》颁发的卡洛斯·富恩特斯小说奖。11月30日,卡佛以小说《大厨的房子》首次登上《纽约客》。此后,他成为该杂志固定的供稿者。短篇小说《当我们谈论爱情时我们在谈论什么》入选《小推车奖选集第六辑》。

1982年 夏天,卡佛和加拉格尔去瑞士旅行。9月,梅塔康出版社出版了卡佛小说《野鸡》的限量版。

客座编辑约翰·加德纳将《大教堂》收入《1982年美国最佳短篇小说选》(加德纳9月14日死于摩托车车祸)。卡佛和妻子自1978年7月开始分居,于1982年10月18日合法离婚。随笔《火》刊登在《安泰俄斯》秋季号上。电影导演迈克尔·西米诺委托卡佛和加拉格尔改写根据陀思妥耶夫斯基生平创作的电影剧本。卡佛当选纽约州萨拉托加温泉的艺术家聚集地亚多公司的成员。

1983年 4月14日,卡普拉出版社出版了《火:随笔、诗歌、短篇小说》。《洗澡》的修改/扩充版《一件有益的小事》荣获《1983年欧·亨利奖小说集》第一名。该小说也被收入《小推车奖选集第八辑》。5月18日,美国艺术文学院将首届米尔德丽德和哈罗德·斯特劳斯津贴给予卡佛与辛西娅·奥齐克,这是一份连续五年且可以续签的每年三万五千美元的免税生活津贴。作为接受这一奖项的条件,卡佛辞去了雪城大学的教授职位。他的随笔《约翰·加德纳:作家和老师》刊登在《佐治亚评论》夏季号上,并成为加德纳去世后出版的《如何成为小说家》一书的前言。9月15日,克诺夫出版社出版了卡佛的第三本重要小说集《大教堂》。12月12日,《大教堂》获得国家图书评论奖提名。卡佛编辑了《犁铧》杂志的小说特刊,客座编辑安妮·泰勒将小说《我打电话的地方》收入《1983年美国最佳短篇小说选》。

1984年　1月,卡佛为逃离雪城媒体的"喧闹",独自住进加拉格尔在安吉利斯港新建的"空中楼阁"。他白天写诗,晚上偶尔写一些非虚构的作品。4月22日,《纽约书评》发表了他评论《舍伍德·安德森书信选》的文章。卡佛为《我们不在一起:威廉·基特里奇小说集》写了前言。夏天,他和加拉格尔参加了美国信息服务机构组织的巴西与阿根廷朗读之旅。秋天,他们回到雪城,加拉格尔做了安排,每年只教一学期的课。9月10日,卡佛和迈克尔·西米诺合写但没有拍摄的电影剧本《紫湖》被注册登记。

卡佛的随笔《我父亲的一生》刊登在《时尚先生》9月号上。9月,小说《如果这让你高兴》作为约翰勋爵出版社的限量版出版发行。《2000年的一代》刊登了卡佛发表过的七首诗歌。小说《小心》入选《小推车奖选集第九辑》。《大教堂》获得普利策奖提名。

1985年　1月,卡佛在安吉利斯港的一个工薪住宅区购置了一栋住房。1月到8月,他和加拉格尔轮流在安吉利斯港的两个家里居住,他们于9月返回雪城。卡佛的五首诗歌刊登在2月号的《诗歌》(芝加哥)上。从此他成为该刊物固定的供稿者。5月1日,兰登书屋出版了卡佛的诗集《水流交汇的地方》。卡佛和加拉格尔访问英国。5月16日,《火》和《雷蒙德·卡佛小说集》在英国出版。卡佛和加拉格尔合著的《陀思妥耶夫斯基:电影剧本》于秋季由卡普拉出版社出版。11月17日,卡佛评论两部海明威传记的文章发表于《纽约时报书评》。当月,他还获得了《诗歌》杂志的莱文森奖。

1986年　卡佛担任《1986年美国最佳短篇小说选》客座编辑。11月7日,兰登书屋出版了他的诗集《海清色》。同一天,卡佛和加拉格尔作为特邀读者参加了现代诗歌协会在芝加哥举行的诗歌节。

1987年　4月3日,德拉科特出版社出版了由卡佛和汤姆·詹克斯编辑的《美国短篇小说杰作选》。5月,乌鸦出版社出版了《那些日子:雷蒙德·卡佛的早期作品》。6月1日,《纽约客》刊登了卡佛的最后一篇小说《差事》。4月到7月,卡佛和加拉格尔在欧洲旅行,游览了巴黎、威斯巴登、苏黎世、罗马和米兰。6月1日,科林斯·哈维尔出版社在伦敦出版了卡佛近期的诗歌选《引航灯下》。9月,卡佛肺出血,10月1日,雪城的医生切除了他患癌的左肺的三分之二。11月11日,纽约公共图书馆将卡佛选为"馆选大文豪"。客座编辑安·比蒂将《箱子》收入《1987年美国最佳短篇小说选》。

1988年　1月,卡佛在安吉利斯港买了一栋新房子。《差事》被《1988年欧·亨利奖小说集》评为第一名,客座编辑马克·赫尔普林将其收入《1988年美国最佳短篇小说选》。卡佛担任《1988年美国小说》的评委。3月,他的癌症复发,这次是在大脑里。4月和5月,他在西雅图进行了为期七周的化疗。5月,大西洋月刊出版社出版了他的自选集《我打电话的地方》。5月4日,布兰迪斯大学授予卡佛创意艺术奖小说奖。5月15日,他获得哈特福德大学授予的荣誉文学博士学位。5月18日,卡佛成为美国艺术文学院成员。6月初,卡佛的肺部再次出现癌细胞。6月17日,他和加拉格尔在内华达州的里诺登记结婚。他们一起汇编了他的最后一本诗集。7月,他们去阿拉斯加做了一次钓鱼之旅。卡佛在西雅图的弗吉尼亚·梅森医院短暂住院。8月2日早晨六点二十分,他在安吉利斯港的新家里去世。8月4日,他被安葬在安吉利斯港的海景墓地。同一天,科林斯·哈维尔出版社在伦敦出版了《大象和其他小说》。8月29日,《纽约客》刊登了卡佛的诗歌《意外之财》,随笔《友谊》刊登在《格兰塔》秋季号上。9月22日,纽约市圣彼得教堂举行了卡佛的追思活动。

1989年　西雅图基金会把玛克辛·库欣·格雷研究基金给予加拉格尔和已故的卡佛。6月15日,大西洋月刊出版社出版了卡佛的最后一本诗集《通向瀑布的新路》。9月22日,BBC关于卡佛生平和写作的纪录片《梦是你从中醒来的东西》在英国上映。11月27日,国际英语联合会授予《我打电话的地方》大使图书奖。

载誉作家重返洪堡州立大学

卡桑德拉·菲利普斯/1977 年

"他来到第二街,人们称这儿'二街'。"

从那儿开始,刚刚获悉妻子不忠行为的尤利卡一所中学的老师拉尔夫·怀曼,在纸牌游戏上输了钱,遭人抢劫,跌跌撞撞地往家走。

上面引用的那句话摘自雷蒙德·卡佛的一篇小说,小说的标题《请你安静些,好吗?》也是他第一本小说集的标题。

今年,《请你安静些,好吗?》与另外四本书一起,被或许是美国最负声誉的文学奖——国家图书奖提名。

它最终没有获奖,不过卡佛会告诉你——毫不自大或犹豫——他的书应该获奖。

"我读了被提名的其他几本书,我觉得我胜过所有的敌人。"他说,大笑起来。

除了国家图书奖提名,《请你安静些,好吗?》还受到几乎所有主流文学杂志的称赞,卖出了四千五百本精装本,这对短篇小说集来说是相当不错的销量。

(简装本将于明年2月出版。)

20世纪60年代初,卡佛作为洪堡州立大学的学生第一次来到洪堡县,一直待到1963年毕业。

他选择洪堡州立大学的原因很简单:"因为那里有工作。"当时他父亲在福耳图那锯木厂工作,他帮卡佛在佐治亚-太平洋公司找到一份工作。

离开十三年后卡佛又回来了。他住在麦金利韦尔一栋舒适但不算大的房子里,这说明评论界的赞誉与巨额财富并不挂钩。

"西夫韦超市里没有人认得我。"他带点嘲弄地说。

三十九岁的卡佛是个大块头,他看上去更愿意待在锯木厂而不是去参加出版人的派对。他一根接一根地抽烟,说话的声音很轻。("我开始觉得自己像一根连着个身体的香烟。")

这是他首次接受"正式"的采访,他有点"尴尬"。

"我出生在俄勒冈州,俄勒冈的克拉茨卡尼镇,人口大约七百。就在哥伦比亚河边。"他说。

大萧条期间,他父母从阿肯色移居到了那里。

雷四岁的时候,卡佛全家搬到华盛顿州的亚基马。他在那里长大,遇到他的未婚妻玛丽安,并成为他家第一个高中毕业生。

作为一个小男孩,他说:"我最喜欢的作家是埃德加·赖斯·巴勒斯[①]。我读了他所有的书,大多数读了五到八遍。"

巴勒斯可以被称作卡佛的第一个文学榜样。少年时代的他写过"与怪兽、蚂蚁、实验室和疯狂的医生有关的小故事"。

不过直到在加州州立大学奇科分校读大一,卡佛才开始认真地写作。

---

① 埃德加·赖斯·巴勒斯(Edgar Rice Burroughs,1875—1950),美国科幻小说作家。代表作有《人猿泰山》等。

"我在那儿认识了一个非常不一般的家伙,他后来成为国内最有名的作家之一。约翰·加德纳。我们成了好朋友。"

(加德纳在奇科分校获得他的第一份教职。那时还没有出版那些让他成名的书籍:《阳光对话》《镍币山》和《十月之光》。)

"他仔细审阅我的手稿,每一个字,每一句话。我真心认为这是教授写作的唯一方法。"卡佛说。

加德纳还把自己办公室的钥匙借给卡佛,这样,他有才华的学生就可以有私人空间进行写作。

"我习惯周末在他的办公室里翻看他的手稿,偷他小说的题目。"卡佛"招供"说,"我是说把那些好得一下子将我砸晕的题目拿过来,我记得,改头换面,放进我的小说……"

"后来我给他看用了他的题目的小说,他不得不就什么是基本的规矩训诫了我一番。"他说。

还有就是,"他(加德纳)办公室里有很多其他作家寄来的书信,我自然读了。不管怎么说,我通过窥探学到了不少东西"。

卡佛最好的小说之一《邻居》反映了他的窥探癖，一对替休假的邻居照看公寓的夫妻，最终把他们大部分的时间花在了探查那所公寓上。

转学洪堡州立大学后，卡佛在英语教授理查德·戴的指导下学习。

"我选了两门戴的课，"卡佛说，"然后在校园里跟在他身后转了一两周，才鼓足勇气和他搭讪。"

他们成了好朋友，直至今日。

在洪堡州立大学上大三的时候，在一个重要的日子，卡佛得知他售出了自己的第一篇小说和第一首诗。两样东西都卖给了"小杂志"。

"那首诗我得了一美元，一张一美元的支票，付给小说的是投稿者赠刊。"他大笑着回忆。

在爱荷华大学创意写作班读了一年研究生后，卡佛带着妻子和两个孩子搬到萨克拉门托，他在那里继续写作，并干着"一连串低劣的工作，一个接一个"。

作家的第一份"白领"工作几乎是从天而降，来自 SRA，帕洛阿尔托的一家教科书出版社。

"我有一间办公室、一部电话，应有尽有。"他说。

在 SRA 工作了一年后，卡佛全家去国外待了一年。回国后，他发现自己成了公司的广告总监。

"我有一个开销账户，诸如此类的东西，我开始滥用它，那当然了。"他说，又大笑起来，"我被解雇了。"

一般情况下发生这种事情的结果是灾难性的，但对卡佛而言，丢掉 SRA 的工作是一件再好不过的事情。

"我得到了一笔很不错的遣散费，还能领失业救济金。而且就在那个时候，我赢得了国家艺术资助基金。所以说我的人生中第一次有了点银子。"

那时，卡佛已经在多家小杂志上发表过诗歌和小说，还吸引了一位经纪人。他有充足的时间和钱写作，他的小说卖给了《时尚先生》与《时尚芭莎》。此外，他出版了自己的第一本诗集，他的短篇小说频频获奖，被收入小说选。

九个月的高产写作期过去后，卡佛开始了他的学术生涯。他手里握有在加州大学圣克鲁兹分校、加州大学伯克利分校、爱荷华大学和加州大学圣塔芭芭拉分校教学一年的合同。

"做教师是一件令人恐惧的事情，不过到头来我做得还不错。"他说。他同时在发表小说和诗歌,获得了1973年、1974年、1975年的欧·亨利短篇小说奖。

1975年,卡佛离开学术界进行全职写作。其间,他妻子在洛思阿图斯高中找到了一份教职。(她曾请假一年来麦金利韦尔陪伴卡佛。)由卡普拉出版社出版的短篇小说集《狂怒的季节》将于9月上架。而且两周前,卡佛才卖给《时尚先生》一篇小说,将刊登在12月的那一期上。

现在,有了麦格劳-希尔出版社的预付金做保证,卡佛准备写作他的第一部长篇。

(用预付金最先购买的商品,他说,是钓竿和渔线轮。)

这部长篇将彻底偏离他的短篇小说。主题是第一次世界大战期间在东非的德国人,涉及的不是工厂的工人和上门推销的推销员,而是有贵族血统的德国军官。

"会是《非洲女王》那种类型的东西。"他说。

而且,他说他对这个项目充满"信心"。"我知道自己的局限,但我真的不知道我有什么是做不到的。"他说,"我从未有过现在这样的机会。"

然而，卡佛会欣然承认："我的智力没那么发达。我贴着骨头写。我对小说或诗歌里的知性主义没有兴趣……炫技。"

提及写作时他说："至少百分之七十取决于精力。接近四十岁时，你能感到在精力和体力上开始衰弱，在你出于这样那样的原因（不可避免的或想象出来的）受到伤害以后。"

尽管这样，卡佛说他能很快地写出一篇小说，然后花上好几天来"润色"。"写得顺手的时候"，他每天写，然后可能"无所事事地晃荡一两周"。

如果他有一则艺术信条，那是引自庞德的一句话，卡佛把它打在一张卡片上，并贴在靠近他办公桌的地方。

"不同于写作观念的道德标准，表述的基本准确是写作唯一的道德标准。"

"除了写作，我想象不出其他的人生。"他说，"如果让我重来一遍的话，我想做一个作曲家。不过我连谱都不识，所以那也不成。"

"我只想尽我所能写好、写真实。"他说。

"Accolade-Winning Author Returns to Humboldt" by Cassandra Phillips from the *Times-Standard* (Eureka, CA), 24 July 1977, 1-2. Conducted July 1977.

我们自己生活的回音

戴维·克内/1978年

一个周六的傍晚,我们坐在我的公寓里喝咖啡。邻里的孩子们在客厅的窗外争吵。一辆旅行车从街上慢慢驶过。这可能是他某个短篇小说的开场,因为貌似很平常。雷蒙德·卡佛点燃他的香烟,用手里的火柴轻轻比画着,倾身向前。

"你不是你的人物,但你的人物是你。"他说。

考虑到卡佛一生中扮演过的众多角色,这是一个有趣的观察。他做过清洁工、锯木厂帮工、送货员、售货员和出版公司的编辑。他在好几所大学教授小说写作,包括 1973—1974 年在爱荷华作家工作坊(Iowa Writers'

Workshop）。

接下来的几个月，卡佛将住在爱荷华城，并从事几个写作项目，然后离开中西部，加入佛蒙特州戈达德学院的教师队伍。

"这是我生活中新的篇章。我的两个孩子都长大了，我刚刚获得古根海姆奖。我有大块的时间用来工作。"他说。

"我一直在写一部长篇。我已经接受了出版商的预付金，不过他们同意我用一本短篇小说集来代替。"

卡佛此前出版了两本短篇小说集：获1977年国家图书奖提名的《请你安静些，好吗?》，以及包括小推车奖获奖小说《家门口就有这么多的水》的小说集《狂怒的季节》。

卡佛认为自己的主业是小说作家，尽管他已经出版了三本优秀的诗集并在整理出版第四本。

"一年前我以为自己再也写不出一首诗来了。我不知道究竟是什么原因，但自从来到爱荷华城，我写了一整本。过去的几周实在是太好了。"

我们聊到一个作家的诗歌和她/他的散文之间的区

别,有时候这种区别还是很明显的。我暗示,他的诗歌经常看起来像他的小说。他又点燃了一根烟。

"我认为情节很重要。不管是写诗还是散文,我还是想要讲述一个故事。我写诗写了很长一段时间,那是因为我没有时间写短篇小说。诗歌的好处是有一种即刻的满足感。如果出了什么问题,马上就能发现。对我来说,花上好几个月写一部长篇,到头来写砸了,这将是件难以承受的事情。那将是我的一次巨大的投资,而且我的注意力很难持久。"

公平地说,如果卡佛的诗歌与他的短篇小说相像,同样,他的短篇小说也具有诗歌的强度。语言非常清晰且貌似简单。读者无法确定事情会往哪个方向发展,直到她/他抵达那里。

雷蒙德·卡佛具有超强的对话技巧,他笔下的人物在最怪诞的场合仍然真实可信。

在《阿拉斯加有什么?》这篇小说里,玛丽和卡尔去杰克与海伦家共度一个夜晚,尝试杰克的生日礼物水烟枪。卡佛不仅以极具幽默的准确模拟了四个飘飘然的成年人之间的对话,还用微妙的手法表现他们之间的一系列冲突,成功地在读者的潜意识里制造出一种紧张感,这种紧张感在小说的最后一句达到了高潮。

卡佛的小说经常促使他的读者做出移情反应。这源于他对平常、微小的细节的敏锐观察,我们个人往事中我们认为很独特的那些细节。所以有时候我们会忘记是在读小说,会怀疑我们正在应对我们自己说的话的回音、我们自己生活的回音。

我们添加了咖啡,我就他小说的起源和写作过程向他提问。他停顿了一会儿。

"很多东西来自经验,或者我听说的事情,哪儿听来的一句话。"

我提到他小说的题目经常取自小说里的句子。他倾身向前。

"你开始写。有时候在小说里你找不到想要说的,直到你改动了一句,突然就知道了小说的去向。你必须一边向前走一边发现。完成初稿后,你再从头来过。

"小说中的每一样东西都很重要,每一个字,每一个标点符号。我崇尚小说的精简。我的一些小说,比如《邻居》,初稿有终稿的三倍那么长。我真的喜欢改写的过程。

"开头非常重要。一篇小说开头的几行决定了它是被祝福还是被诅咒。编辑有那么多的文稿要看,他们往往只看开头的一两段,除非是他们认识的作者。"

卡佛显然知道自己在做什么,因为他的多篇小说被收入国内最具竞争性的小说选:《美国最佳短篇小说选》和《欧·亨利奖小说集》。

我们对话中最长的停顿出现在我下面这个问题之后:"你怎么看写作课,比如爱荷华作家工作坊?我知道若干年前你在这里做过学生。"

"我认为写作课可以是件好事情,一个学习技能的地方。当然了,问题是很多在写作课上非常活跃的人离开后就再也没有音讯了。他们离开学校后就停止了写作。

"我在爱荷华期间并不那么有成效。我没写出什么。我在这儿待了两个学期,没拿到艺术硕士学位就离开了。

"重要的是找到某个能与你一起工作的人。对我来说是约翰·加德纳。他出现在我发展的一个非常重要的阶段。"

今晚八点卡佛将在英式休闲吧朗读。他也许会朗读他新小说集《你们为什么不跳个舞?》(出版时书名与此不同)里的同名小说。

"也许我还会读另一篇,"他说,"《把你的脚放在我鞋里试试》。我礼拜二再做决定。"

卡佛起身,看着我,手里拿着咖啡杯。"还有咖啡吗?"他问道。

"Echoes of Our Own Lives" by David Koehne from the *Daily Iowan* (University of Iowa-Iowa City), 18 April 1978, 2. Conducted 15 April 1978.

雷蒙德·卡佛演讲录

罗伯特·波普和丽莎·麦克尔希尼/1982年

1982年春,雷蒙德·卡佛访问了阿克伦大学。下面所选谈话摘自他与美国短篇小说班学生的问答式讨论。丽莎·麦克尔希尼记录整理了这次采访,为了避免中断卡佛先生的谈话内容,我们去掉了提问部分。

过去几年里,大多数出版商把短篇小说看作美国文学私生的继子。总体上说,出于各种原因,短篇小说家不受重视。出版商没有兴趣出版短篇小说集,除非是著名作家的。即便在当下,有名出版社出版的短篇小说集也卖不出一两千本。从这方面看,短篇小说家比诗人还要凄惨。我高兴地告诉大家,过去几年里这种境况正在改变。像伦纳德·迈克尔斯[①]、安·比蒂(Ann Beattie)、巴里·汉纳(Barry Hannah)和我本人这样的短篇小说家的小说集受到了评论界的更多关注,我觉得近来短篇小说经历了真正意义上的复兴。

我觉得我属于传统的一部分。写作短篇小说让我感到惬意。我觉得自己还有更多想写的小说,我希望这个夏天能够去写——我必须写——我签了合同,秋天要交出一本短篇集的书稿。这之后我也许会写一部长篇,也许不会。我收了写一部长篇的钱,我没有写,反而去写短篇了。那部长篇我写了大约两周,然后停了下来,回头去写短篇。

多年来我一直承受着写长篇的压力,明显的和不那么明显的。从妻子到出版商,所有的人都在说:"你必须写一部长篇。"但是我继续写短篇和诗。不过我也许会去写一部长篇。也许明年我会写一部长篇。我也不知道。

[①] 伦纳德·迈克尔斯(Leonard Michaels,1933—2003),美国小说家、散文作家。

我现在做的事情让我开心。我不再有这样的压力了。

纵观所有的文学作品,许多优秀的作家从来没有写过长篇小说。举例来说,契诃夫写过一些优秀的篇幅较长的短篇、一些中篇,曾试图写一部长篇,但没有写出来,他说自己没有写一部长篇所需的持续的注意力。他很容易就厌倦了。他喜欢开头和结尾。我真的觉得我的情况也是这样的。我无法想象花三年时间写一部长篇,结果写得很差。然而事情往往就是这样的。多数时候一个作家的第一部长篇发表不了,因为通常很差,通常是这样的。也有例外——托马斯·曼的第一部长篇①就是一个例外。我认为写短篇并非写长篇必需的垫脚石,不过在我看来,那是一个让散文写作者起步的好地方,因为你必须学会使用语言。

我觉得多数情况下人们这么做是为了一举成名。他们认为,写出一部长篇就会名利双收。大多数正在写长篇的小说家赚不着什么钱。我有一个朋友出版了三部长

---

① 托马斯·曼(Thomas Mann,1875—1955),德国作家,1929 年度诺贝尔文学奖获得者。他的第一部长篇是《布登勃洛克一家》。

篇,都受到了好评。他一共挣了八千美元,而写这几本书花了他八年的时间。细算下来,这不算是很好的报酬。这就是大多数严肃作家不得不从事其他工作谋生的原因——去教书,或是去做保险公司的副总裁,或一年里在伐木场干六个月,然后把其余的时间用在写作上。

教书并不能激发我的思想。我从教学中或我的学生那里得不到任何想法。但教书能让我付房租,给我提供好的生活。多年以来,我一直在为下个月的房租操心,还会担心如果我的孩子生病了会怎样。我没有牙科保险和医疗保险。他们需要脚踏车。到了9月,他们需要上学穿的衣服。你会被那种吃了上顿没下顿的生活消耗殆尽。简直没办法生活。现在我不用担心房租,而且我在写更多的东西。夏天我不用去上班。圣诞节我有一个月的假期。我的工作有很好的薪酬。我现在的工资比我做过的任何工作都多,这个世界上所有糟糕的活儿我都干过。一年工作五十周,每天在橡胶厂或锯木厂工作十个小时,一年两周的假期,去一个国家公园,这样的生活没有一点尊严。做着这种朝八晚五,或晚上十一点到第二天早晨七点的工作,你疲劳不堪地回到家,累得什么都不想干了。我现在写得比以往任何时候都多。在一个理想的世界——如果这是一个太平的国度——作家就不应该去上班。他们每个月会收到一张支票。但现实不是这样的,我没什么好抱怨的。收入有可能更差,过去一直都很差。所以能像现在这样我很开心。

我经常收到出版社寄来的书和装订好的校样这一类东西,在图书出版发行前,希望我能审阅书稿,或写一篇书评,诸如此类的事情。我经常收到一两个月就要上架的长篇小说。书的售价会在十五六美元,有七八百页那么厚。我拿起来就彻底气馁了。书有三四磅重。这是——我肯定这是我的过错。我很庆幸自己读过《战争与和平》。我已经读过(两遍),而且我希望在死之前能再读两遍。我觉得这是一本了不起的书,一本杰作。我绝对没有暗示好的东西必须是短的。约翰·契弗(John Cheever)的新长篇很短,但很差。

我确实觉得写短篇与写诗之间的相似点比写短篇与

写长篇之间多得多。

我觉得读诗和写诗或许是年轻作家最好的训练。埃德加·爱伦·坡称其具有独一无二的效果。

我同时开始写诗和短篇。我有一首诗和一个短篇在同一天被两家不同的杂志接受了。那真是美好的一天，一个大喜的日子。是发生在我身上的最美好的事情。那首诗杂志付给我一美元，小说则是给供稿者赠刊的承诺。你们看，快速致富。

我觉得你们不应该去寻找写小说的动机。我觉得这个动机应该以某种方式俘获你，不过在我的小说里所有的东西都会被修改。我是改写最虔诚的信奉者。我喜欢改写。大多数我熟悉的作家，大多数我知道的作家一直都是杰出的改写家。对所有人，所有想成为作家的人来说，看看杰出作家前期的书稿既能获得教益又会受到鼓励。我觉得托尔斯泰、陀思妥耶夫斯基和海明威都是杰出的改写家。

海明威喜欢夸大其词，不过他说《永别了，武器》的结尾他写了四十遍。即便你把那个数字除以二，也是很多次的改写。

我见过托尔斯泰《战争与和平》校样的照片。他用钢笔和墨水把那本书从头到尾写了五遍,出版前一刻他还在校样上修改。而且由于他做的改动太多,不得不重新排版。由于他做了太多的添加和修改,印刷工不得不重新排铅字。

弗兰克·奥康纳(Frank O'Connor),一位杰出的爱尔兰短篇小说家,或许是 20 世纪最好的短篇小说家,他会把自己的小说改写上二十、三十甚至四十遍——那些非常棒的长篇幅的短篇。然后在这些小说发表后再次改动。他说写第一稿时你尽管把随便什么破烂都写下来,把黑字写在白纸上,白纸黑字——尽管写,第一稿,有什么写什么。

我记得海明威说过他要用自己的手指头来写。他在蒙大拿出车祸后,有人说他会失去右胳膊,他觉得自己有可能失去写字的能力。

还没有定下心来的学生或年轻写作者往往会卡在他们小说的第二页或第三页上。他们想不出头绪,所以就停在了那里。他们的头脑在挡小说的道。然后他们不停地去做这种不成功的努力,他们把他们的小说停下来。你必须冲过去,把它写出来。然后你就会看到你的小说是什么样子的了。一个作家经常不知道他要说什么,直到看到了自己说的。

弗兰纳里·奥康纳[①]有本名叫《奥秘与礼仪》(*Mystery and Manners*)的书,一本她去世后出版的随笔集,据我所知现在仍然卖得很好,我当然推荐这本书。她说她开始写小说的时候几乎不知道小说的走向。她会从大脑里的一个想法,或一个意象开始写,从几句话开始,然后这个会发展成那个,而那个又会引出某个其他的东西。她说她开始写《善良的乡下人》("Good Country People",无疑是一篇了不起且著名的小说)时,并不知道小说里会有一个装了义肢的女博士。她不知道会有一个推销《圣经》的人。她不知道小说的结尾,直到小说还剩下最后八句。这些出现在她面前,就像她听见了一样。我也经常这样写。

[①] 弗兰纳里·奥康纳(Flannery O'Connor,1925—1964),美国南方女作家,曾进入爱荷华作家工作坊。获欧·亨利短篇小说奖,代表作有《好人难寻》等。

我模模糊糊地知道自己要往哪儿走。我飞快地写下第一稿或草稿，不停下来处理细节。我跳过那些我知道以后会回来处理的情节——打个叉儿，提醒自己记住，再快速向前推进。我努力一口气写完，三十五到四十页的样子，手写，知道自己会回来。我用打字机把它打出来后，真正的工作才开始。接下来再把那篇小说改上十五到二十稿是常有的事。随后我会发现自己还在修改，甚至是它在杂志上发表以后，为了校对而重新读它的时候。在书出版之前或根据书的需要，我可能会再次修改。我觉得这很平常。我认识这么做的诗人，著名的诗人，我们这个时代最优秀的一些诗人——罗伯特·布莱①、高尔韦·金内尔②、唐纳德·霍尔③。

唐纳德·霍尔告诉我，有一首诗他写了三年，写了八十稿，八十或一百稿。他同时还在做其他的事情，但他会把那首诗从抽屉里拿出来读一读，把它放到打字机上，做

---

① 罗伯特·布莱（Robert Bly, 1926— ），美国深度意象派诗人，作品《身体周围的光》获国家图书奖。他还是中国古典诗歌的推崇者。
② 高尔韦·金内尔（Galway Kinnell, 1927—2014），美国诗人，佛蒙特州桂冠诗人，曾获普利策诗歌奖。
③ 唐纳德·霍尔（Donald Hall, 1928—2018），2006年美国桂冠诗人。

一点小修改,然后再把它放回抽屉,接着做其他的事情。等到他写完了,他已经修改了八十或一百遍了,而且那首诗才十六行。我认识的所有诗人都很认真。我认识的所有诗人都是写了改,改了又改。

约翰·加德纳是一位杰出的改写家。他在一部长篇上花费了二十年的时间。他同时还在写别的东西,其他的长篇。但他会花时间来写那部长篇,然后把它放回抽屉,接着去做其他的事情,然后他会把这部小说从抽屉里拿出来,再次放到打字机上,做一些改动。如果觉得哪儿不对劲,他会把它放回抽屉,去做其他事情,再写一会儿,然后又去做其他事情。不过由于一直在写其他的东西,他最终有了完成的作品。加德纳出版的第一部长篇并不是他写的第一部长篇。

我非常欣赏契诃夫的短篇小说,我会冒着拙劣模仿的风险向契诃夫借点东西。我会借一句他说过的话。他把文学作品分成两类——他喜欢的和他不喜欢的。关于小说写作我真的没有什么理论。我知道我喜欢什么。我知道我不喜欢什么。我不喜欢不诚实的写作。我不喜花招。我喜欢诚实的小说，好的叙事。不管小说里是否有恋爱情节或其他。

如果你小说读得足够多（特别是如果你读的是稿件，无论是学生的小说，还是作为杂志编辑收到的投稿），从开头的两三句，你就能看出来这篇小说是否有价值。从字词的搭配、句子的样式，以及给你的感觉上就能看出来。

我自己编过三本文学杂志。我认识一个在《时尚先生》工作了八年的小说编辑。他只读经纪人交给他的稿件，或是信封上做了私人标记的稿件。他一天有可能需要处理三四十篇小说。如果他一天没来上班，第二天他要看六十篇小说。不过他不会把这些小说从头读到尾。他会读开头的几句，第一段，有时候第一页。如果他被这位作家的小说吸引了，如果小说足够吸引人的话，他会继续读下去。所以我的建议是：如果你是一位作家，不要把你最好的东西留到最后面。

还有欧·亨利奖每年 3 月出版的美国小说年选。全国每年出版的短篇小说大约有三千篇。所有这些小说（从《阿克伦评论》到《纽约客》发表的小说）都有资格入选这本选集。助理会帮编辑威廉·亚伯拉罕斯（William Abrahams）做一些筛选。他可能会收到一百五十篇小说。他没有时间去读这一百五十篇小说。他做不到。我说的是发表了的小说，拿来十二期《红皮书》（Redbook），打个比方，读第一段，也许第二段——如果不行，读下一个。如今太多其他的事情在恳求我们的注意力。你必须把好的东西往前提，某种程度上。读一下你欣赏的小说的开头。看看契诃夫小说的开头，开头的一两句。你马上就会身临其境，无法抗拒。或是读海明威、弗兰克·奥康纳、弗兰纳里·奥康纳。读开头的几句。你没办法停下来。

回过头来说海明威，海明威是我非常钦佩的作家，我至今仍然怀着愉悦的心情重读他的作品。你们大概熟悉他把文学作品比作冰山的理论：冰山的十分之九在水下。但是只要作家知道他省略的是什么，那就没有问题。如果他只是写，不知道自己省略了关键的东西，那就不怎么好了。如果你读海明威的小说，你的所得恰到好处，不多也不少。

海明威有一篇名叫《雨中的猫》("Cat in the Rain")的小说，我特别喜欢。故事里没发生什么大事，但你知道这对夫妻的关系出了问题。她出去找她从旅馆窗口看到的一只猫，当时是雨季，我估计故事发生在西班牙的某个地方，而她丈夫没兴趣，有一个细节粘在了我的脑子里——他躺在床上看书，但他的头在床脚，而他的脚搁在床头板上。一个美妙的故事。一个叙事很简单的故事。非常棒。

我一般不去读我不喜欢的人的东西。我评论过约翰·契弗的新长篇《恰似天堂》(*Oh What a Paradise It Seems*)，我一点也不喜欢，不过我认为他是个杰出的作家。我觉得他简直不可思议。我觉得他几年前出版的短篇小说集五十年后可能还会有人读。我觉得他是个非常了不起的作家。

有一群作家与"小说集体"①及他们出版的书关系密

---

① 小说集体（Fiction Collective Two）是一个由作家经营的非营利出版社，致力于出版具有创新性或异端性、大出版商不愿意出版的小说。

切——也有例外，他们出版过一些我确实敬重的作家的作品，像杰里·邦珀斯（Jerry Bumpus）。但是他们出版了太多愚蠢的书，这些书太蠢了，没有价值。从实验性上说它们是最差的。小说里充满了噱头，极其无聊。就像是恶作剧。一场恶作剧，你知道的，一会儿就不好笑了。我读小说的时候不喜欢笑话或花招。

我不喜欢唐纳德·巴塞尔姆（Donald Barthelme）的一些小说，不过我觉得他有些小说写得还是蛮精彩的。他在短篇这个形式上做过一些令人赞叹的尝试。他自成一派，经常被模仿，但从未被复制。试图像巴塞尔姆那样写，但又没有巴塞尔姆特有的才华和幽默的那些人让我厌烦。你总能读到差劲的巴塞尔姆仿制品。当你读到作者根本就不在乎的人物身陷愚蠢或荒唐的境地，你就知道实验作家写的东西他读得太多了，诸如一个父亲在照看婴儿，婴儿的哭声干扰了他看电视，他起身把婴儿放进火炉里。这是什么玩意儿？谁要看那样的东西？然后他回去接着看他的电视，或给自己做一个火腿三明治。那样的东西至少是冷漠的。但是就有人写这样的小说，有时候还会出版。我不想去指名道姓或谈论人格，但是存在一大批这种类型或体裁的写作。他们似乎失去了精神支柱,在艺术作品或私人生活上都失去了方向,道德方向——我搞不明白。

就我而言,最好的艺术能在现实生活中找到参照点。即便是唐纳德·巴塞尔姆,他最好的作品也与生活有关。

我估计不管从哪方面看,为艺术而艺术并不是一个新鲜想法。这可以追溯到19世纪,那时人们就开始这样写。我估计我很容易感到无聊。作家关于写作的写作让我厌倦。一位作家曾借他的人物问道:"这还会持续多久?"这也是我想知道的。这还会持续多久?我没有兴趣。

你们肯定知道一些正式出版的小说选,反小说(antistory)选集,编辑开宗明义地告诉你们这些人什么都没干。这些人不是人。这些小说里什么事情都不会发生。什么都不会改变。编辑不在乎,作者不在乎他们做的事情。什么事情都可能发生。怎么来都行。读这些小说风险自负。我真的搞不懂。

《邻居》这篇小说是我1970年或1971年写的。1968

年,一系列奇怪的情况让我和妻子、孩子来到了以色列的特拉维夫,我们的邻居要出门一周。他们问我们能否照看他们的公寓并帮他们喂猫。我记得我说没问题。我记得我进到他们的公寓里,关上身后的门。公寓里有很多植物和类似的东西,我有一种真实的诡异感,因为关上门后,我知道我可以在那里做任何想做的事情。

过了好几年我才来写那篇小说。我在为生活奔波,努力维持生存,不沉沦下去。我回到了加州,去了一家出版公司上班。当我有时间写点东西时,我发现自己从来没有忘记那段经历,走进那间房间,关上身后的门,能做自己想做的事情。所以我围绕那个写了个故事。我通常都是这样来写小说的,在触发性事件发生很久以后,在有可能触发这篇小说的事件发生很久以后。

你需要鼓励。你需要外部世界给你某个迹象,他们知道你还活着,他们参与你的生活。让我在60年代活下来的是这些——偶尔有一首诗被杂志接受了,偶尔有个短篇被接受了。不是大杂志,而是像《阿克伦评论》《西部人文科学评论》和《卡罗来纳季刊》这样的小杂志。这让我继续走下去。

有一个阶段我简直没有时间和心情去写任何东西。隧道尽头仅有的光亮是迎面驶来的火车。那是一连串的重新开始。我重新开始了无数次。现在我比过去更能严格要求自己了。不仅是严格要求自己,而且也有更多的时间写作。写作已成为我的生活方式,情况不总是这样。我觉得这和我年纪大了有关系,与我事实上觉得自己比过去写得好了有关系。我能看到一些结果了。有些事情,很多事情已经发生。很多很好的教训。我很幸运。我也一直在努力写,不过必须这么做。

有些人努力工作,痴迷写作,痴迷自己的工作,却没有什么结果,看到这些让人心寒。这种情况在作家中并不少见。过了一阵,他们放弃了。他们不再投稿,或根本就没有机会发表。几乎同样糟糕的是东西发表了,作家却因作品没有登顶最佳销售榜而愤愤不平。他们觉得自己没有从编辑那里得到应有的重视。指责别人很容易。这样的事情也经常发生。没有什么比一位诗人或一位小说家心生怨恨更糟糕的事情了。还有比完成长篇后却出版不了更糟的事情,那就是写了一部长篇,也出版了,然后却心生怨恨,变得尖酸刻薄,觉得这个世界遗弃了你。我也不知道。这是个好问题。我们可以一直谈下去。不容易。

我的小说集之所以能出版,是因为有一位编辑愿意为这些小说牺牲自己的名誉。他看了书稿后说:"我们必须出版这些小说。"小说的出版遭到他几位上司的强烈反对。不过他们还是让他出了。当这本小说集给他们挣了钱,我就成了他们的宠儿。他们对这本书和这位编辑有说不完的好话。开始的时候我们被视作瘟疫。外面的世界会变得很丑陋。真的。

发生在我身上的每一件好事都让我更加急于去工作,敦促我去写更多的东西,竭尽全力地写。上一本书获得的成功——以销售数量、评论界的认可和我获得的金钱来衡量——让我想去写更多的东西。最后期限不会让我感到不安。这有点像被牵着鼻子往前走,没什么不好的。不过我觉得不管有没有期限,你都应该有纪律,因为你可以把最后期限往后推。比如,我可以把我的最后期限从今年11月推延到明年的3月1日。不过那个想法从来就没有进到我的脑子里。我喜欢写小说。

还有，必须说明一下，我的小说现在发生了变化。我无法再去写同样的小说，不管是好是坏。我觉得这很自然。你不可能一辈子写同样的小说，画同样的画，或谱同样的曲子。然而，我觉得我的写作现在所经历的变化不是我哪天早晨坐下来做出的决定。我没有去想："好吧，现在我要改变一下我的写作方法。我的小说将比五年前更加确定。"一切就那么发生了。

要是手里没有一支铅笔，我没法去读别人的小说，无论是学生的还是作家朋友的。如果有人给我一份书稿，对我说"读一下"，我会假设他想请我把它改得好一点，提一点建议。我在加州帕洛阿尔托一家出版公司做过几年编辑，以此为生。所以读稿件的时候，我需要一支铅笔。我让我的学生采纳有用的建议。如果你觉得是对的，就采纳。十有八九，一个建议会有点用处。如果觉得不对，就离它远点。不要采纳。坚持你自己的想法。

我有一篇随笔刚被一本叫《影响》(*Influences*)的书收录了，哈珀与罗出版社将于明年 11 月或 12 月出版这本书，编辑特德·索罗塔洛夫(Ted Solotaroff)把这篇随笔复印了一份寄给我,告诉我他们对这篇随笔有多期待。他请我看看他给出的建议,如果我能接受,他们会做相应的改动。他提了一些建议,他的建议一语中的,百分之百正确。真的是这样。我当然不会对他说:"我的随笔不能有任何改动。"那么做是愚蠢的。他所做的只是给出建议,而且,哇,绝对正确。我当然做了这些修改。他是对的。这才是编辑的作用。好的编辑真是少之又少。

有些在出版社供职的编辑真的就不该让他们进那个门。他们不懂语法。他们不懂句法。看见好的措辞也不会明白。他们连与作者打交道最基本的东西都不懂。

还有就是像麦克斯韦尔·珀金斯(Maxwell Perkins)这样的编辑,他是海明威的编辑、托马斯·沃尔夫的编辑、詹姆斯·琼斯(James Jones)的编辑。他是一个天才。他不像沃尔夫的诋毁者声称的那样在帮沃尔夫写小说,但是他给沃尔夫提建议,让他去删减。沃尔夫会拿着一大摞书稿进来——五千或一万六千页。珀金斯很有耐心。这些书稿他读得足够多,因此了解"问题出在哪里"。要做的只是理出头绪。他坐在沃尔夫边上,开始建议删除:"删掉这个。你知道这里不需要这些废话。删掉这个。"

F. 斯科特·菲茨杰拉德对海明威的《太阳照常升起》做过同样的事情。比起现在出版的版本，海明威这部小说最初在开头处多三十页。两三年前，《安泰俄斯》(Antaeus)出版了菲茨杰拉德帮助海明威删掉的那些书页。它们是《太阳照常升起》的第一章，被删掉的第一章。菲茨杰拉德读了书稿后说："哎呀，你这里有点问题。小说不应该从这里开始。应该从科恩那儿开始，从拳击冠军而不是普林斯顿那儿开始。"菲茨杰拉德的删除完全正确。

埃兹拉·庞德对 T. S. 艾略特的《荒原》做过同样的事情。这首诗现在的长度只有庞德开始修改它时的一半都不到。庞德是一位天生的编辑。他是芝加哥发行的《诗歌》杂志的驻欧编辑，常对稿件做大幅度的修改。他会寄来欧洲作家的诗歌，比如象征主义的诗歌，如果诗里有一段或一节他不明白（他不清楚或不喜欢），他就直接删掉它。有些时候，他会改写其中的一节，让诗更好一点。我从来没有听见谁抱怨庞德。他也帮助过 W. B. 叶芝。他手拿铅笔坐在叶芝边上，说："威廉，你看，把这儿修改一下吧。"

编辑会对你有帮助。如果你有一个好的写作老师或好编辑，你会轻松很多。多数情况下他们不会写。有时他们也能写。但是他们有一双好眼睛。

我曾经得到过一些有帮助的建议。但不算多，那是因为等到写完某个东西后，我会腻味得不想再碰它一下。我已经经历了把逗号拿掉又放回来这类事情。当然，如果有人提出一个会改进我小说的看法，我会很高兴地予以考虑。

今年春季我读了福楼拜的书信集，每周一次（他在巴黎郊外的乡间别墅里写作期间），他的一个好友会去看望他。住在巴黎的人嚷嚷着让他回来，待在有刺激的地方。而他却说："我不想住在有刺激的地方。那样我无法工作。"他待在这幢乡间别墅里，和他母亲住在一起，写作《包法利夫人》，他以为一年就能写完，结果却花了五年的时间。不过他按时完成每周的写作计划。有时候他工作一整天，却只写出一段。接下来他也许有运气好的一周，能写出二十页。他的这位朋友会读他写出来的东西，充当他的编辑。他会说："这里需要删掉。这里需要变一下。这里需要修改一下。"甚至就在《包法利夫人》送去印刷之前,福楼拜的这位朋友说:"结尾的这三十页必须拿掉。"福楼拜看了看,同意了,把那三十页拿掉了。

所以说要接受别人的建议,如果它来自你信得过的人,有多少接受多少。利用它。这个比喻有点牵强,但在某种程度上像是建造一座大教堂。最主要的是把这个艺术品建造出来。没人知道谁建造了这些大教堂,但它们屹立在那里。

埃兹拉·庞德说过:"至关重要的是写出伟大的诗歌,是谁写的并不重要。"

是这样的。就是这样的。

"Raymond Carver Speaking" by Robert Pope and Lisa McElhinny from *The Akros Review*, no. 8/9 (Spring 1984), 103 - 114. Conducted Spring 1982.

雷蒙德·卡佛:好小说没有捷径

吉姆·斯潘塞/1982年

美国短篇小说之王雷蒙德·卡佛在他办公桌侧面的墙上贴着几张三乘五的卡片。卡片上写满了其他作家的智慧,用来提醒他自己手头的工作。其中一张上印着已成为卡佛第一戒律的引自庞德的一句话:"表述的基本准确是写作唯一的道德标准。"印在另一张上的是契诃夫一句话的一部分,使人想到他可观的文学手段的奋斗目标:"……突然,一切都变得清晰了。"

毫无疑问,周四将要在欧道明大学第五届年度文学节上授课和朗读的卡佛在处理他的题材时,并不做出清晰的解释。通常他也不在小说里做了不起的声明。他是以身作则的老师;不是用他自己,而是他十几年里创造出来的人物。他们在现代生活紧张的,有时候甚至是自相残杀的社会冲突中挣扎,经常在瞬间受到某个单一事件的影响。他们在五千个左右的单词以后消失,被另一个人物所取代。

说这些小说留下悬而未决的事情未免过于浅显。这么下结论也错失了像卡佛这样的短篇小说家的关键点和创造力。四十四岁的他不像也将参加欧道明大学文学节的艾伦·金斯堡(Allen Ginsberg)和肯·凯西(Ken Kesey)那样,已成为家喻户晓的名字,他也永远成不了。名声属于革命性的诗人和给上座电影带来灵感的小说家。短篇小说家在艺术殿堂刻出一些浅坑。卡佛曾在爱荷华大学和加州大学任教,过去三年在雪城大学任教。

"刚开始的时候,我的期望值很低。"在周三的电话采访中他承认,"在这个国家,做一个短篇小说家或诗人会让你生活在默默无闻里。"

按照那个标准衡量,他的职业算是非常成功的了。他的小说集《请你安静些,好吗?》获得1977年国家图书奖提名,这个荣誉极少落在短篇小说家身上。他的小说经常出现在选集和杂志里。他获得过美国最佳短篇小说奖,他的一篇小说被收入《70年代欧·亨利奖小说集》。

尽管这样,提到他的名字,大多数人的反应会是:"雷蒙德?谁呀?"

卡佛从男人或女人的角度来写,有时用第一人称("我从来没见过巴德的老婆,但有一次,我在电话里听到过她的声音"),有时则采用第三人称("他感到他的侧面一阵突然的剧痛,他在想象他的心脏,想象他的腿被折断了,想象他被重重地摔到楼梯的底层")。他的风格无法用一个更好的术语去概括,是人们熟悉和常见的——简短生硬的句子,字和词像说话一样重复,不像是文学作品。"我想用说话的语言来写小说。"他说,"用人说话的语言。我可能要把一篇小说写上十五到二十遍。如果初稿有四十页,小说完成后很可能只剩下二十页了。艺术看似不费力气,但还是需要做一些工作。"

对话在卡佛的小说里占据着非常重要的地位,场景不借助描述自行展开。影响过卡佛的人包括《时尚先生》杂志的前小说编辑戈登·利什和小说家约翰·加德纳,卡佛在加州州立大学奇科分校跟随后者学习写作。加德纳最近死于一场摩托车车祸,卡佛在一场追思活动中称颂了他。

卡佛的两个孩子都长大了。他离了婚,住在邻近雪城大学校园的一个安静的社区。他并没有离群索居,但也不完全依靠自己的经验作为小说的来源。"我觉得我从来没有写过一篇以教室为背景的小说。"

相反,他的创作过程因其作品的多样性而更加引人注目。有时他灵感的胚芽仅仅是一个单独的句子。

"小说不可能没有出处,"他说,"它们有来自现实生活的参照点,像我无意中听到的几句话。比如,一次我无意中听到有人(对另外一个人)说:'这将是最后一个被你毁掉的圣诞节。'这句话在我脑子里嗡嗡作响了好一阵。"

最终,围绕那句话他构造了一篇小说。

另外一次,这句话在卡佛的脑子里萦绕:"电话铃响起的时候,他正在吸尘。"一连好几天,他走到哪儿都在想这句话。最终,他把这句话写了下来,然后他又写了一行。接下来又写一行。又一行。到了晚上,他已经有了一篇小说的初稿。"这,"他说,"就像是在写一首诗。"

在人生的某个阶段,这种自发的行为曾引起他的警觉。他认为这么做有点杂乱无章的意味,与杰出的艺术没有关联。直到在弗兰纳里·奥康纳《写作短篇小说》("Writing Short Stories")这篇随笔里读到相同的现象,他才发现自己是有同伴的。

弗兰纳里·奥康纳说写作是一种发现。如果卡佛没在做其他的,那么他是在发现。然而,他所做的揭示只有涉及人物时才令人惊讶:一个男人得出结论,几年前他和一个朋友出人意料地愉快的晚餐,竟然是他婚姻失败的原因;通过闭着眼睛画一幅画,一个满心不情愿的丈夫开始理解他妻子的盲人朋友。

都是些小教训,并非自命不凡。

"我不想对别人或为别人说教。"卡佛说,"也许有不同凡响的思想,但是我除了尽我所能多写和写准确,不知道还能做什么。"

最近,他比以往任何时候都更加多产。随便翻阅《纽约客》《大西洋月刊》或《哈珀斯》杂志的目录,多半会发现一篇卡佛的小说。1981年,他出版了第二本短篇小说集《当我们谈论爱情时我们在谈论什么》。第三本计划于1983年出版。

"我的小说出来得更快了,"他说,"和过去比,我写得更有把握也更有信心了,也许是因为我年纪大了。"

或许是他开始认清自己了。几年前,卡佛接受了一家出版社长篇小说的预付金。他开始写,两周后放弃了。"我失去了兴趣。"他说,"也许有一天我会写长篇,但是我不给自己压力,因为作为短篇小说家我是成功的。"

或许,他应该在办公桌侧面的墙上再钉上一张三乘五的卡片,这次是他自己的箴言。"一个好的短篇,"雷蒙德·卡佛说,"胜过十部糟糕的长篇。"

"Raymond Carver: No Shortcuts to a Good Story" by Jim Spencer from *The Virginian-Pilot* (Norfolk, VA), 1 October 1982, sec. B, 1, 9. Conducted 29 September 1982.

卡佛的声望在他的沉思中增长

吉姆·诺顿/1982年

雷蒙德·卡佛小的时候,有一天他和一个朋友走路去上学,路上朋友被一辆汽车撞倒了。那个男孩没有受伤,但多年后卡佛想知道,如果他受伤了会怎样。

几年前的一个深夜,卡佛的电话铃响了。当他拿起电话时,对方把电话挂了。卡佛并没有被这个电话打扰,但他想知道,假如这个电话打进来的时候他正在因其他事情生气,那又会怎样。

两年前,卡佛把他好奇的果实变成了一篇名叫《洗澡》的小说,这篇小说被收入《当我们谈论爱情时我们在谈论什么》——一本获得极高评价并登上《纽约时报书评》头版的小说集。

然而当他思考这篇小说时,卡佛还想知道,假如他写的与现在这篇不一样又会怎样。

1月初,圣诞假期期间,他坐下来回答这个问题。卡佛记得,完成这篇小说的新版本后,自己感到"一阵激动",因为他写出了某个特别的东西。

新写成的小说《一件有益的小事》最近被《1983年欧·亨利奖小说集》编辑授予头等奖,这本小说选将于今年4月由双日出版社出版。获得头等奖的小说通常被认为是上一年全国发表的短篇小说中最好的一篇。

《一件有益的小事》1982年夏天发表在文学杂志《犁铧》(*Ploughshares*)上,小说涉及家长在孩子被车撞倒并最终神秘死亡后的痛苦。卡佛重新去写这篇小说是因为它是件"没有完成的工作"。

"我写过这篇小说,写得不够深入。"周一,他在雪城大学的办公室里说。

"我看见一个可以结束小说的地方,我就把它结束了……但还可能发生什么的念头挥之不去。"

编选《欧·亨利奖小说集》的威廉·亚伯拉罕斯说,

他觉得这篇小说标志着卡佛职业生涯的新方向。

"我认为这是一篇值得称赞的小说,感人至深。我认为是他写过的小说中最令人赞叹的一篇。"

"原先的那篇无法与这篇相比,"他说,"原先的那篇像是他本可以写的一篇小说的骨架。

"这个新版本肯定有原先的两倍那么长,人物得以发展。这一切有一种极大的强度。"

卡佛也感到自己的写作转向了新的方向。"我感到一种(新的开始),"他说,"去年冬天写的这些小说不一样了。

"我的写作肯定在变化,对此我很高兴。这发生在我写《大教堂》的时候,我认为那篇小说是变化的开始。"

《大教堂》这篇小说本身也获得了殊荣。它是《1982年美国最佳短篇小说选》中的第一篇小说,这本小说选由卡佛的朋友、已故的约翰·加德纳编选。

"这些小说某种程度上更饱满,也更宽厚了。"卡佛提及自己近期的作品时说,"我希望没有失去其他的优点。"

他说改变是因为:"我走得太远了,我曾想把小说削减到只剩下骨头。"

正是削减到只剩下骨头的写法让卡佛作为小说家而闻名。他的小说集《请你安静些,好吗?》获得了1977年国家图书奖的提名。

"那本书让公众知道了他。"卡佛雪城大学创意写作班的同事托拜厄斯·沃尔夫说。沃尔夫也有两篇小说被收录进上一年的《欧·亨利奖小说集》。

"他被了解短篇小说状况的人公认为最好的从业人员之一,这至少已有十年了。"他说。

卡佛显赫的声名来之不易。他在华盛顿州亚基马的一个工人家庭长大,很早结婚,从事体力工作。认识加德纳时他十九岁,那时加德纳在奇科分校教书,还没有发表过作品。卡佛通过打扫卫生供养年轻的妻子和两个孩子,一边还在写作。60年代初期,加德纳给了卡佛鼓励和自己办公室的钥匙,让他有一个地方写作。

1968年和1970年,卡佛出版过诗集,同时为养活一家人而苦苦挣扎。他的婚姻在70年代初的一趟中东之旅后破裂了,但也就是在那个时候,他的小说开始受到关注。《时尚先生》买下了他一篇名叫《邻居》的小说,还有其他几篇小说。1976年,他出版了另一本诗集和备受好评的小说集《请你安静些,好吗?》。在那以后的六年里,他的名声大大增加。

小说《洗澡》中卡佛的原话最能描述让他成名的风格。"没有客套,只有简短的交谈、最基本的信息,一点不必要的东西都没有。"

这种简朴动人的风格在文学圈里如此出名,亚伯拉罕斯说他一年要读十到十五篇试图模仿雷蒙德·卡佛写法的小说。

有些评论家指责卡佛的作品太空洞,风格过于简约。沃尔夫不同意。"他的作品极其丰富,里面有一种音乐性。他的作品有海明威的作品所具有的音乐性。"

亚伯拉罕斯觉得在卡佛早期的一些作品里,事情被"故意地扁平化了",他说卡佛近期的小说已经"将其提升到一个更高的艺术层面"。

由于他的努力,卡佛加入了海明威、菲茨杰拉德、福克纳、舍伍德·安德森、林·拉德纳(Ring Lardner)、凯瑟琳·安·波特(Katherine Anne Porter)、弗兰纳里·奥康纳、艾萨克·巴什维斯·辛格(Isaac Bashevis Singer)和乔伊斯·卡罗尔·欧茨(Joyce Carol Oates)这些头等奖获得者的行列。

亚伯拉罕斯甚至做了更为冲动的比较。"实话告诉你们,这让我想到了契诃夫。"他说。

成功改变了雷蒙德·卡佛的生活,但不是从根本上。他仍然安静地住在马里兰大街上,在大学教他的写作课。他外出旅行比过去多了一点。

"我比过去更忙了。"他说,"但这并没有改变我对自己、我的家庭和我所爱的人的看法。

"我感受到了生活的舒适。不是像又肥又懒的猫一样舒适,而是,你知道我的意思,做我自己的那种舒适。"

"As Raymond Carver Muses, His Stature Grows" by Jim Naughton from the *Post-Standard* (Syracuse, NY), 23 November 1982, sec. A, 1, 4. Conducted November 1982.

小说的艺术

莫娜·辛普森和刘易斯·布兹比/1983 年

雷蒙德·卡佛居住的两层楼木屋顶的大房子坐落在纽约州雪城一条安静的街道上。门前的草坪一直铺到了坡下的人行道旁。车道上停着一辆崭新的梅赛德斯，一辆旧的大众车停在路边。

进屋需穿过蒙着纱窗的前廊。屋里的布置并不起眼，但东西搭配得当——乳白色的沙发配玻璃茶几。和雷蒙德·卡佛住在一起的作家特丝·加拉格尔收集孔雀羽毛，那些摆放在各处的插着孔雀羽毛的花瓶成了屋子里最引人注目的装饰。我们的猜测得到了证实：卡佛告诉我们，所有的家具都是在同一天购买并当天送达的。

加拉格尔做了个写着"谢绝探访"的活动木牌，字的四周画了一圈黄色和橙色的眼睫毛，牌子就挂在纱门上。他们有时会把电话线拔掉，那个牌子在门上一挂就是好几天。

卡佛的工作室是二楼的一个大房间。长长的橡木书桌收拾得干干净净，打字机放在L形书桌拐角一侧。桌子上没有任何小摆设、装饰品和玩具。他不是收藏家，对纪念品和怀旧物件不感兴趣。橡木书桌上有时放着一个牛皮纸文件夹，里面夹着修改中的小说。文档放置有序，他能随时从中取出某篇小说和它所有的早期版本。像房子里的其他房间一样，墙壁刷成了白色，而且，和其他房间一样，墙上几乎什么都没挂。光线从书桌上方长方形的窗户斜照进来，如同透过教堂顶部窗户照射进来的阳光。

卡佛是个穿着随便的粗壮男人，法兰绒衬衫搭配卡其布裤子或牛仔裤。他的穿着和生活与他小说中的人物很相似。就一个大块头而言，他的声音出奇地低沉和含混不清，为了听清楚他的话，我们过一会儿就得凑近他，并不停地令人厌烦地问："什么？什么？"

采访的一部分是在1981年到1982年之间通过信件完成的。我们去见卡佛时,"谢绝探访"的牌子并没有挂出来。采访过程中,雪城大学的几名学生顺路来拜访卡佛,其中就有卡佛正读大四的儿子。午饭卡佛请大家吃三明治,用的是他在华盛顿州海边钓到的三文鱼。他和加拉格尔都来自华盛顿州。我们采访他时,他们正在安吉利斯港建造一栋房子,他们计划每年都在那里住上一段时间。我们问卡佛是否觉得那栋房子更像是家。他回答道:"没有,住在哪儿都一样,这里也不错。"

采访者:你早年的生活是什么样的?是什么促使你开始写作的?

雷蒙德·卡佛(以下简称卡佛):我是在华盛顿东部一个叫亚基马的小镇长大的。父亲在锯木厂工作,他是个锉锯工,维修那些用于切割和刨平原木的钢锯。母亲做过售货员和女招待,有时则在家待着,她每样工作都干不长。我还记得有关她"神经"的话题。她在厨房水池下方的柜子里放着一瓶不需要处方的"神经药水",每天早晨都要喝上两调羹。我父亲的神经药水是威士忌。他通常也在那个水池的下方放上一瓶,要不就放在外面堆放木材的棚子里。记得有一次我偷偷地尝了尝,一点儿也不喜欢,奇怪怎么会有人喝这玩意儿。当时的家是一栋只有两间卧室的小房子。小的时候我们经常搬家,但总是搬进一栋只有两间卧室的小房子。我能记住的第一栋房子靠近亚基马的集市,屋内没有厕所。那是40年代后期,当时我八九岁。我通常在班车车站等着我父亲下班回家。多数情况下他像时钟一样准时,但大约每隔两周他会不在那辆班车上。我会在那儿等下一趟班车,但我已经知道他也不会在下一趟班车上。这种情况表明他和他锯木厂的朋友们外出喝酒去了。我仍然记得母亲、我和弟弟坐着吃饭时,餐桌上笼罩着的那种大难临头的绝望气氛。

采访者:是什么促使你写作的呢?

卡佛:我能给出的唯一解释是我父亲给我讲了很多他小时候的故事,以及他父亲和他祖父的故事。父亲的祖父参加过南北战争,替交战的双方打过仗!他是个变节者,南方军失利后,他去了北方,并为联邦军打仗。我父亲讲到这个故事时大笑个不止,他认为这件事没什么错,我也这么认为。总之,我父亲会给我讲一些故事,其实是一些没有什么寓意的逸事,讲在林子里跋涉,扒火车还得留心铁路上的恶霸。我喜欢和他待在一起,听他讲故事。有时,他会把他正读着的东西念给我听,赞恩·格雷(Zane Grey)的西部小说,这是我除教科书和《圣经》以外首次接触到的硬皮书。这样的情形并不多,我偶尔会在某个晚上看见他躺在床上读赞恩·格雷。在一个没有私人空间的家庭里,这算得上是一件很私密的事情了。我明白了他有自己私密的地方,那些是我不明白但通过这些偶尔的阅读表现出来的东西。我对他私密的部分和阅读这一行为本身都很感兴趣。在他读书时,我会让他念给我听,他会从正看着的地方往下念。过了一会儿他会说:"儿子,去干点别的什么吧。"嗯,那些日子里有很多可以做的事情,我去离家不远的一条小溪钓鱼。稍大一点后,我开始打野鸭、野鹅和陆地上的猎物。这些都是让我兴奋的事情——打猎和钓鱼,它们在我的情感世界留下了痕迹,是我想要写的东西。那段时间里,我书读得不算多,除了难得一读的历史小说或米奇·斯皮兰

(Mickey Spillane)的侦探小说外,就是《野外运动》(*Sports Afield*)、《户外活动》(*Outdoor Life*)与《田野和溪流》(*Field & Stream*)等杂志了。我写了一篇很长的关于没钓到或是钓到鱼的小说,问我妈能否帮我用打字机打出来。她不会打字,但还是去租了一台打字机,真难为她了,我们两人合力把小说很难看地打出来并寄了出去。我记得那本户外杂志的刊头上有两个地址,我们把稿件寄到离我家较近、位于科罗拉多州博尔德的发行部。稿件最终被退了回来,但这没什么,它到过外面的世界了,那篇稿子,去过了别的地方,有除了我母亲以外的人读过,起码我是这么希望的。后来我在《作家文摘》上看到一则广告,是一个男人的照片,很显然,是一位成功的作家,在给一个名字叫帕尔默的作家学院代言。这似乎正是我想做的事情。有个按月付款计划,先付二十美元,然后每月十美元或十五美元,一共三年,要不就是三十年。每周都有作业,有人批改作业。我坚持了几个月。后来,也许觉得无聊了,就不再做作业了,我父母也不再付钱了。帕尔默学院很快就来了封信,说如果能一次把款付清,我仍然可以获得结业证书。这似乎很公道,我设法让父母把剩余的钱付清了,我按时收到了证书,把它挂在了我卧室的墙上。但在高中时期,大家就认定我毕业后会去锯木厂工作。很长一段时间里,我很想做我父亲做的那种工作,我毕业后,他会请领班帮忙给我安排一份工作。我在锯木厂工作了大约六个月,但我不喜欢那份工作,从第一天起就知道我不想在那儿干一辈子。等到挣的钱够买一辆车和一些衣服了,我就从家里搬出去并结了婚。

采访者:然而,不管怎么说,你上了大学。是你妻子让你上的吗?她有没有鼓励你去上大学?她自己想上大学吗?而这是不是促使你去上学的原因?那时你多大?她那时肯定还很年轻。

卡佛:我当时十八岁。她刚从华盛顿州瓦拉瓦拉圣公会女子私立学校毕业,才十六岁,她怀孕了。在学校里,她学会了怎样得体地端住一只茶杯。她受过宗教和体育方面的教育,也学了物理、文学和外语。她懂拉丁语,这让我万分惊讶。拉丁语!开始几年,她断断续续地上着大学,但这么做实在太难了。在需要养家和濒临破产的状态下,继续上学几乎是不可能的,我说的是破产。她家里一点钱也没有,她上那所学校全靠奖学金,她妈妈至今还在记恨我。我太太本该毕业后靠奖学金去华盛顿大学读法律。然而我让她怀了孕。我们结了婚,开始在一起生活。第一个孩子出生时她十七岁,十八岁时生了第二个。现在我又能说些什么?我们根本就没有青春。我们发现自己在扮演陌生的角色,但我们尽了最大的努力,我想说尽了比最大还要大的努力。她最终完成了大学学业,在我们婚后第十二或十四年,她从圣何塞州立大学拿到了本科学位。

采访者:最初那些困难的年代里你也在写作吗?

卡佛:我白天工作晚上上学,我们不停地工作。她一边工作,一边还要带孩子和照料家庭,她为电话公司工作,孩子白天待在看护那里。最终,我从洪堡州立大学获得了本科学位,我们把所有东西装进车子和车顶上的一个大箱子里,去了爱荷华城。洪堡州立大学的一个叫迪克·戴的老师告诉我爱荷华大学有个写作课程。戴寄了我的一篇小说和三四首诗给唐·贾斯蒂斯(Don

Justice),唐为我在爱荷华大学弄到了五百美元的资助。

采访者：五百美元？

卡佛：他们说只能给这么多。在那个时候已经不算少了，但我没能完成爱荷华的学业。第二年，他们给我更多的钱让我留下，但我们实在没办法这么做。我在图书馆工作，每小时挣一两美元，我妻子在餐馆做女招待。要得到学位至少还需要一年时间，我们实在坚持不下去了。我们只好搬回加州，这次去了萨克拉门托。我在一家慈善医院找了个夜间打扫厕所的工作。这个工作我一干就是三年，是个很不错的工作，我每晚只需工作两三个小时，但工钱按八小时计算。有一些必须做完的事情，但做完就完了，我就可以回家做我想做的事情。开始的一两年里，我每晚回家，睡得不太晚，早晨爬起来写作，孩子们待在看护家，妻子已出门工作了——一个上门销售的工作，我有一整天的时间。这样过了一段时间后，我晚上下班后不回家，而是开始出去喝酒。那是1967年或1968年。

采访者：你第一次发表作品是什么时候？

卡佛：当时我在加州阿克塔市洪堡州立大学读本科。有一天，我的一个短篇小说被一家杂志接受了，一首诗被另一家杂志采用了。真是美好的一天！也许是我有生以来最美好的一天。我和我妻子开车出去，四处给朋友看稿件被录用的信件。这给了我们的生活所急需的肯定。

采访者：你发表的第一篇小说是什么？第一首诗是什么？

卡佛：是一篇名叫《田园生活》的小说，发表在《西部人文科学评论》上，一本很好的文学杂志，至今还由犹他大学出版发行。他们没付我稿费，但这无所谓。那首诗叫《黄铜戒指》，发表在亚利桑那州的一本杂志上，杂志的名字叫《目标》，现在已经停刊了。查尔斯·布可夫斯基[1]的一首诗也发表在那一期杂志上。我为能和他上同一期杂志感到高兴，那时他是我心目中的偶像。

---

[1] 查尔斯·布可夫斯基（Charles Bukowski, 1920—1994），德裔美国诗人、小说家，常被称为"贫民窟的桂冠诗人"。他喜欢描写美国社会边缘穷苦白人的生活，其作品受家乡洛杉矶的影响很大。

采访者：你的一个朋友告诉我，你庆祝作品首次发表的方式是带着杂志上床，这是真的吗？

卡佛：一部分是真的。其实是一本书，一年一期的《美国最佳短篇小说选》，我的小说《请你安静些，好吗？》被那本选集选中了。那是在60年代后期，那本选集每年都由玛莎·弗雷（Martha Foley）编辑，大家都习惯称它为《弗雷选集》。那篇小说曾在芝加哥一本不起眼的叫《十二月》的杂志上发表过。收到选集的那天我带着它上床去读，并且就那么看着它，你知道吧，就那么捧在手里。更多的时间里我只是捧着它和看着它，而不是去读它。后来我睡着了，醒来时书和妻子都躺在我的身边。

采访者：在为《纽约时报书评》写的一篇文章里，你提到过一个"乏味得不想再说"的故事，是关于你只写短篇不写长篇的原因。你愿意谈谈这个故事吗？

卡佛：那个"乏味得不想再说"的故事与好几件说起来并不是很愉快的事情有关。我最终在发表于《安泰俄斯》上的一篇杂文《火》里提到了这些事情。在文章里，我说归根结底，应该根据一个作家的作品来评判他，这样做才是正确的,写作过程中出现的一些情况并不重要,它们超出了文学的范畴。从来没有人请我当作家。但在付账单、挣面包、为生存而挣扎的同时,还要考虑自己是个作家并学习写作,这实在是太难了。在年复一年地干着狗屎不如的工作、抚养孩子和试图写作之后,我认识到我需要写很快就能完成的东西。我不可能去写长篇,那是一个需要花上两三年时间的项目。我需要写一些立刻就有回报的东西,三年后不行,一年后也不行。所以只能是诗和短篇小说。我开始明白我的生活不像,这么说吧,不像我希望的那样,生活中有太多的无奈需要承受——想写东西,但没有时间和地方写。我经常坐在外面的车里,往放在膝盖上的便笺簿上写点东西。孩子们那时已进入青春期,我二十大几三十出头的样子,我们仍然处于贫困状态,已经破产过一次,在辛苦工作了那么多年后,除了一辆旧车、一套租来的房子和屁股后面跟着的新债主外,没有其他可以示人的东西,这真是令人沮丧,我感到了一种精神上的湮没。酗酒成为一个问题,我或多或少放弃了,举起了白旗,把终日喝酒当作一个正当的职业。这些就是当我提到"乏味得不想再说"的事情时我要说的一部分内容。

采访者：你能再多谈一点有关喝酒的事吗？很多作家即便不是酒鬼，也喝得很厉害。

卡佛：和从事其他职业的相比也不会多多少，你大概不会相信。当然，有关喝酒的神话很多，但我从来都对它们不感兴趣，我只对喝酒感兴趣。我估计，我是在意识到永远也无法得到想为自己、为我的写作、为妻子和子女争取的东西后开始酗酒的。很奇怪，当你开始生活时，你从未想到过破产，变成一个酒鬼、背叛者、小偷或一个撒谎的人。

采访者：你是否和这些都沾点边？

卡佛：过去是，现在不再是了。噢，我有时说点谎，像其他人一样。

采访者：你戒酒有多久了？

卡佛：从1977年6月2日开始。如果你想知道事实的话，戒酒成功这件事比我一生中做过的任何事情都更让我感到骄傲。我是个痊愈的酒鬼。我是个酒鬼这件事无法否认，但我不再是个还在酗酒的酒鬼。

采访者：你的酗酒严重到什么程度？

卡佛：回想过去发生的事情总是很痛苦的。我把我所接触到的东西都变成了废墟，但我也许要补充一句，在我酗酒的末期，其实也没剩下几样东西了。具体一点？这么说吧，有的时候会涉及警察、急救室和法庭。

采访者：你是怎样戒掉的？是什么让你戒掉的呢？

卡佛：酗酒的最后一年，1977年，我两次住进同一个戒酒中心，还进过一次医院，在加州圣何塞附近一个叫"德威特"的地方待过几天。"德威特"曾经是个为患有精神病的罪犯开设的医院，真是非常恰当。在酗酒生涯的后期，我完全失去了控制，糟糕到了极点。昏厥，一团糟，甚至记不住在某段时间里说过的话和做过的事。你可能在开车、朗读作品、给学生上课、固定一根断掉的桌腿或和某人上床，后来却一点也想不起来你曾经干过什么，你处于某种自动导航状态。我还记得自己坐在家里的客厅，手里端着杯威士忌，头上裹着绷带，那是酒后癫痫症发作摔倒导致的。疯狂！两周后我回到了戒酒中心，这次去的地方叫"达菲"，在加州的卡利斯托加，葡萄酒之乡的北面。我进过"达菲"两次，进过圣何塞的"德威特"，进过旧金山的一所医院，所有这些都发生在十二个月的时间里。我想这足够糟糕了，我在走向死亡，就这么简单，一点也不夸张。

采访者：是什么使得你彻底戒掉酒精的？

卡佛：那是1977年5月下旬，我独自住在加州北部的一个小镇上，大约有三周没喝醉酒了。我开车去旧金山，那儿正在开一个出版商的会议。麦格劳-希尔出版社当时的主编弗雷德·希尔斯（Fred Hills）请我吃午饭，他想给我一笔预付金，让我写一部长篇小说。在那顿午饭的前两天，我的一个朋友有个派对，派对进行到一半时，我端起一杯葡萄酒喝了下去，这是我能记住的最后一件事。失去知觉的时间到了。第二天早晨酒店开门时，我已经等在那里了。那天晚上的晚餐更是个灾难，可怕极了，人们在争吵，醉倒在桌子下面。第二天早晨，我不得不爬起来去赴弗雷德·希尔斯的饭局。醒来时我难受得头都直不起来。开车去接希尔斯前,我喝了半品脱的伏特加,这在短时间里对我有点帮助。他要开车去索萨利托吃午饭!我当时醉得一塌糊涂,再加上交通拥挤,我们花了至少一个小时才开到那里,你不难想象当时的情况。但不知为什么他给了我那部长篇的预付金。

采访者:你最终有没有写那部小说?

卡佛:还没有!我对付着离开了旧金山,回到了我的住处。我就这么醉着又待了两天才醒过来,感觉糟糕透了,但那天早晨我什么都没喝,我是说和酒精有关的东西。我的身体非常糟(当然,精神上也很糟),但我什么都没喝。我坚持了三天。第三天过去后,我开始感到神志清醒了一点。然后我继续坚持,慢慢拉开我和酒精之间的距离,一周,两周,转眼就是一个月,我保持头脑清醒有一个月了。我开始缓慢地恢复。

采访者:匿名戒酒者互助会对你有帮助吗?

卡佛:帮助很大。第一个月里我每天至少参加一次聚会,有时要去两次。

采访者:有没有觉得酒精会带给你灵感？我想到了你发表在《时尚先生》上的诗歌《伏特加》。

卡佛:天哪,不会！我希望我说清楚这一点了。约翰·契弗说过,他总能从一个作家的作品里辨别出"酒精的线索"。我不确定他这么说的具体意思,但我能知道个大概。我俩1973年上学期在爱荷华作家工作坊任教,当时我和他除了喝酒什么都不干。我是说某种意义上我们还是去上课,但我们在那儿的整个期间——住在校园内一个叫"爱荷华之家"的旅馆里——我不觉得我俩有谁曾打开过打字机的罩子。我们每周开我的车去酒铺两次。

采访者:囤积酒？

卡佛:是的,囤积酒。但酒铺要到上午十点才开门。有一次我们计划上午去,十点钟去,我们约好在旅馆大堂碰面。我为了买烟下来早了点,约翰已在大堂里来回踱步了。他穿着轻便皮鞋,却没穿袜子。总之,我们稍稍提前了一点出门。赶到酒铺时,店员正在打开大门。在那个特别的早晨,约翰没等我把车停稳就下了车。等我走进店里,他已经抱着半加仑的苏格兰威士忌站在收银机旁了。他住旅馆四楼,我住二楼。我俩的房间一模一样,就连墙上挂的油画复制品也是一样的。我们一起喝酒时总是在他的房间里。他说他害怕下到二楼喝酒,他说在楼道里总存在被人抢劫的可能!当然,你们知道的,幸运的是,契弗离开爱荷华城不久就进了戒酒中心,戒了酒,到死都没再沾过酒精。

采访者:你觉得匿名戒酒者互助会上的那些坦白对你的写作有影响吗?

卡佛:有不同形式的聚会。有的聚会只有一个人在讲,一个人讲大约五十分钟,说过去是怎样的,现在又怎样了。有些聚会是房间里所有的人都有机会说上几句。但凭良心说,我从未有意识地按照这些聚会上听来的东西写小说。

采访者:那么你小说的来源是什么呢?我特别想知道那些与喝酒有关的小说。

卡佛:我感兴趣的小说要有来源于真实世界的线索。

我没有一篇小说是真正发生过的,这不用多说,但总有一些东西、一些元素、一些我听到的或看到的,可能会是故事的触发点。这里有个例子:"这将是最后一个被你毁掉的圣诞节!"听见这句话时我喝醉了,但我记住了它。后来,很久以后,在我戒酒以后,我用这句话和一些想象的东西(想象得如此逼真,就像是真的发生过一样)构思了一篇小说——《严肃的谈话》。我最感兴趣的小说,无论是托尔斯泰的小说,还是契诃夫、巴里·汉纳、理查德·福特(Richard Ford)、海明威、伊萨克·巴别尔(Isaac Babel)、安·比蒂和安妮·泰勒(Anne Tyler)的,它们某种程度上的自传性,至少是参照性,都能打动我。小说不管长短,都不会无中生有。我想起约翰·契弗也在场的一次聊天,在爱荷华城,我们一群人围坐在桌旁,他碰巧说起某天晚上的一场家庭争吵,他说第二天早晨他起来去卫生间,看见女儿用口红写在卫生间镜子上的话:"辛爱的爸爸①,请别离开我们。"桌上有个人大声说道:"我记

---

① 原文是"D-e-r-e daddy",小女孩把"Dear"(亲爱的)写成了"Dere",这是个拼写错误,所以这里将"D-e-r-e"译成"辛爱的"。

得这是你一篇小说里的。"契弗说:"很可能,我写的所有东西都是自传性的。"当然,此话不能完全当真,但我们所写的一切,从某种程度上说都具有自传性质。我对自传性质的小说一点也不反感,恰恰相反。《在路上》、塞利纳、罗斯。劳伦斯·达雷尔(Lawrence Durrell)的《亚历山大四重奏》(*The Alexandria Quarter*)。尼克·亚当斯①的故事里有太多海明威的影子。厄普代克也一样,这不用说。吉姆·麦肯基(Jim McConkey)。克拉克·布莱斯(Clark Blaise)是个当代作家,他的小说是彻头彻尾的自传。当然,把自己的生活写进小说时,你必须知道你在做什么,你必须有足够的胆量、技巧和想象力,并愿意把与自己有关的一切都说出来。小时候,你曾被反复告诫要写自己知道的事情,除了你自己的秘密,还有什么是你更清楚的? 但除非你是个特殊的作家,并且非常有才华,否则一本接一本地写"我生活中的故事"是很危险的。作家的写作手法过于自传化是一种危险,起码是一种很大的诱惑。一点点自传加上很多想象才是最佳的写作。

---

① 尼克·亚当斯(Nick Adams)是海明威多个短篇中的男主人公。

采访者：你的人物在努力做一些有意义的事情吗？

卡佛：我想他们努力了，但努力和成功是两码事。有些人在生活中总是成功，我觉得这是命中注定的。而另一些人则不管做什么，不管是那些最想做的事情，还是支撑他们生命的大事小事，他们总是不成功。去写这样的生活，写这些不成功人物的生活当然无可非议。我个人大部分的经历，直接或间接的，都和后面一种情形有关。我想我的大部分人物都希望他们的所作所为有点意义，但同时他们到达了这样的地步，就像许多人那样，他们知道这是做不到的，一切都不再有任何意义。那些一度让你觉得非常重要并愿意为之而死的事情，已变得一钱不值。他们的生活，在他们眼前破碎的生活，让他们感到不安。他们希望做些纠正，但做不到，此后他们只能尽力而为了。

采访者：你能谈谈你最新集子里的一篇我最喜欢的小说吗？《你们为什么不跳个舞？》源于什么？

卡佛：那是 20 世纪 70 年代中期，我去密苏里州拜访一些作家朋友。我们坐在一起喝酒,有人讲了一个叫琳达的酒吧女招待的故事,某天晚上她和男朋友喝醉了,决定把卧室里的家具全部搬到后面的院子里。他们真的这么做了,地毯、台灯、床和床头柜等,所有的东西都搬了出去。当时房间里有四五个作家,这个家伙讲完故事后,有人问道:"哎,谁去写这个故事?"我不知道还有谁也写了这个故事,但我写了。不是当时,而是后来,我想大约是在四五年以后吧。我做了些变动,增加了一些内容,那当然。实际上,那是我戒酒后写成的第一篇小说。

采访者:你的写作习惯是什么样的? 不停地写?

卡佛:我写作时,每天都在写。一天接一天,那种感觉真好。有时候我甚至不知道今天是星期几,就像约翰·阿什贝利[①]所说的,"日子像桨轮一样"。我不写作的时候,比如现在,近来一段时间教学任务缠身,我就像从来没写过任何东西一样,一点写作的欲望都没有。我染

---

① 约翰·阿什贝利(John Ashbery,1927—2017),美国最有影响力的诗人之一,后现代诗歌代表人物。其诗集《凸面镜中的自画像》获得国家图书奖和普利策奖。

上了一些坏习惯,晚上不睡,一睡就睡过头。但这没什么,我学会了忍耐和等待,我很早以前就被迫学会了耐心。如果我相信星座的话,我估计我的星座和乌龟有关,我的写作是间歇性的。但当我写作时,我一坐下来就会写上很久,十、十二或十五个小时,一天接一天,这种时候我总是很开心。可以理解,我把大部分时间花在了修改和重写上面。我最喜欢把一篇写好的小说放上一段时间,然后把它重写一遍。写诗也一样。写完一个东西后,我并不急着把它寄出去,我有时把它在家里放上几个月,这里弄弄,那里改改,拿掉这个,加上那个。小说的初稿花不了太多的时间,通常坐下来后一次就能写完,但是其后的几稿确实需要花点时间。有篇小说我写了二三十稿,绝对不少于十到十二稿,看伟大作家作品的草稿既有帮助也能让人受到激励。我想到了托尔斯泰的活版盘的那张照片,我这里是想举一个喜欢修改的作家的例子,我不知道他是否真的喜欢这么做,但我知道他经常这么做,他总在修改,清样出来了还在修改。他把《战争与和平》重写了八遍之后,仍然在活版盘上更改。这样的例子会鼓励那些初稿写得很糟的作家,比如我本人。

采访者：描述一下你写作一篇小说的过程。

卡佛：像我刚才所说的，我第一稿写得很快，通常用手写，我只是飞快地把稿纸填满。有时在哪儿做个简单记号，提醒自己以后回来做些什么。有时候某些情景我只能写一半，或先不写，这些情景需要以后再仔细推敲。我是说虽然所有的部分都需要仔细推敲，但有些要等到写第二或第三稿时再推敲，因为写第一稿时就这么做要花费很多时间。第一稿只是为了得到一个大致的轮廓和故事的框架。其他的要在随后的版本里处理。草稿完成后，我会用打字机把它打出来。打出来的稿子与草稿不太一样，更好了，这当然。打第一稿时，我已开始改写，加一点，减一点，但真正的工作要等到后来，等到改完三四稿以后。诗也一样，只是诗有时要改四五十稿。唐纳德·霍尔告诉我说，他的诗有时要写上一百稿左右，你能想象吗？

采访者：你写作的方法有过变化吗？

卡佛：某种程度上，《当我们谈论爱情时我们在谈论什么》里的小说有点不同。从故事的每个细节都被雕琢过这点来说，这是一本过于刻意的书。我对这些小说所做的推敲是前所未有的。把书稿交到出版社后，接下来六个月里我什么都没写。这之后我写的第一篇小说就是《大教堂》，我感到不管在观念还是操作上，它都与我以往的小说完全不同。我猜它在反映我写作方法变化的同时，也反映了我生活上的变化。我在写《大教堂》时感到了一种冲动，感到"这就是我们要写作的原因"。它和早期的小说不同，写它时我有种开窍的感觉。我知道我在另一个方向上走得足够远了，把所有东西删减到不是只剩下骨头，而是只剩下骨髓了。再往前走——写和发表那些我自己都不愿意读的东西——就是死路一条，这是真话。上一本书的一篇书评里，有人称我是"极简主义"作家。那位评论家的本意是恭维我，但我不喜欢。"极简主义"隐含了视野和手法上狭窄的意味，我不喜欢，但这本新书，这本名叫《大教堂》的新书里的所有小说都在十八个月内完成，在每篇小说里我都能感觉到这种差异。

采访者：你想象中的读者是什么样的？厄普代克描

述他的理想读者是一个在图书馆书架上寻找他作品的中西部小镇男孩。

卡佛:厄普代克关于理想读者的想法很不错。但除了早期作品外,我不认为厄普代克的读者会是一个住在中西部小镇上的男孩子。一个男孩子能读懂《马人》《夫妇们》《兔子归来》和《政变》吗？我想,厄普代克是在为约翰·契弗所说的那一类"高智力的成年男女"写作,住在哪里并不重要。任何一个不是吃白饭的作家都在尽自己的能力把作品写好、写真实,然后希望有好的读者。但我觉得某种程度上你也在为其他作家写作,那些你佩服他们作品的已故作家,还有那些你愿意读他们作品的在世作家,如果他们喜欢,其他的作家,那些"高智力的成年男女"也极有可能喜欢,但我写作时,脑子里没有你说的那个男孩,或其他任何人的形象。

采访者:你写的东西有多少最终要被删掉？

卡佛:很多。如果小说初稿有四十页,等写完了通常只剩下一半。不仅仅是去掉内容和缩短篇幅,我去掉很多东西,但也加进去一些,加一点,再去掉一点。加加减减,这是我喜欢做的事情。

采访者:你现在的小说篇幅似乎长了一点,也更加饱满了,你修改小说的方法改变了?

卡佛:饱满,是的,这个词用得很恰当。是这样的,我来告诉你是什么原因。学校里有个打字员,她有一台"太空时代"的打字机,一部文字处理机。我交给她一篇小说,打出来后我取回那份整洁的稿件,我标上我想要修改的内容后再把稿件交给她,第二天我就能取回,又是一份整洁的稿件。然后我再在上面做任意的修改,第二天我又会拿到一份整洁干净的稿件。这看上去不是件什么了不起的事情,但改变了我的生活——那位女士和她的文字处理机。

采访者:你有过不需要谋生的时候吗?

卡佛:有过一年。那一年对我来说也是非常重要的一年。小说集《请你安静些,好吗?》里的大部分小说都是在那一年里写成的。那是1970年或1971年,我在帕洛阿尔托的一家教科书出版社工作。这是我的第一份白领工作，这之前我在萨克拉门托一家医院里打扫厕所。我一直在那儿安安静静地做着编辑，这个当时叫 SRA 的公司决定进行大规模的重组。我计划辞职，正在写辞职信呢，突然就被解雇了。这样的结果非常好，我们在那个周末邀请了所有的朋友，开了个"解雇派对"。之后的一年里我不需要工作，我一边领失业救济金，一边拿遣散费，我妻子就是在那一段时间获得了她的本科学位。那是个转折点，那段时间，一段很好的时光。

采访者：你信教吗？

卡佛：不信，但我不得不相信奇迹和复活的可能性，这一点不容置疑。每天醒来都让我高兴，这就是我喜欢早点醒来的原因。在我喝酒的那些日子里，我一直睡到中午或更晚，常常伴随着颤抖醒来。

采访者：你为那些倒霉日子里发生的事情感到后悔吗？

卡佛：我现在什么都改变不了。我没有后悔的资本，那部分生活已经过去，我无法为过去的生活后悔，我只能生活在当下。过去的日子确确实实地远离了,它们遥远得就像发生在我读到的一本 19 世纪小说人物身上的事情。每个月,我不会花超过五分钟的时间回忆过去。过去是个陌生的国度,人的所作所为完全不同,该发生的总会发生,我真的觉得我有两段不同的生命。

采访者:能否谈谈你在文学上受到的影响,至少给出一些你钦佩的作家的名字?

卡佛:欧内斯特·海明威算一个。他早期的短篇,如《大双心河》《雨里的猫》《三天大风》《士兵之家》等,很多很多。契诃夫,他是我最钦佩的作家,但有谁不喜欢契诃夫?我这里说的是他的短篇小说,不是戏剧,他的戏剧对我来说进展太慢。托尔斯泰,他的任何一个短篇、中篇,以及《安娜·卡列尼娜》。不包括《战争与和平》,太慢了,但包括《伊凡·伊里奇之死》《东家与雇工》《一个人需要多少土地?》,托尔斯泰是最棒的。伊萨克·巴别尔。弗兰纳里·奥康纳。弗兰克·奥康纳。詹姆斯·乔伊斯的《都柏林人》。约翰·契弗。《包法利夫人》,去年我重读了这本书,以及新翻译的福楼拜在创作——无法用其他的词来形容——《包法利夫人》时写下的信件。康拉德。厄普代克的《破镜难圆》。有些好作家是我近一两年认识的,像托拜厄斯·沃尔夫,他的短篇小说集《北美殉道者花园》简直好极了。马克斯·肖特(Max Schott)。博比·安·梅森(Bobbie Ann Mason),我提到她了吗?嗯,她很棒,值得再提一遍。哈罗德·品特(Harold Pinter)。V. S. 普里切特①。多年前,我从契诃夫的一封信里读到让我感动的东西,那是他给众多来信者之一的忠告。原文好像是这样的:朋友,你不必去写那些取得了非凡成就、令人难以忘怀的人物。要知道那时我正在上大学,在读与公主和公爵、与推翻王朝有关的戏剧,塑造英雄的鸿篇巨制,以及写现实生活中并不存在的英雄的小说。读了契诃夫那封信中所说的,以及他的其他信件和小说后,我的观点发生了变化。没隔多久,我读到马克西姆·高尔基的一部戏剧和几个短篇小说,他用作品强调了契诃夫所说的东西。我有很多算得上是好朋友的朋友,其中

---

① V. S. 普里切特(V. S. Pritchett, 1900—1997),英国作家、文学评论家和编剧,尤其以短篇小说闻名。

一些是很好的作家,有些没那么好。

采访者:遇到那样的情况你怎么办?我是说,如果你的一个朋友发表了你不喜欢的东西,你会怎样?

卡佛:我什么都不会说,除非这个朋友问我。我希望他不要来问我。如果被问及,你一定要用一种不伤害友谊的方式来说。你希望你的朋友顺利,尽他们的能力写出最好的作品。但有时他们的作品令人失望。你希望他们一切顺利,但你担心情况可能不是这样,而你又帮不上忙。

采访者:你怎么看道德小说?我想这肯定会涉及约翰·加德纳与他对你的影响。我知道多年前你在洪堡州立大学时曾是他的学生。

卡佛:是的,我在《安泰俄斯》上那篇随笔里说到了我们之间的关系,在他去世后出版的《如何成为小说家》的引言里,我做了更多的说明。我认为《论道德小说》是本不错的书。尽管我不完全同意里面的东西,但总体上他是对的。其中关于书的目的那部分,比评价在世作家的部分要好。这是一本肯定而非贬低生活的书。加德纳对"道德"的定义是对生活的肯定,他相信好的小说是道德小说。这是一本有争议的书,如果你喜欢争论的话。不管怎么说,这本书非常棒。我觉得他在《如何成为小说家》那本书中更好地论证了自己的观点,没有像在《论道德小说》中那样去批评其他的作家。他出版《论道德小说》时,我们已有好多年没联系了,但他的影响,我是他学生时他灌输给我的生活理念,至今还存在,以至在很长一段时间里我不愿意去读那本书。我担心会发现自己这么多年里写的东西是不道德的!你知道我们几乎有二十年没见面,直至我搬到雪城后才又见面,他住在宾厄姆顿,我们相距七十英里。那本书出版时,书和他本人都受到了攻击,他触动了某些敏感的东西。我恰恰认为那是一部非常好的作品。

采访者:读完这本书后你是怎么评价你自己的作品的?你写的是"道德"小说还是"不道德"小说?

卡佛:我还是不太确定!但我听到过别人的评论,他本人也告诉过我,说他喜欢我的作品,特别是那些新作品。这让我十分欣慰。去读《如何成为小说家》吧。

采访者：你还在写诗吗？

卡佛：写一点，但不够多，我想多写一点。如果在很长一段时间里，六个月左右吧，我什么诗都没有写，我会很紧张，开始琢磨我还是不是一个诗人，或者我是否再也写不出诗来了。这时我通常会坐下来，努力去写几首诗。今年春天将要出版的《火》里有我想保存下来的所有诗歌。

采访者：写小说和写诗如何相互影响？

卡佛：现在不再是这样了。很长一段时间里我对写诗和写小说同样感兴趣。读杂志时我总是先读诗歌，然后再读小说。最终，我不得不做个选择，我选择了小说，对我来说这是个正确的选择。我不是一个"天生的"诗人。除了美国白人男性外，我不知道我还有什么是"天生的"。也许我会变成一个偶尔为之的诗人，这个我可以接受，这比什么样的诗人都不是要好。

采访者：名声使你有怎样的改变？

卡佛：这个词让我感到不自在。你看，开始时我给自己设定的目标那么低，我是说一辈子写短篇小说能有多大出息？由于酗酒，我没有什么自尊心。这些随之而来的关注不断地让我感到惊讶。但我对你说，自从《当我们谈论爱情时我们在谈论什么》被接受后，我感到了从未有过的自信。随之发生的所有好事都促使我去写更多更好的作品，这是个极好的鞭策。当这些来临时，我正处在一个比以往任何时候都更具活力的时期，你明白我的意思吗？我感到更加强壮，对未来的方向也更加确定了。所以说"名声"——或者说这种新的关注点和兴趣点——是个有帮助的东西，在我的信心需要增强时，它增强了我的信心。

采访者：谁最先读你的作品？

卡佛：特丝·加拉格尔，如你所知，她自己就是一位诗人和短篇小说家。除了信件外我什么都给她看，我甚至也让她看过几封信。她有一双极好的眼睛，能进入我写的东西里去。我会等到把小说修改得差不多了才给她看，这往往已经是第四或第五稿了，然后她会去读其后的每一稿。到目前为止我已将三本书题献给她了，这不仅仅是一种爱的象征，也表达了我对她的尊敬和对她给予我的灵感与帮助的承认。

采访者：戈登·利什扮演了什么样的角色？我知道他是你在克诺夫出版社的编辑。

卡佛：我70年代初期在《时尚先生》上发表小说时他是我的编辑，但我俩在此之前就是朋友了。那是1967年或是1968年，在帕洛阿尔托，他在我上班的公司——就是那家曾解雇我的公司——街对面一家教科书出版公司工作。他不需要坐班，大多数时间在家里办公。他每周至少请我去他那儿吃一顿午饭。他自己什么都不吃，只为我做点饭菜，然后在桌旁徘徊，看着我吃。这让我很紧张，你想象得出来，我最终总是在盘子里剩下点什么，而他最终总是把剩下的吃掉，他说这和他成长的环境有关。这不是一个单一的例子，他现在还这么做，他请我外出吃午饭，除了一杯饮料外，自己什么都不点，然后把我盘子里剩下的都吃完！我还见他这么做过一次，那次我们四个人在俄罗斯茶室吃晚饭,饭菜端上来后,他看着我们吃。当他发现我们把食物剩在盘子里后,就立刻把它们吃掉。除了这个怪癖外——其实这只是有点好笑而已——他是个非常聪明的人,对稿件的不足之处很敏锐,是个好编辑,也许是个伟大的编辑。我只知道他是我的编辑、我的朋友,我为此感到高兴。

采访者:你会考虑写更多的电影剧本吗?

卡佛:如果主题与我和迈克尔·西米诺(Michael Cimino)刚完成的那个(有关陀思妥耶夫斯基生平的)剧本一样有意思的话,我当然会写。否则就不写。但陀思妥耶夫斯基!肯定会。

采访者:报酬很丰厚。

卡佛:是的。

采访者:那辆梅赛德斯就是这么来的。

卡佛:正是。

采访者:那《纽约客》呢?开始写作时你有没有给《纽约客》投过稿?

卡佛:没有。当时我不读《纽约客》。我把小说和诗投给一些小杂志,有时会被它们接受,这让我开心。我拥有某一类读者,你知道,尽管我从来没和读者见过面。

采访者:读你作品的人会给你写信吗?

卡佛:信件、录音带,有时是照片。有人刚给我寄来一盘磁带,里面是根据我的一些小说谱写的歌曲。

采访者:你是在西海岸(华盛顿州)还是在东部这里写得更好一点?我想我是在问地域感对你的作品有多重要。

卡佛:来自哪里曾经对我很重要。我是个来自西海岸的作家这一点曾经对我很重要,但现在不是这样了,无论这是好还是不好。我想我走过和住过的地方太多了,现在已经失去了方向感和地域感,对任何地方都没有"根"的感觉。假如我曾有意识地把小说背景设置在一个特定的地方和时期(我想我这么做过,特别是在我的第一本书里),我估计那会是太平洋西北部地区。我羡慕那些有地域感的作家,像吉姆·韦尔奇(Jim Welch)、华莱士·斯泰格纳(Wallace Stegner)、约翰·基布尔(John Keeble)、威廉·伊斯特雷克(William Eastlake)和威廉·基特里奇(William Kittredge)。很多好作家有你所说的地域感,但我绝大部分小说都和特定的场所无关。我是说,它们可以发生在任何城市或郊区,可以是雪城这里,也可以是图森、萨克拉门托、圣何塞、旧金山、西雅图,或者是华盛顿州的安吉利斯港。不管在哪里,我大多数故事的场景都设置在室内!

采访者:你家里有特定的工作场所吗?

卡佛:有,楼上的书房。有自己的地方对我来说很重要。我们会拔掉电话线,挂上"谢绝探访"的牌子,一待就是好几天。多年来我只能在厨房餐桌、图书馆的阅览室和车里写东西。现在这个属于我自己的房间是一种奢侈,也是一种必需了。

采访者:你现在还钓鱼、打猎吗?

卡佛：没那么经常了。我仍然钓一点鱼，在夏天钓三文鱼，如果正好在华盛顿州的话。但很遗憾，我不再打猎了。我不知道该去哪儿打！我想可以找个人带我去，但还没来得及做这件事。我的朋友理查德·福特是个猎人。他1981年春天来这里朗读他的作品，他用朗读挣来的钱给我买了杆猎枪。想象一下吧！他还请人在上面刻了字："赠雷蒙德，理查德，1981年4月。"理查德是个猎人，你看，我觉得他试图鼓励我去打猎。

采访者：你希望你的作品对别人有什么样的影响？你觉得你的写作会改变他人吗？

卡佛：我真的不知道，我很怀疑这一点。不会有什么深刻的改变，也许什么也改变不了。归根结底，对制造者和消费者双方而言，艺术只是一种娱乐形式，对吧？我是说某种程度上它和打桌球、玩牌或打保龄球是一样的，我想说它只是个不同的、层次高一点的娱乐活动。我并非说它不包含任何精神养分。当然包含。听贝多芬协奏曲，在凡·高的一幅油画前驻足，或读一首布莱克的诗，与打桥牌或打了一场得高分的保龄球所获得的快感是无法相提并论的。艺术终归是艺术,但艺术也是一种高级的娱乐。我这么想有错吗?我不知道。但我记得二十几岁时,在读了斯特林堡(Strindberg)的剧本、马克斯·弗里施(Max Frisch)的小说、里尔克的诗歌,听了一整晚巴托克(Bartók)的音乐,看了关于西斯廷教堂与米开朗琪罗的专题片后,我都觉得人生一定会改变,你不可能不被它们影响、不被它们改变,不可能不因此而变成另一个人。但不久我就发现,我的人生根本不会改变,我一点也感受不到这种变化,不管它是否可见。我终于明白,艺术是有闲暇和闲钱才能追求的东西,就这么简单。艺术是一种奢侈品,它不会改变我和我的生活。我想我终于痛苦地认识到,艺术不会改变任何东西。不会。我根本不信雪莱荒谬的鬼话,说什么诗人是这个世界上"不被承认的立法者"。这是什么鬼念头!伊萨克·迪内森①说她每天写一点,不为所喜,不为所忧,这个我赞成。一部小说、戏剧或诗集就能改变世界观甚至人生观的那种日子

---

① 伊萨克·迪内森(Isak Dinesen,1885—1962),丹麦著名女作家,原名卡琳·布利克森(Karin Blixen),代表作有《走出非洲》等。

即便有过,也已经一去不复返了。写一些关于生活在特定状况下的特定人群的小说,也许有助于对生活的某个侧面有更好的了解。但恐怕也不过如此了,至少我是这么认为的。诗歌也许不同,特丝收到过读了她诗歌的人的来信,说这些诗歌把他们从想去跳崖跳河之类的绝望中挽救了回来。但这是两码事。好小说是一个世界带给另一个世界的信息,那本身没错,我觉得。但要通过小说来改变事物、改变政治派别或政治制度本身,或挽救鲸鱼、挽救红杉树,不可能。如果这是你所想要的变化,办不到。并且,我也不认为小说应该做这些事情。小说不需要做任何事,它只需要带给写它的人强烈的愉悦,给阅读经久不衰的作品的人提供另一种愉悦,也为它自身的美丽而存在。它发出光芒,虽然微弱,但经久不息。

"Raymond Carver" by Mona Simpson and Lewis Buzbee from *Writers at Work: The Paris Review Interviews*, Seventh Series, ed. George Plimpton (New York: Viking Press, 1986), 299 - 327. Copyright © 1986 by The Paris Review, Inc. All rights reserved. This interview is a revised and expanded version of "The Art of Fiction LXXVI," by Mona Simpson, which appeared in *The Paris Review*, no. 88 (Summer 1983), 192 – 221. Conducted Winter 1983.

雷蒙德·卡佛:保持简短

凯·博内蒂/1983年

雷蒙德·卡佛凭借《请你安静些,好吗?》(麦格劳-希尔出版社,1976年;获1977年国家图书奖提名)和《当我们谈论爱情时我们在谈论什么》(克诺夫出版社,1981年)这两本小说集获得了大量的读者和卓著的声誉。第三本小说集《大教堂》将于今年秋天出版发行,书中包括为卡佛赢得《1983年欧·亨利奖小说集》头等奖的小说《一件有益的小事》。他还是几部诗集的作者。

卡佛的小说反映了他作为西北太平洋地区小镇锯木厂工人后代的成长过程。小说中充满蓝领家庭、印第安人和失业(通常酗酒)的航空工程师那样的人物——大体上讲是一个缺乏精神、情感或智力手段来表达自己困境的群体。卡佛早期的两部作品的力度在于它们所暗示的东西。《大教堂》里的小说则更加饱满和深思熟虑。

以下的采访是在纽约举行的美国艺术文学院年会期间完成的。卡佛在那里接受了米尔德丽德和哈罗德·斯特劳斯津贴,这笔津贴给予他五年数量可观的免税收入。

凯·博内蒂(以下简称博内蒂):对你来说今年是重要的一年吧?

雷蒙德·卡佛(以下简称卡佛):确实是。发生了很多事情——有好有坏——有很多恩惠需要细数,我确实在清点。如果你指的是近来我的作品受到的关注的话,那尤其是。最近这个奖的意义显然很重大。辛西娅·奥齐克(Cynthia Ozick)和我是首届获奖者。和这个奖最接近的或许是麦克阿瑟奖①。从五年后可以续签这一点看,这个奖可能更好。真是个难得的机会。我最喜欢的

---

① 麦克阿瑟奖创立于1981年,俗称"天才奖",由麦克阿瑟基金会设立,表彰各领域内具有非凡创造性的人才,在五年中给每人提供总额五十万美元的奖金,且没有附加条件,获奖者可自由支配。

50年代的电视节目是《百万富翁》,节目里每周会出来一个人送上一张支票。这某种程度上像是发生在我身上的事情。获得这个奖我特别开心,我不会忘记自己的重任。

博内蒂:接受这个奖有什么条件吗?

卡佛:唯一的条件是我不能有另一份工作,比如说教书。收到获奖通知当天,我正离开雪城大学去外地休假。我给系主任打了电话,他是一个善良、正派、智慧和关心他人的人。我告诉他这个学期结束后我不回来了。他们为我高兴,那当然了。他们也对我的离开感到遗憾,因为那里的写作课程刚刚走上正轨。

博内蒂:你提到去年发生了一些很伤心的事情。能说说吗?

卡佛:我失去了我的朋友约翰·加德纳。我还失去了另外一个朋友,迪克·雨果(Dick Hugo),他是10月去世的。我刚刚得到消息,就在我离开雪城来纽约之前,我的一个朋友和同事病得很严重,活不了多久了。去年秋天,我女儿和她的小宝宝出了车祸。现在她和小宝宝都没事了,我很高兴,但有一段时间特别艰难。所以说过去的十二到十五个月是个不寻常的时期。

博内蒂:你觉得和你过了四十岁有关系吗?

卡佛:我觉得没关系(轻笑)。三十多岁是我最艰难的时期,差点把我干掉了,能庆祝自己的四十岁生日我很高兴。没有关系。我只是觉得四十岁以后,我们将不得不准备好去埋葬一些朋友。当然,只有一种可替代的选项——让朋友们来埋葬我们。

博内蒂:但你终于在收获此前努力工作的奖赏了。

卡佛:哦,好像是这样。坦率地说,我从来没有把写作当成一项事业来追求。我只是开始写小说和诗。我比过去更健康、更强壮,也更适合做自己该做的事情。所有这些当然与以下的事实有关:多年来,三十到四十岁的大部分时间里,直到三十九岁那一年,我都是一个"虔诚的"酒鬼,那么做要花费很多的时间和精力。那些年里我荒废了很多事情。自从六年前戒了酒,情况得到了极大的改善——这毫无疑问。

博内蒂:有些书里写到作家与酒精这个话题。你认为你所从事的职业与你的酗酒有关系吗?

卡佛:没关系。我觉得作家或任何艺术家中酗酒的人并不比从事其他职业的人要多,不管他们是律师、医生还是眼科医生。一直流传着作家和酒精的神话。但无须赘言,喝酒对艺术生产没有帮助。恰恰相反,我觉得酗酒对写作是个灾难,妨碍极大。只不过比起其他人,作家更容易被别人看到。我们听说过约翰·贝里曼(John Berryman),或F. 斯科特·菲茨杰拉德,或威廉·福克纳,或海明威,或马尔科姆·劳瑞(Malcolm Lowry)的酗酒问题。但是你在任何行业里都能找到酒鬼。

博内蒂:有什么特别的事情让你做出戒酒的决定吗?

卡佛:这个嘛,某种程度上说是水到渠成。1976年,我酗酒的最后一年,出版了两本书:《请你安静些,好吗?》和诗集《鲑鱼夜溯》。但生活似乎彻底地背离了我,彻底地失控了。十二个月的时间里我住了两次医院,某种程度上说明了问题的严重性。最终,在第四次住院后,我忽然想到我不能再在社交场合喝酒了。所以我停止了喝酒。一天早晨我没有喝。第二天早晨也没有喝,接下来又是一个早晨。很幸运,我清醒了一周,然后是第二周,接下来,你瞧,我已经保持头脑清醒一个月了,我还是小心行事。就像匿名戒酒者互助会里的人说的那样:"一步一个脚印。"

博内蒂:说说《大教堂》吧。

卡佛:这本书里有一种其他书里没有的"开放"。有那么几个月我什么都没有写。然后我写的第一篇小说就是《大教堂》,它和我以前写的东西都不一样。这本书里的小说在某种程度上都更饱满也更有意思了。它们更宽厚了,删减得没那么厉害了。我在另一个方向上走得够远了。自从我把作品交给雪城一位有文字处理机的女士后,我的生活得到了改观。她可以把小说打出来,给我一份干净的副本。我可以在上面做记号,尽情地修改后再交给她,几个小时后我又能拿回一份干净的副本。过去我从来不能像这样工作,我肯定那对我有帮助,对我来说,就是能在相对短的时间里写出很多小说。不过重写和修改对我来说非常重要，对很多我熟悉的作家也一样。阅读那些杰出作家的初稿非常励志和有教益，因为上面有那么多的修改。托尔斯泰在他的校样上做了那么多的修改，出版前一刻还在修改，经常整本书需要重新排版。约翰·加德纳也是这样。很多作家都是这样。我的作品从来就没有彻底完成的时候。

博内蒂：你大多数小说都有一个清晰的萌发点吗？

卡佛：多数情况下是一句话。我还没为下面这句话写出一篇小说，但我不久前听见别人说："他死前病得很厉害。"那句话让我感觉被施了魔咒，因为我认识符合这句话的人。我还没有写这篇小说。但我会去写。还有《严肃的谈话》那篇小说。它起源于这句话："这将是最后一个被你毁掉的圣诞节。"这句话被写进了小说。我们都有过或见到过被毁掉的节日，因为家庭争吵或其他什么事。有一次乘飞机，飞机降落时，我看见边上坐着的男人把婚戒从手指上退下来放进口袋里。我要做的是想象可能会发生什么，他脑子里可能在想什么，或他将要干什么，这样就能得到一篇小说的灵感。我并没有整天想着小说。但我坐下来工作时,脑子里会有个东西,通常我会直奔它而去,不浪费一点时间。当你在写某个东西,并且知道能留住它时,你会感到一阵激动。你知道这是个与众不同、有点特别的东西。这种事情在我写《我打电话的地方》的时候发生过,这篇小说去年夏天登在了《纽约客》上。我得知它将被收入今年秋天出版的《1983年美国最佳短篇小说选》。在写这篇小说的某个时间点,在写第五或第六稿的时候,我感受到了这种兴奋、这种激动,觉得这是一篇与众不同的好小说,觉得这就是我们一遍又一遍地回来做这项工作的原因。

博内蒂:形式和内容的结合?

卡佛:我觉得是。一种所有东西都凑到一起了的感觉。现在你让我描述创作过程中的感觉,我不确定我能否做到。我只能告诉你这是一种在审美、智力和情感上都恰当的感觉,"所有东西都在里面了"的感觉。我肯定音乐家在创作或表演的时候会有这样的感觉。当然作家必须去感受它,但并不是每次都能感觉到。我希望它永远在那里,但它的存在足以让我们一遍又一遍地回来。

博内蒂:你说过一个作家只有才华是不够的,他必须能够根据他自己来描述世界。你提到了契弗、厄普代克、塞林格、埃尔金(Stanley Elkin)、辛格、比蒂、奥齐克和巴塞尔姆。

卡佛:是的,还需要更多的东西。他们的小说是他们自己的而不是别人的。上面有像他们的签名一样的东西。我可以拿来一篇约翰·契弗的小说,或者是斯坦利·埃尔金,或者是玛丽·罗比森(Mary Robison)的小说——而且是此前从来没有读过的——我会知道是谁写的。这就像看一幅塞尚或雷诺阿的风景画。我们此前也许从未见过这幅画,但一看就知道这是谁的作品。我喜欢这样。

博内蒂:什么是才华?

卡佛:这个嘛,才华是任何作家都有的东西。每一位有抱负的作家、音乐家、画家——我要说几乎他们中的每一位都有才华。但只有才华是不够的。

博内蒂：你能列举几位有才华却没能到达那一步的作家吗？说说已经去世的作家，这么做安全些。

卡佛：不行，我现在还做不到。但大多数已故的作家都具备所有的东西，不然我们就不会谈论他们了。比如写《都柏林人》的乔伊斯，比如弗兰克·奥康纳、弗兰纳里·奥康纳、伊萨克·巴别尔，当然还有契诃夫。契诃夫在我这里排首位。我从来没有见到过不喜欢契诃夫的作家。

博内蒂：你还说过你想把杰弗里·沃尔夫（Geoffrey Wolff）的那句"别耍廉价的花招"写在一张三乘五的卡片上，贴在你办公桌的上方。能举一个在写作中耍花招的例子吗？

卡佛：哦，我在想作者觉得不值一提或毫无兴趣的那些人物——把那些人物放进荒唐的场景里。不久前我读到一篇小说的稿件，主人公一天早晨醒来后决定改变自己的人生。于是他把他的小宝宝从摇篮里抱起来，放进楼下的火炉里，然后走到大街上，和一个邻居调情，如此等等。这是一篇无厘头的小说，根本没有存在的理由。

这个作者想说明什么？这是作者没有任何投入的一篇小说。里面没有价值系统，没有道德根基，如果你不介意我这么说的话。有些小说从某一点开始，它们哪儿也去不了。作者让你爱看就看，不看拉倒。这是一种自我表现的泛滥。我想说的是，在我看来艺术是人与人之间的一种联系，创作者与消费者之间的联系。艺术不是自我表现，它是一种沟通，我对沟通感兴趣。不过我不是在对实验小说发难。唐纳德·巴塞尔姆的小说是实验性的，他是一位很不错的作家。他的写作无人可比。

博内蒂：但你认为有些作家开始像那样去写——

卡佛：他们想要像唐纳德·巴塞尔姆那样写，但又不具备唐纳德·巴塞尔姆独特的才能。他们把唐纳德·巴塞尔姆表面的东西拿过来，弄得一团糟。他们运用的不是他们自己的想象，而是唐纳德·巴塞尔姆的。

博内蒂：没人谈论你小说里的幽默。

卡佛：我很高兴你提到这个，因为我觉得它们里面有很多幽默。《请你安静些，好吗？》第一次出版时，《新闻周刊》上有一篇很好的长评。那位评论家确实说到了这些小说里的幽默。看到那篇评论我很高兴,因为我认为这些小说里有幽默,也许是一点点黑色幽默,但是有幽默。

博内蒂:你有什么样的工作习惯、工作方法?

卡佛:写小说的时候,我会不分昼夜。有时我甚至不知道今天是星期几。不写的时候,我则会陷入坏习惯:晚上不睡,看电视,早晨不起床。我估计我属于那种工作一阵休息一阵的人。

博内蒂:在你的心目中,诗歌和小说是什么样的关系?

卡佛:这确实是个好问题。我不知道我是否有一个恰当的答案。我感到和我的诗歌很亲近。当有人告诉我他们读过我的一首诗,很喜欢,我总是感到很荣幸。不过几年前,我有意识地做了一个决定,我必须把注意力和绝大部分的精力放在小说上,我也是这么做的。

博内蒂:我注意到你在诗歌中倾向于写自己的经历

和你认识的人。说话的人似乎是你自己。

卡佛：是的。我想是这样的。从这方面讲，比起小说，诗歌要私人化得多。

博内蒂：你上学的时候就在学习怎样成为一个作家吗？

卡佛：哦，确实是。我刚进奇科分校就认识了约翰·加德纳，那时我大约二十岁，非常敬佩他。他是爱荷华作家工作坊的毕业生。后来我离开奇科分校，去北加州的洪堡州立大学上学，在那里认识了迪克·戴，他也是爱荷华作家工作坊的毕业生。他说："如果你想成为作家，跟其他作家一起混、学习写作，就去爱荷华。"他在帮助我去爱荷华这件事上起了重要作用。

博内蒂：你第一次真正意义上的"破茧"是什么？

卡佛：我想我人生真正的转折点是 1967 年。我在一家没名气的文学杂志上发表的小说被选入玛莎·弗雷编辑的《美国最佳短篇小说选》。

博内蒂:那是?

卡佛:《请你安静些,好吗?》——和小说集同名的那篇小说。这是我写作生涯中最重要的事件。

博内蒂:你在一个简短形式很难生存的行业取得了成功。你以两本短篇小说集获得了巨大的声誉。人们说起雷蒙德·卡佛,总会说到《请你安静些,好吗?》和《当我们谈论爱情时我们在谈论什么》这两本书。你意识到你有多幸运吗?

卡佛:那样的事情在写了两部长篇的作家身上也不多见,更不用说是两本短篇集了。我意识到了这一点。我很高兴这件事发生在我身上,那是肯定的。

博内蒂:是不是有某个出版商或代理人使得这一切成为可能?

卡佛:尽管我说 1967 年是我的一个转折点,但 70 年代初期还有另一个转折点,当时《时尚先生》的一位编辑在杂志上发表了我的小说。从那时起我的小说受到关注。

博内蒂:戈登·利什?

卡佛:是的。毫无疑问,他在我的人生中起过重要的作用。他仍然是我在克诺夫出版社的编辑,我为此感到高兴。碰巧有一位我很满意的好代理。她很不一般。我们相处得很好。现在,在我人生中恰当的时间,一切都像是水到渠成,除此之外,我不知道该说什么。七八年前或许还不行,但现在一切都恰到好处。为此我要感谢我的福星。

博内蒂:你还记得是什么触发了《没人说一句话》这篇小说吗?

卡佛:记得。我可以告诉你一些与这篇小说有关的事情。那篇小说不是自传。我小说里的事情没有一件真的发生过,但小说不是无中生有。它们肯定来自某个地方,至少是我欣赏之人的故事。它们在现实生活中有参照点。那篇小说就是这样的。小时候我有一次去钓鱼,我确实钓到一条很绿的鳟鱼。我从来没见过那样的鳟鱼,它有八到十英寸长。另一次去钓鱼,我确实见到一条我们称之为夏天硬头鳟的鱼,一条从海洋游回淡水,游进一条小溪并被困在那里的硬头鳟。但我什么也没有做。我没有抓那条鱼。在另外一个场合,我确实和另一个小男孩分了一条鱼。不是一条鳟鱼,是一条鲟鱼,一条莫名其妙地游进这条小溪里重约十磅的鲟鱼。我们把它掀到岸上,我们分了那条鱼。小说其余的部分像写小说应该的那样写成,像一个从山上滚下来的雪球。你知道,雪球滚落的过程中一些东西加了进去。那时我还是个小孩子,这些根扎得很深的事情你是不会忘记的,总会让你想起来。那些事情,我一生中那段很特别的时间,在我三十出头的时候吸引了我的注意力。写完那篇小说后,我知道自己写了一个非常特别的东西。写其他小说时我并没有这种感觉。这篇特别的小说让我觉得自己触及了某个东西。我知道这是怎么一回事。

博内蒂:我对《把你的脚放在我鞋里试试》那篇小说很好奇。

卡佛:我可以告诉你一些与那篇小说有关的事情。我前妻和我确实从要去欧洲的人那里租过房子。我们从来没有见过这些人。我们是通过中间人租的房子,可以这么说。但那篇小说中发生的事情,小说里的故事,并没有发生过。我写这篇小说时,我记得是圣诞节前夕,门外有唱圣诞歌曲的人。还有其他的事情,让我想想,也写进了小说里。我们住在国外时,60年代后期,有一位妇女在经历了一连串奇怪的事件后,住进了我家。她住在我家时生病了,我们只得无微不至地照料了她两三天,给她端汤送水。她开始指使我们,你知道,比如汤太凉了。所以说这件事本身就很奇怪,无疑值得去写一篇小说。这件事占据了我的大脑。我在想假如那个女人死在我家里了会怎样。你知道,她是一位老年妇女。所以所有这些都写进了这篇小说。我不知道这个家伙会是一个作家。我开始写的时候脑子里只有一句话:"电话铃响起的时候,他正在吸尘。"每一位年轻作家都被告知不要去写与作家有关的小说。我们被告知去写其他事情和其他人。如果你想写一篇关于作家的小说,就把他写成画家或其他什么人。但是所有的作家都我行我素,至少要写一篇与作家有关的小说,而这一篇就是我的关于作家的小说。他待在家里。他的妻子或女朋友在工作。他待在家里试图写点东西,但他不在写。到了小说的结尾,他已经准备好去写了,因为他已经有了一个故事,他已经听说了各种各样的故事。

"Ray Carver: Keeping It Short" by Kay Bonetti from *Saturday Review*, 9 (September/October 1983), 21-23. Supplemented by transcribed and edited excerpts from the sixty-minute audiotape that was the source of the interview: Kay Bonetti, "Raymond Carver," American Audio Prose Library, LC 83-740106 (CV Ⅲ 1083). All material copyright © American Audio Prose Library, 1983. All rights reserved. Conducted May 1983.

来自荒原的声音

帕特里夏·莫里斯罗/1984 年

气温零下十度。但纽约州雪城的一家餐馆里面开着空调,餐具冷冰冰的。雷蒙德·卡佛打着哆嗦,让女招待热一下他的咖啡。"没问题,亲爱的。"她说,把杯子里的东西倒在他吃剩一半的午餐上。他低头看着淹没在黑咖啡里的黑椒牛肉三明治。"天哪,"他说,"我从来没见人这么做过。"

雷蒙德·卡佛见过的很多。就像他书里漫无目的的漂泊者,四十五岁的卡佛住过不少地方,干过无数卑微的工作。他想不起来具体的日期和许多细节。谈到过去,他的话听上去有点支离破碎。"我在爱荷华城一家自助洗衣店……我住在卡利斯托加的一家医院的时候……我去密苏拉拜访朋友的时候……"

如果说卡佛的写作风格的标志是关注细节,他在谈到自己的生活状况时却极其模糊。大多数的问题可以归因于他与酒精长达十年的搏斗。他刚过三十岁就开始酗酒,遭受周期性的失忆。"我的生活是一片荒原。"他说,"凡是我触碰过的东西都被我毁掉了……有些事情我不想去回忆。"

很高兴那些日子过去了。自从1976年出版第一本小说集,他便被誉为美国最优秀的短篇小说家之一。去年更是特别的一年:美国艺术文学院给予他每年三万五千美元的津贴,为期五年。在他的人生中,卡佛第一次有了时间和金钱,除了写作以外什么都不用做。他辞掉了教书的工作,完成了两部电影剧本。他建了一栋房子,买了一辆全新的梅赛德斯。去年秋天,他最新的小说集《大教堂》(明天在英国出版发行)在美国刚上架就受到众口称赞。

"我很开心。"卡佛说,声音低沉,有点犹豫。他的微笑很短暂,目光闪烁。一个大块头的男人,长着浓眉和双下巴,投射出一种温和的,几乎挥之不去的悲伤。"但这些真的对我没有太多的影响。生活在1977年就基本走到了尽头。酗酒把我逼到了墙角。我完全失去了控制,几乎就像死掉了一样。我在那一年的6月戒了酒,我把这看作一生中最大的成就。"

关于卡佛对美国的灰暗看法的文章已经屡见不鲜。他的小说里居住着不能应付日常生活的普通人(餐馆女招待、理发师、工人)。他们不是从朋友或家人那儿寻找慰藉,而是转向酒精和电视。他们有梦想,但缺乏言辞或想象力来表达。当被问到为什么要写这样的人物时,卡佛说因为他太了解他们了:"我来自他们中间。"

卡佛出生在华盛顿州的一个伐木小镇。他父亲在一家锯木厂上班,也是一个酒鬼。小时候,卡佛爱读赞恩·格雷的西部小说,爱听他父亲讲故事。"我记得我爸爸讲过参加内战的祖父[①]的故事。"他说,"南方开始失利后,他加入了北方的部队。他是一个叛徒,我发现那个故事很好玩。"

---

① 此处应该是卡佛父亲的祖父,原文"my grandfather"系口误。

卡佛说不知道自己为什么要成为一个作家。"或许是因为我父亲的故事。"他说,"不过自打记事起我就想写东西。"高中毕业后,他去了他父亲工作的锯木厂。到二十岁,卡佛已经有了两个孩子,却没有一技傍身。他把家搬到加州的奇科,上了一所州立大学,并通过打零工来付学费。他离开奇科去爱荷华参加了作家工作坊,但由于缺钱而退学了。回到加州后,他在一所医院找到一份夜间清洁工的工作。接下来十年的生活大同小异。

尽管如此,卡佛还是继续写作。刚开始他写诗,仅仅是因为诗的篇幅短,能一次写完。因为有一份全职工作和两个孩子,他没有太多的空余时间。财务上的压力,加上因无法掌控自己的生活而日渐加深的懊丧,让卡佛转向了酒精。那是一个痛苦的时期,卡佛谈到这个时期时,脸上的肌肉仍然在抽搐。

一切都崩溃了,他是指他所谓的"滑稽可笑的以色列之旅"。那是 1968 年,卡佛在读大学本科的妻子获得了一份奖学金。"他们承诺给我们地中海边的一所度假别墅。"卡佛说,"我想象自己坐在打字机旁,前方是壮丽的海景,而我们实际的住房糟糕透了,孩子们在受罪,我们的钱也花光了。过了几个月,我们收拾好行李去了好莱坞。我找了一份在剧场卖节目单的工作。但我身体里有个声音对我说:'完蛋了。'我这一辈子都想在地中海有一栋度假别墅,那时我知道我永远也无法实现。除了伤心,我的写作什么也没有带给我。我和妻子分开了……"他的声音碎裂成喃喃自语,他伸手去取另一支香烟。

今天,卡佛找到了他的地中海别墅。那是一栋位于雪城、门外挂着"谢绝探访"的牌子的两层楼大房子。他和诗人兼小说家特丝·加拉格尔住在那里。说到她的名字,他的声音变得柔和了,让人联想到一间温暖的厨房和刚烘烤好的面包。难怪卡佛《大教堂》里的好几篇小说传递出同样的情感。尽管许多小说仍然灰暗,让人有点绝望,但里面也有一点希望和更多的同情。与书同名的小说讲述了一位盲人前来拜访一对夫妇的故事,这篇小说是卡佛称为"新的开放"的完美证据。一开始对盲人有点冷酷的丈夫打开电视机,看一个关于大教堂的节目。当被问到它们像什么时,那个丈夫找不到恰当的词。他拿出一支铅笔和一个购物纸袋,抓住盲人的手,他闭上眼睛,两人一起画。

"这本书不太一样,"卡佛说,"小说更加宽厚了,也更有意思了。《大教堂》是我写的第一篇,写到一半的时候,我感受到这种强烈的激动。这种感觉真好,我强烈地感觉到我正在做一件正确的事情。"

最近,卡佛和导演兼作家迈克尔·西米诺一起完成了第二部电影剧本。这是一个奇怪的组合。由于影片过长,预算过大,各个方面过度铺张,因导演《天堂之门》而闻名的西米诺差不多已被美国评论界排斥在外了。另一方面,卡佛则以他极简的文体著称。这两个人怎么会和睦相处?"我从没看过《天堂之门》,"他说,"我觉得西米诺是个好人。去年春天,他委托我写一个关于陀思妥耶夫斯基生平的电影剧本,我想卡罗·庞蒂[①]也参与了,不过我没有听到任何其他消息。"他耸耸肩。

女招待打断了我们的交谈。"对不起,"她说,"轮到我休息了。也许你们可以先把账单付了?"咖啡污渍不见了。她蓝黑色的头发呈 50 年代的蓬松样式。"哇,谢谢

[①] 卡罗·庞蒂(Carlo Ponti,1910—2007),意大利电影制片人,代表作有《日瓦戈医生》等。

了。"她说，用橘黄色的长指甲捡起小费，"现在祝你们新年快乐，好吗？"

卡佛停顿了一下，然后微笑起来。"好，"他说，"新年快乐。"

"A Voice from the Wasteland" by Patricia Morrisroe from *The Sunday Times Magazine* (London), 29 January 1984, 53 – 54. Copyright © Times Newspapers Limited 1984. Conducted Winter 1983/1984.

"好作家用他的想象说服读者"

汉斯马尔滕·特龙普/1984 年

长着对眼的计程车司机停下车,转向我,指着前院的一个大木头牌子。谢绝探访。古怪的橘黄色曲线填满了黑字下方的空白处,或许是为了避免吓走有正经事要办的人,比如医生或送货的人。外国记者属于这一类吗?

我朝司机尴尬地笑了笑,付了他一大笔车费——为了机场到雪城这条僻静街道的半小时车程。这是纽约上州靠近加拿大边境的一座乏味的大学城。

下了计程车,我小心地打开栅栏门,等待着一对训练有素、能在几分钟内把非法闯入者撕成碎片的攻击犬的袭击。但什么也没有。

计程车缓缓驶离。两层楼房子里和四周没有一点生命迹象。房子一侧的车库前面停着一辆旧的大众汽车。计程车在视线里消失后,我觉得自己就像是附近唯一的活人。

我来到门前,按了几下门铃。没有反应。我只好绕着房子,轻轻敲打经过的每一扇窗户。当我绕着房子走了一整圈,来到大众汽车跟前时,我注意到车子侧面的车窗开着,我伸手按了按车喇叭。

头顶上方的一扇窗户被推开了,一个面部浮肿的男人问我知不知道自己在这儿干什么。

过了一会儿,我俩面对面地坐在乳白色的沙发上,面前玻璃茶几上放着一摞书,还有一个插着孔雀羽毛的花瓶,那是房间里唯一的装饰。我的东道主点着一根低焦油香烟,请我原谅他的听力。他告诉我说,他在书房里的时候什么都听不见。他也不想听见,因为他不想打断自己的注意力。所以才有前面草坪上的木牌。所以才有断开连接的门铃。所以才有对我按喇叭的反应——而那通常是他的伴侣到家的信号。

现在雷蒙德·卡佛和我并排坐在一张巨大的沙发

上,我俩之间容得下一整班的小学生。

直到最近,雷蒙德·卡佛才能够沉浸在自己的写作中,并最终把他的时间用于思考、写作和没完没了地修改那些越来越受到国内外关注的小说。

近来他也在写诗,并尝试去写他的第一部长篇,但真正有意义的是,他在尽可能地利用自己拥有的时间。就好像他想要做时间的主人,并借此忘掉艰辛的过去——那时候,他的写作必须适应各种各样的兼职工作,他不得不坐在厨房饭桌旁或没有暖气的车库里,充分利用一两个小时的写作时间。因此,他不敢把现有的自由浪费在写作以外的事情上。"这一切都让我感到幸福,"他说,"哦……绝对幸福。"

雷蒙德·卡佛感受到的幸福显然不算多。更确切的说法是,直到几年前,他都不是很幸福。像他小说中的人物一样,生活与他无缘:没有希望,没有目标,为付每个月的账单而苦苦挣扎。

从他年轻时结婚起,直到几年前,卡佛的生活好坏参半。他把这些特点用在了《请你安静些,好吗?》和《当我们谈论爱情时我们在谈论什么》那两本小说集里的人物身上。

他十八岁,她比他年轻两岁。她是华盛顿州瓦拉瓦拉一所女子学校的学生,不仅懂得文学,还懂得如何得体地端着茶杯和茶碟。卡佛被她迷住了。她甚至会说拉丁语。他让她怀了孕,他们不得不结婚。

"我身无分文,"他说,"她也一样。她来自一个贫困的家庭。她母亲曾决定让女儿接受高等教育,可她怀孕了。我们的第一个孩子出生时她十七岁,第二个来临时她十八岁。我们是肩负家庭责任的青少年。我们被迫扮演在这个年纪完全没有准备好去扮演的角色。但我们尽了最大的努力。在我们结婚十二年后,她终于获得了本科学位。

"那时候,我白天上班晚上写作。我不记得我有哪一天不在工作。我妻子要上班,要照顾孩子,还要做家务。过了没几年,我在加州洪堡州立大学获得本科学位。没多久,我们就把所有的家当绑在我们那辆旅行车车顶的架子上,离开洪堡去了爱荷华城。我听说爱荷华大学有个备受尊重的作家工作坊。我是从加州州立大学的一位老师那里听说的,那时我已经写了许多短篇和诗,那位老师给爱荷华大学寄去了几篇。我被工作坊录取了，还得到了五百美元的奖学金，这样我才能参加。

"那点钱根本不够一年的学习和养家费用，即便加上我在学校图书馆打工挣到的每小时两美元的工资，以及我妻子在餐馆打工挣的钱也不够。我们无法在爱荷华撑过第二年，所以我们回到了加州，去了萨克拉门托，我在那里的一家医院找到一份夜间清洁工的工作。这份工作薪酬不错，还让我在晚上工作期间有很多时间写作。前两年过得平平稳稳，我清晨回到家，睡上几个小时。等我醒来，妻子已经上班去了，孩子们在看护家里。我有一整天的时间用来写作。

"但后来下班后我不再直接回家，而是在当地的一家酒吧停留。酒精成了问题。那是因为活成了现在这个样子，我有太多该死的问题需要解决。作为人父我太年轻，供养一个家庭有太多的责任。这些需求逼着我去干一些与我性格完全不符的杂活，而我真正想要做的却是写作。这就是我在人生的某个节点沾上了酒精的原因。如果我在生活中找不到目标，还不如选择酒瓶。全职狂饮变成了我的人生抱负。

"好作家用他的想象说服读者"

"有人说作家酒喝得多。那是谬论。作家并不比从事其他繁重或高要求的职业的人喝得多。我从来没花时间去思考酗酒的心理因素。我自个儿开始喝酒了。当我意识到我一生最想得到的东西——写作和娶妻生子——并没有排好队等着我,我就开始狂喝滥饮。我立刻成为一个酒鬼。不是我想要那样,而是就那样发生了。从那一刻起,直到1977年春季那个有纪念意义的日子,我的职业只有一个:酗酒。"

我按响大众汽车喇叭的时候,卡佛已经写作了五个小时,已经消耗了无数香烟和无咖啡因可乐。他不再需要在写作之外出去打零工。去年他获得了米尔德丽德和哈罗德·斯特劳斯津贴(连续五年,每年三万五千美元的奖金),让他能够把全部的时间用在写作上。这笔津贴让他能够辞去雪城大学的教授职位,去年他在那里主持一个作家研习班。

过去的几个小时,他在写一首诗,此举对一个以短篇小说著称的人来说有点奇怪。但是卡佛也出版过两本诗集,《冬季失眠症》(1970)和《鲑鱼夜溯》(1976)。不过他在美国一举成名,全靠他正被年轻作家模仿的短篇小说。最近,《时尚先生》的文学编辑汤姆·詹克斯在《纽约时报》的一篇文章里指出:"我收到的年轻作家的稿件的特点是简短、说到点子上的句子。雷蒙德·卡佛的风格。就连很多小说的题材也反映了卡佛的题材,要我说,这些题材直接代表了新现实主义。"

卡佛的前两本小说集,以及他1983年出版的小说集《大教堂》引起了美国出版界的巨大反响。欧文·豪(Irving Howe)在《纽约时报》上著文评论后一本小说集,说卡佛的一些小说"现在可以列入美国文学的经典"。《时报》杂志称《大教堂》为1983年美国十三本最佳图书之一,这本书被嘉奖美国最佳散文写作的国家图书评论奖提名。

卡佛的小说反映了当代美国社会里人的处境,他小说中的人物在福利社会的边缘浪费自己的生命。他们通常被一些破旧不堪的消费品——像损坏了的冰箱、破旧的客厅家具和撞得不成样子的汽车——围绕着。他们的生活态度迫使他们适应环境、中规中矩地行事。

"那是些无名之人的故事,住在无名之地,干着无名之事。"简·唐克斯(Jan Donkers)在两周前的《海牙邮报》(第二十九期)上写道,"令人窒息的不幸,破裂的婚姻和人际关系,酒精,大量的酒精。最主要的是,当一个人意识到一成不变的生活将会令他失望且无法避免后,那种震惊和听之任之的感觉。"或者,像卡佛一篇小说中的一个人物所说:"这是怎么发生的?刚开始的时候我们都很正常啊。"

1977年春季的一天,卡佛突然决定不再喝酒了,究竟是因为什么?他只是给我们各倒了一杯咖啡,递给我一块草莓派,然后点着他无数根香烟中的一根。"此前一年的大部分时间,我都生活在近乎油尽灯枯的状态。我已经到了一点也控制不住自己的地步。失忆。你知道那是怎样的:你坐上车,开车去学校教课,参加一个派对,勾搭上某个人,最终上了她的床,第二天早晨醒来却什么都不记得了。你采用自动导航装置度过每一天。我走到了尽头。我开始让自己习惯逐渐加长的'无酒精时段'。

"当时我住在加州,远离儿女和已经分居的妻子,已有三周滴酒不沾了。旧金山有一个出版商大会,出版我第一本短篇集的出版社的一位编辑邀请我共进午餐,还计划提供给我一部长篇小说的预付金。很不幸,在那场午餐约会的前一晚,我的一个朋友开了一个小型派对。我在保持清醒三周之后,在派对进行到一半的时候,给自己倒了一杯葡萄酒。这是我记住的最后一件事情。失忆,第 n 次。第二天,我一早就等在酒店的门口,买了一瓶伏特加。我喝完那瓶酒,让我得以去赴午餐约会。但这之后我回到家,连着狂喝滥饮了三天。

"一天早晨醒来,我病得像条狗。'卡佛,你不能再这样下去了。'我对自己尖叫道。我决定远离酒瓶子,尽管这么做让我更难受。但是结果还行。先是保持清醒了一周,然后两周。不知不觉就过去了一个月。匿名戒酒者互助会帮了我一把。

"1977 年 6 月 2 日,我喝完了此生的最后一杯酒。这比我一生中做过的任何事情都更值得我骄傲。我是一个康复的酒鬼。我永远是一个酒鬼,但决不会是一个现行的。我不再碰那玩意儿一滴。只喝可乐和巴黎水[①]。"

1982 年死于摩托车事故的作家约翰·加德纳对卡

---

① 一种矿泉水。

佛写作的影响最大。60年代初期,卡佛进入奇科分校,师从加德纳学习写作,当时加德纳还没有发表过任何作品。"我为能师从一位真正的作家而着迷。"卡佛说,"小时候我写过小说,但我还不是一个真正的作家。尽管如此,但他还没有发表过作品这一点让我感到失望。有人说出版社觉得他的短篇和长篇都太难懂,他不管去哪儿都带上装着书稿的箱子。

"加德纳估计我没有一个安静的写作场所,他知道我拖家带口。一天,他给了我他办公室的钥匙。这一友好姿态是我人生的一个转折点。他给了我钥匙。我知道他期望我通过努力写作保留它。我这么做了。

"每个周末我都坐在他的办公室里,身边堆满了装着他书稿的箱子。《镍币山》就放在其中一个箱子的最上层。我记得那部小说多年后才得以出版。正是在那间办公室,面对那些书稿,我第一次认真尝试成为一个作家。

"加德纳是个新教徒,看上去像联邦调查局特工,也像长老会的牧师。他总是穿着黑西装、白衬衫,打一条领带。他也是个烟鬼,甚至在教室里也一根接一根地抽烟。他把烟头在讲台边上的金属废纸篓里按灭。那时候,在教室里吸烟是被严格禁止的,教室里连烟灰缸都没有。第一天上课的时候,一位校方行政人员碰巧路过,他向加德纳指出上课期间不允许吸烟。加德纳走到窗户旁,打开窗户,把烟扔了出去,就某些人的心胸狭窄评论了几句。随后他点着了另一根烟。

"加德纳认为好小说必须有开头,有中间部分,有结尾。他经常走到黑板前,画出他的想法的结构。他画出高峰、低谷和平坦的部分来说明故事线。我不太懂他说的。不过,我确实从他对小说的口头评论里学到很多。他让我们在课堂上大声念出那些小说,然后他会问他自己,大声地,作者为什么要这样写,比如,在小说的最后一句才透露一个残疾人有残疾。'这么说,你觉得直到小说结尾才告诉读者你的主要人物没有腿是个好主意啰?'他会带点挖苦地问作者。任何向读者隐瞒重要信息的讲故事手法在加德纳看来都是欺骗;你在写作中要尽可能地做到诚实。

"诚实写作是一个一直留在我身上的东西。我在教授作家研习班的时候也总是强调这一点。不诚实是初学写作的人最常犯的错误。没有经验的写作者经常感到有必要使用他们学来的词语,那些写在纸上'好看'的词语;或是不能准确表达作者本意的词语;或是表达虚情假意的词语。

"如果我去写一篇关于住在隔壁的女士的小说,比如说,她在那里饿得半死,而我并不真的在乎她,那么读者在小说的第一页就会感受到我的疏离,我选择的词语表达了我的感情和我的冷漠。

"在我一篇名叫《一件有益的小事》的小说里,一个小男孩死了;他的父母曾去面包房给他定做了一个大生日蛋糕。我从来没有失去过儿子,但是我有过害怕自己失去孩子的经历。我就想象他们最恐怖的死法。我的想象而非实际发生的事,让我能够写出那篇小说。但是通过尽可能准确地表达我的想象,我让那篇小说具有可信度。因为我是带着对我的想象的坚信写的。好作家用他的想象说服读者。"

甚至在他年轻的时候,卡佛——现年四十六岁——就通过幻想的力量来改变身边他所谓"乏味到死"的现实。他在华盛顿州木匠和伐木工聚集的小镇上长大,在他家,《圣经》是他的酒鬼父亲唯一拥有的书。"他确实给我讲过参加内战的曾祖父的故事。"卡佛说,"不过除此之外,我不得不依靠我的想象。等我长大了一点,我自己读了一些书,大多是赞恩·格雷的西部小说。也许是我父亲激动人心的故事让我开始写作。还有我的生活如此无意义和空虚这个事实。我读到的每一样东西都比我自己的生活有趣得多!我是一个梦想家,我总是生活在自己的想象里。这就是我开始写作的原因。不然的话太无聊乏味了。

"我写的东西大多数与我自己有关,尽管我从来没有写过自传性质的东西。不过我不是一个自恋型的作家,或者说不比其他作家更自恋。作家写他知道的东西,大多数情况下是他本人。这就是为什么我写的小说与我知道的世界有联系,我正生活其中或曾经生活过的世界。它们连接起我和一个部分真实部分想象的世界。我的想象。

"一些评论家批评我,认为我的人物如此无能为力,似乎在向挡道的厄运妥协。特别是《保鲜》那篇小说,受到很多批评,因为小说里的人宁可在那儿抱怨冰箱坏了,

也不愿意找一个维修工把冰箱修好。'他们为什么不去把东西修好?'一个评论家问道,'这样他们就再也不用忍受了。'

"但是那些身上的钱仅够买张公交车车票或把车子油箱加满的人的生活当然不是那样的。就金钱而言,他们没有一分钱是多余的。如果某样东西坏掉了,他们没有钱去修理或更换。这才是我描述的生活。不过在媒体引起我的注意之前,我没有觉得我的人物的境况有那么糟糕。知道我的意思吗?这个国家到处都是女招待、计程车司机、加油站员工和旅馆服务生。但这些人就没有那些成功人士幸福吗?不是的,他们只是一些尽力而为的普通人。就像我做着那些狗屁不如的工作时想要尽力而为一样。我不想否认,当你为生计所迫去做某些工作时,有时候会感到绝望。不过我个人的经验是,你努力做到尽力而为。这不是在说,处于这样的境况,你不希望得到某种拯救,得到顿悟,得到给你的生活新方向的启示。

"在那样的时刻,你的整个人生都变了。这在我身上发生过两次:当我开始滥饮的时候,以及当我决定戒酒的时候。

"我小说中几乎所有的人物都意识到妥协和放弃在他们的生活中扮演着主要的角色。然后一个瞬间的启示打乱了他们日常生活的模式。那一瞬间他们不再愿意妥协。事后他们意识到其实什么也没有真正改变。"

卡佛的人物对他们自己的动机和想法知道得比卡佛要少很多。他们不做心理治疗,他们不思考上帝是否存在。他们做错事,没有充分意识到后果。作者和读者无疑意识到了这一点,这反映在他没有修饰和太多细节的极度简约的写作风格上。

卡佛的风格为他在美国文坛赢得了"极简主义"的标签,一个让他不太开心的术语。"那个词语与目光短浅和能力有限相关。"他说,"我是在努力删除小说中所有不必要的细节,努力把我的词语削减到骨头。但并不能就此称我为极简主义者。如果我是,我会真的把它们削减得只剩下骨头。但我没那么做,我留下了几片肉。

"我写小说第一稿时尽可能地快,最好是坐下来一次就写完。然后我修改,一再地修改。

"所以,我扔掉许多材料。第一稿可能有四十页,等到我完全满意了,也许只剩下十页。不过不仅仅是删除;

我也添加很多材料。我真正喜欢做的是摆弄文字。

"我认为一个写得好的短篇等价于若干写得一般的长篇。写得一般的长篇出版得太多了。写一部长篇与全面思考和创作一个短篇很不一样。我刚开始写一部长篇,这对我来说是一种完全不同的训练。写作长篇的压力完全不一样,这就是为什么刚开始我像写短篇那样写。我走在正道上,但不确定会被带向何方。我和我的伴侣特丝·加拉格尔刚刚合作了一部电影剧本,是为《猎鹿人》的导演迈克尔·西米诺写的。去年,我为他重写了一部关于陀思妥耶夫斯基生平的电影剧本,之后他请我写一个关于出狱少年犯回归社会的故事。

"多亏这笔奖金,我可以全神贯注地写作,不用担心找工作的事,这是一个巨大的解放。这符合我的性格。要我说,光有天赋是不够的。天赋谁都有。有些作家,比如说,具有坐下来就能写完一个短篇的天赋。我生来就不是那样的人。这就是我如此勤奋写作的原因。我用刻苦工作来弥补缺乏的才能。这么做增强了我对自己的认识。"

那位对眼的计程车司机早晨给过我电话号码,晚上很晚的时候他来接我去机场。路上,他飞快地讲述着他的家庭。他给我看了他十八岁的女儿的照片,在她出了车祸、不得不把腿锯掉之前的照片。他和我聊到事故发生后他与妻子在家里安装的所有便利装置;她还得用很长一段时间轮椅。"先生,我是个乐观的人。"他说,小心地穿行在车流中,"不过有时候我很纳闷:我到底做了什么,要承受女儿遭车祸这样的惩罚?我是说,为什么会发生这种事?"

他在航站楼放下我,驶离时欢快地按了声车喇叭。我和他挥手道别。刚开始的时候我们都很正常啊。

汉斯马尔滕·特龙普(以下简称特龙普):你在写一部长篇吗?

雷蒙德·卡佛(以下简称卡佛):出版了第一本短篇集后,各方人士都建议我写一部长篇。我的出版商,我的妻子,各种人。我有兴趣,但是那时我还做不到。长篇还不在我的考虑范围内。三四年前我没有现在这样的专注度。有一些特殊的原因,与抚养孩子和当时的生活有关。

不过我继续写短篇,等到第二本短篇集出版后,出版社为我能继续写短篇而感到高兴。所以我第一次不再感到有压力。但是现在我有兴趣写一部长篇,比其他任何事情都更有兴趣。几周前我坐下来写一部长篇,随后我为《时尚先生》写了一篇关于我父亲的随笔。现在我已经开始写一个短篇,不知道什么时候能写完,这是一个好兆头。我在驾驶,你可以这么说,但我不知道自己开在哪条路上。这让我有一点不安,但很兴奋。

特龙普:出版商对待短篇小说集的看法在改变吗?

卡佛:有一种奇怪的看法,因为他们说短篇小说诞生在这个国家。但是直到十年前短篇都不受重视。短篇小说集被认为要比长篇小说低一等。它们得不到好的评论,书卖出去的不多。对于某些作家,情况有所不同,那当然,比如菲茨杰拉德、卡森·麦卡勒斯和弗兰纳里·奥康纳。但那是因为他们也写长篇并建立了名声。近期才出现短篇小说的复兴。现在有更多的杂志刊登短篇小说,短篇小说作者受到重视。他们登上了《纽约时报书评》的头版。这样的事情过去从来没有发生过。

特龙普：短篇的形式似乎特别吸引年轻的写作者。你觉得这与什么有关？

卡佛：与那么多的优秀作家在大学任教有关。唐纳德·巴塞尔姆在教书，斯坦利·埃尔金和威廉·加斯（William Gass）也在教书。约翰·加德纳曾经教过。不知是好事还是坏事，现在几乎很难找到不在教书的好作家了。乔伊斯·卡罗尔·欧茨在普林斯顿任教，伊丽莎白·哈德威克（Elizabeth Hardwick）在哥伦比亚大学任教。当然还有很多作家，像伊塔洛·卡尔维诺，在大学里客座讲学。我也教过。上第一堂课时，我请大家举手，看看有哪些学生写短篇，哪些写长篇。写短篇的比写长篇的多得多。

特龙普：你怎样教授短篇写作？

卡佛：我部分通过例子教学，我自己的作品。我的方法并不是写作短篇的唯一方法，但我觉得年轻学生能从我身上和我的作品中学到一点东西。比如说，惜字如金。可以教会写作者不去犯某些错误。几乎所有作家刚开始都会犯的一个大错误是用词不真诚。他们用他们听来的词,但与小说的素材并不搭配。我用别人教我的方法来教别人。约翰·加德纳是我的老师,他会坐下来和我一起从头到尾看我写的东西。

特龙普:你写过电影剧本。你有没有尝试过写戏剧?

卡佛:多年前我写过戏剧,其中的一部在一所大学上演过。它得到的反响如此糟糕,让我再也不想写了。戏剧结束后观众有机会与作者见面,但当时的情形更像是公开的绞刑。他们攻击我,无路可逃。那是一次糟糕透顶的经历。不过现在我倒是有一个写戏剧的想法,而且我喜欢读戏剧。我喜欢阿尔比[①]的某些戏剧和契诃夫的戏剧。读自己的散文时,我用眼睛和耳朵读。我有一个能"听见"叙事段落和对话的好"内耳"。说到"内耳",我想到了一些事情。我二十几岁的时候读了海明威早期的一些短篇小说,他写的小说击中了我。我会一遍又一遍

[①] 爱德华·阿尔比(Edward Albee,1928—2016),美国著名剧作家,曾三次获得普利策戏剧奖。代表作有《动物园的故事》《谁害怕弗吉尼亚·伍尔夫?》《三个高个子女人》等。

地读这些小说，感受一种身体上的兴奋。他的词语在纸上给人的感觉——它们的声音——让人兴奋。

"Any Good Writer Uses His Imagination to Convince the Reader" by Hansmaarten Tromp from *Haagse Post* (Amsterdam), 4 August 1984, 40 - 43. Additional dialogue transcribed and edited from the audiotape that was the source of the interview. Conducted 31 January 1984. Translated by Stephen T. Moskey.

采访雷蒙德·卡佛

拉里·麦卡弗里和辛达·格雷戈里/1984年

走进雷蒙德·卡佛的小说有点像站在西尔斯百货的样板厨房里——你会感受到一种诡异的分裂,第一眼看上去周围的东西真实且熟悉,但仔细观察后便发现火鸡是纸做的工艺品,西兰花是橡胶的,而褶边窗帘挡住的则是一堵墙。在卡佛的小说里,物品根本不像它们看上去的那样。更准确地说,物品比看上去的要复杂,经常,很普通的物品(一台坏掉的冰箱、一辆汽车、一支烟、一瓶啤酒或威士忌)在卡佛的手中发生转化,从现实故事里的逼真道具,转化成威力无穷且充满情感的符号。语言本身也经历了一种类似的转化。由于作者的不在场,也由于卡佛的人物常常不善言辞且对生活的转向不知所措,他们看似平淡的对话通常被赋予说不出的力度和意义。观察卡佛的人物沟通,更像是与两个你知道在你进门前刚打过一架的好朋友共度一个夜晚:哪怕最普通的手势与交流,也包含转化了的意义、隐藏的张力和深厚的情感。

尽管卡佛在20世纪60年代后期和70年代初期出版过两本诗集[《克拉马斯河畔》(1968)和《冬季失眠症》(1970)],他作为独具风格与声音的作家在全国范围的声誉,却是由他1976年出版并被国家图书奖提名的小说集《请你安静些,好吗?》建立的。这些小说经过削减,不加修饰,但仍然强烈,在成就上,也许最好将其与非文学作品——布鲁斯·斯普林斯汀[①]的专辑《内布拉斯加》——相媲美。与斯普林斯汀一样,卡佛写那些遇到麻烦并正在失去什么的人——失去工作、失去爱、失去接触——通过相互影响的表面细节传达他们的困惑、混乱和辛酸。

---

① 布鲁斯·斯普林斯汀(Bruce Springsteen, 1949—),美国摇滚歌手、词曲作家,他的东大街乐队是美国最著名的摇滚乐队之一。他曾获得二十多个奖项,包括格莱美奖、两项金球奖和奥斯卡奖。他已经在全球售出了超过一亿两千万张唱片。

在他另一本小说集《当我们谈论爱情时我们在谈论什么》里，这种省略、不加修饰的风格更进一步。这些小说以刚好够用的描述引入情景，以刚好够用的动机澄清行为，给出一种"无作者小说"的错觉：无须作者的斡旋，"现实"就被记录下来并产生意义。卡佛在《大教堂》(1983)中放弃了这种越来越趋向简约的方法，正如以下访谈所显示的，个人生活的变化影响了他的美学。这些小说依然以他独特的声音创作而成，但采用了不过于受约束的语言去探索人的内心。

《大教堂》的变化（也反映在他最新的诗集《海青色》里）显然不仅仅是风格上的，也包括了题材的变化，好几篇小说涉及希望和精神交流。为了弄清楚《大教堂》里的小说不再那么暗淡和受约束的原因，去华盛顿州安吉利斯港卡佛家的路上，我们一直在构思怎么提问。不过并不需要那么迂回，也没有那么复杂。坐在客厅里——看得见胡安·德富卡海峡狂风大作的惊人景色——如今的卡佛显得心满意足：满意自己与特丝·加拉格尔的家庭生活，满意自己的工作、成功戒酒和新方向。他看上去不像是一位已出了三本小说集，一本随笔、短篇小说和诗歌合集(《火》,1983)与三本诗集的作家,反而更像是一位渴望工作、急于看清自己生活方向的刚起步的作家。

拉里·麦卡弗里(以下简称麦卡弗里):在《火》的一篇随笔里你写道:"要写作长篇,在我看来,作家应该生活在一个合理的世界,一个可以信赖、瞄准,然后准确描述的世界。一个至少一段时间里固定在某个地方的世界。同时还需要相信这个世界的本质是正确的。"你在生理和心理上已足够信赖你的世界的"正确性",因而能维持一部长篇小说的虚构世界,我的这个假设正确吗?

雷蒙德·卡佛(以下简称卡佛):我觉得确实如此。我的生活与过去大不一样了,对我而言它更容易理解了。在我过去所处的那种茫然、沮丧的状态下,想象去写一部长篇几乎是不可能的。现在我有了希望——在信赖的意义上——而那时没有。现在我相信,明天这个世界还会像今天一样为我存在。过去并不是这样的。很长一段时间里我生活得很盲目,酗酒给我自己和周围的人带来很大的麻烦。现在,在这第二次生命里,在这"后酗酒"的生命里,我想自己仍有一些悲观,但我也相信和热爱这个世界上的东西。不用说,我不是指微波炉、喷气式飞机和昂贵的汽车。

麦卡弗里:这是不是指你计划尝试长篇了?

卡佛:是的。也许吧。也许等我完成这本诗集的书稿以后。也许到那时我会回去写小说,长一点的小说,长篇或中篇。我觉得我正在接近写诗的终点。再过一个月我将完成一百五十到一百八十首诗,所以我觉得我快要到头了,接下来我可以回去写小说了。不过,柜子里放着这么一本新诗集的书稿对我来说非常重要。《大教堂》出版后,我的橱柜空空的;我不希望再出现那样的状况。托拜厄斯·沃尔夫最近完成了一本小说集,交给了霍顿·米夫林出版社,他问我写完一本书后重新开始写是不是很困难,因为他在这方面遇到了困难。我告诉他现在不用担心,但应该确保他的新书上架时,他有在进行的东西。如果你彻底清空了你的橱柜,像我写完《大教堂》后那样,重新找回自己的节奏会很困难。

辛达·格雷戈里(以下简称格雷戈里):从《大教堂》

的一些小说里能看出你新近发现的"对这个世界的相信和热爱",特别是那篇与书同名的小说。

卡佛:对我而言,那篇小说完全是一个"开放"的过程——从各个方面来说。与我之前的小说相比,《大教堂》更宏大也更壮阔了。开始写那篇小说时,我感到正从某个我囚禁自己的东西里挣脱出来,既是个人的也是美学上的。我不能在写作《当我们谈论爱情时我们在谈论什么》的那条道路上哪怕往前再走半步了。哦,我想我可以那样做,但我不愿意。其中的一些小说被削减得过头了。那本小说集出版后,我有五六个月什么都没有写。我真的除了信件以外什么都没有写。所以当我最终坐下来重新开始写作时,写出《大教堂》让我特别满意。我好像从来没有那样写过。某种程度上,我可以让自己往前走了,我不必给自己加上早期小说里的限制。我为这本小说集写的最后一篇是《发烧》,那也是我写过的最长的小说。而且这本书是积极的,我觉得,它展现的世界是乐观的。真的,整本书都不一样,而且下一本也会不一样!

麦卡弗里:发现自己——相对突然地——处于这样

一种不同的心态,对于像你这样的作家意味着什么?今天再去写那些沮丧、混乱和绝望的情绪会有困难吗?它们可是你早期小说极为重要的想象来源啊。

卡佛:没困难,因为当我需要打开想象之门时——透过窗扉朝外看,济慈所说的那扇"有魔力的窗扉"——就能准确地想起那种沮丧和绝望的质地。我仍然能够分辨它、感觉它。尽管我个人的处境发生了变化,但那些在情感上对我有意义的东西仍然很鲜活且唾手可得。仅仅因为物质环境和心理状态不一样了,我就不知道自己在早期小说里谈论的东西了?当然不是那样。如果愿意,我可以把它们都召唤回来,不过我发现自己不再有动力专门去写它们。不是说我对写这里的生活感兴趣——住在这个"四季牧场",这个花哨的新住宅区。如果你仔细读《大教堂》里的小说,就会发现很多小说仍然与另一种生活有关,那种生活仍然没有离开我。不过不是所有的小说,这是这本书让我感到不一样的原因。

麦卡弗里:对比《大教堂》里的《一件有益的小事》和《当我们谈论爱情时我们在谈论什么》里的《洗澡》,就能看出你提到的明显差异。这两个版本的差异显然是根本上的。

卡佛：《一件有益的小事》里乐观情绪无疑更多一些。在我的心目中它们不只是一篇小说的不同版本，事实上是两篇完全不同的小说；即便把它们看作源自同一个出处都很困难。我回去修改了那篇小说，还有其他几篇，因为我觉得还有没做完的事情需要处理。为了突出我想要强调的威胁性，在《洗澡》里，故事被打乱、精简和压缩了，没有按照最初的计划讲述——通过面包师、打来的电话，通过电话线另一端带威胁的声音和洗澡等，你能感觉到这种威胁。不过我还是觉得事情没有做完，所以在写《大教堂》里其他小说期间，我回到《洗澡》这篇小说，努力寻找哪些地方需要加强、重写、重新想象。小说改完后我吓了一跳，因为它好太多了。有人告诉我他们更喜欢《洗澡》，那没关系，对我来说，《一件有益的小事》是一篇更好的小说。

格雷戈里：你的很多小说要么以受到（你刚才提到的）威胁的普通人开篇，要么朝那个方向发展。这种倾向是因为你坚信这个世界正威胁着大多数人吗?或更多是一种审美情趣——对于讲故事,威胁包含了更多有趣的可能性?

卡佛:对我小说里的很多人来说,这个世界上存在威胁,是这样的。如果大多数人并没有感受到这种威胁,我选择去写的那些人确实感受到了。或许读这篇采访的人里面,没有多少人会感受到我谈的威胁。我们的大多数朋友与熟人,我们的圈子,你的和我的,不会有这样的感觉。但是你试着去铁路的另一侧①住上一段时间,那儿存在威胁,而且很容易见到。至于你的第二个问题,那也没错。威胁确实包含——至少对于我来说——更多有趣的可能性,供作家探索。

格雷戈里:回头看自己的小说,你会发现它们中大多数都存在"没做完的事情"吗?

卡佛:这也许与我新近获得的信心有关,不过我觉得《大教堂》里小说完成的方式在我以前的小说里非常少

---

① 美国俚语,指贫民区。

见。读完装订好的校样后,我就没再读过这本书。我很满意这些小说,不再为它们担心;我觉得没有必要再去折腾它们,重新评估它们。这些变化很多与我生活中的新境况,以及对自己的生活和工作的信心有关,很复杂。在我酗酒的年代,很长一段时间里,作为个人和作家我都非常不自信,自尊心很低,总是怀疑自己对每一件事情的判断。最近几年,发生在我身上的所有好事都在激励我做得更多,做得更好。最近我在写诗歌的过程中已经感受到这些变化,它们也在影响我的小说。我更确信自己的声音,对一些事情也更确定了。开始写这些诗歌的时候我还有点犹豫,也许是因为我很长时间没有写诗了,但我很快就找到了一种声音——这个声音给了我自信。现在开始写东西的时候,我是指最近一两年,我不再有那种东一下西一下,那种犹豫不决或不知道该干什么,需要削很多支铅笔的感觉了。现在来到办公桌前拿起笔,我真的知道自己该做什么。这是一种完全不同的感觉。

格雷戈里:专注写小说那么多年后,是什么让你回到诗歌上的?

卡佛：我来安吉利斯港是为了写完我在雪城开了头的一篇较长的小说。但来到这里后，我在家里坐了四五天，只顾享受这里的安宁（我没有电视机或收音机），相比雪城那些让人分心的事情，这是一个可喜的变化。五天后，我读了几首诗歌。然后一天晚上，我坐下来写了一首诗。我已经有两年多没写过一首诗了，我总是对自己没有写诗，甚至在很长一段时间里没有认真思考诗歌感到痛心。写《大教堂》里的小说的那段时间，比如说，我觉得哪怕有人拿枪逼着我，我也写不出一首诗来。除了特丝的诗，我什么诗都不读。不管怎么说，那天晚上我写了第一首诗，第二天起来又写了一首。接下来的一天我又写了一首。这种情况持续了十周；诗歌似乎以一股惊人的能量往外涌。到了晚上我感觉自己被掏空了，彻底抽干了，我怀疑第二天早晨不会剩下什么。但是第二天起来还有——那口井没有干涸。我爬起来，喝杯咖啡，坐到办公桌前写另一首诗。这种情况出现时，我觉得自己几乎像是被人使劲摇了几下，口袋里的钥匙突然掉了出来。我从来没有过那样的时光，那两个月的写作给我带来了无比的快乐。

麦卡弗里：你说过就写作而言，住在哪里对你不再会有什么影响。这种感觉有没有改变？

卡佛：现在我肯定会收回那句话。在安吉利斯港有这么个住处对我很重要，我确信来这里对我开始写诗有帮助。我觉得脱离户外生活、不与大自然接触让我失去了写诗的动力。1982年我来这里度夏（不是这栋房子，是离这儿不远的一个小木屋），在很短的时间里就写出了四篇小说，尽管故事发生在室内，与这个场所没有特别的关系。但毫无疑问，诗歌重新回到我身边与这次搬家有关。在雪城写作对我来说越来越困难了，那是我搬来这里的主要原因。雪城那边的事情实在太多了，特别是在《大教堂》出版后，太多与那本书相关的事情。家里人来人往，还有很多其他的事情，没完没了的事情。电话铃响个不停，特丝在教书，还有一些应酬。也许只是偶尔与要好的朋友出去吃个晚餐，都是很想见到的朋友，但所有这些都让我无法坐下来工作。甚至听见打扫卫生的女工在铺床、吸地毯或洗盘子也会影响我。所以我来到这里，特丝9月1日离开这里返回雪城，我留下来又住了四周，写作和钓鱼。这几周我写了很多,回到雪城后,我以为自己可以保持这个节奏。我确实坚持了几天,但发现能做的仅限于编辑我在这里写的东西。最终,在最后那几周,我能做的只是让自己活下来。如果能把信件回复了,就觉得这一天没白过。这种处境对作家来说简直就像是活在地狱里。尽管我在雪城有一些好朋友,但离开那里我一点也不遗憾。

格雷戈里:你在《时尚先生》上发表的写你父亲的随笔里提到了《我父亲二十二岁时的照片》那首诗,并评论说:"这首诗是试图与他联系的一种方式。"诗歌给你提供了一种联系过去的更直接的方式吗?

卡佛:要我说是这样的。这是一种更直接的方式,一种更快的联系方式。这些诗满足了我的写作愿望,讲述一个故事,每一天——有时一天两三首,甚至四五首。不过说到联系我的过去,必须声明一下:尽管我的诗歌(小说也一样)有可能基于我的某些经历,但它们也是想象出来的。大部分是编造出来的。

麦卡弗里：所以诗歌里说话的那个人从来不是真正的"你"？

卡佛：不是。我的小说也一样。比如那些第一人称的小说，叙事者"我"并不是我。

格雷戈里：在《尚武的塞姆拉》那首诗里，叙事者对一个女人说："所有的诗都是爱情诗。"你的诗歌某种意义上也是这样吗？

卡佛：每一首诗都是一种爱的行为，还有信仰。写诗获得的褒奖少之又少，无论从金钱还是其他方面来看，你知道的，像名气和荣誉，所以写诗只能是一种自我满足的行为，真的没有其他目的。想做这件事，你真的要热爱它。在这点上，每一首诗都是"爱情诗"。

麦卡弗里：在体裁之间来回切换对你来说是个问题吗？会涉及不同的创作方法吗？

卡佛：兼顾两种体裁似乎从来都不是问题。对不像我一样深入这两个领域的写作者来说，这么做可能有点不寻常。实际上，我一直觉得并坚持认为，相比于短篇与长篇之间的关系,从效果上看,诗歌写作更接近短篇小说。短篇与诗歌在写作对象、语言和情绪的浓缩,以及达到效果需要的关注和控制方面有更多的共同之处。对我来说,写短篇或诗歌的过程没有那么困难。我写的每样东西都来自同样的源泉,无论是小说、随笔、诗歌还是电影剧本。坐下来写的时候,我真的是从一个句子或一行字开始的。无论是一首诗还是一篇小说,我脑子里都得有第一行。到了后面,所有的东西都可以改变,但第一行极少改变。第一行以某种方式把我推到第二行,然后这个过程产生了势头并获得方向。我写的东西几乎都要经过多次修改,我经常倒退回去,反复修改。我不介意修改,实际上我很享受。唐·霍尔花了七年的时间创作和打磨他新书里的诗歌。其中的一些诗他修改了一百五十来遍。我没有那么过分,但我也修改了很多次。我觉得我的朋友有点吃不准我的诗会是什么样的。他们认为诗不能或不应该像我写得那么快。我只好把我的诗拿给他们看。

麦卡弗里:你的诗歌与小说相互影响,这或许与你小说的冲击力往往集中于某个意象有关：一只孔雀、一支烟、一辆汽车。这些意象似乎与诗歌意象的功能相同——它们组建故事，让我们产生复杂的联想。你写作和发展这种具有控制力的意象时，刻意的成分又有多少呢？

卡佛：我并非有意识地在小说中创造出一个中心意象，让它像控制诗歌那样控制小说。我脑子里有一个意象，但它似乎是以一种有机、自然的形式从小说中显露出来的。比如，我并没有事先意识到孔雀这个意象会在《羽毛》里起到如此重要的作用。住在乡下小农场的家庭很可能有一只孔雀在家里走来走去。它不是我放在那里起象征作用的东西。写作的时候我不从象征的角度考虑，也不考虑一个意象将会起什么作用。如果我突然想到一个似乎有效的意象，它能够代表它应该代表的东西（它也可能代表其他东西），那很好。但是我并不刻意地思考，它似乎是逐渐形成和出现的。我真诚地把它创造出来，然后随着事件的发展，它的周围会形成一些东西，回忆和想象开始给它添加色彩，如此等等。

格雷戈里：在《火》的一篇随笔里，你的一段论述向我完美地描述了你小说最独特的地方："在一首诗或一个短篇里，我们完全可以用普通的语言来描述普通的事物，赋予一些常见的事物（一张椅子、一块窗帘、一把叉子、一块石头，或一只耳环）以惊人的魔力。"我知道每篇小说都不一样，但怎么做才能把影响力和重要性赋予这些普通的事物？

卡佛：不管是在生活中，还是思考和写作时，我都不喜欢华而不实的语言或抽象的概念，所以写人的时候，我尽可能把他们放在易被感知的场景里。这也许意味着里面会有一台电视机、一张桌子，办公桌上放着一支毡尖笔，不过如果引入这些东西，它们不应该是没有生机的。我不是说它们应该有自己的生命——严格意义上的——但它们应该以某种方式让自己的存在被感知。如果你打算描述一把汤匙、一张椅子或一台电视机，你就不会想把这些东西简单地放在场景里，然后不闻不问。你要给它们一些分量，把它们与周围的生命联系起来。我把这些物品当作小说中的角色，不是小说人物意义上的"角色"，但它们在那里，我要读者意识到它们的存在，知道这里有个烟灰缸,那里有一台电视机(打开的或没打开的),壁炉里有空的易拉罐。

格雷戈里:是什么吸引你只专注于短篇和诗歌,而不是篇幅更长的体裁?

卡佛:首先,拿起一本文学杂志,我会先去读诗歌,然后我会读短篇;我几乎不读其他的东西,像随笔、评论那样的东西。估计我从一开始就被这种形式所吸引,我是说诗歌和短篇小说的简练。而且,诗歌和短篇似乎是在合理的时间里我能够写完的东西。开始当作家那会儿,我经常搬家,每天都有分心的事情,奇怪的工作,家庭责任。我的生活似乎很脆弱,所以我想要开始某个自己觉得有机会完成的事情——也就是说我需要速战速决,在短时间内。像我刚才所说的,诗歌和短篇在形式与意向上很接近,同我有兴趣做的事情很接近,从一开始我在它们之间来回切换就没有困难。

麦卡弗里:你在发展关于诗歌技巧的见解的过程中,哪些诗人是你阅读、欣赏、或许还受其影响的?你诗歌中

采访雷蒙德·卡佛

的户外场景也许让人想到詹姆斯·迪基(James Dickey),但在我看来更可能是威廉·卡洛斯·威廉斯[1]……

卡佛:威廉斯确实有很重要的影响,他是我心目中的大英雄。我开始写诗的时候就在读他的诗歌。我甚至壮着胆给他写了一封信,请他给我在奇科分校创办的小杂志《选择》提供一首诗。我想我们一共出了三期。我编辑了第一期。不过威廉·卡洛斯·威廉斯真的给我寄了一首诗。看见他在那首诗下方的签名,我简直太激动太意外了。这么说都表达不了我当时的心情。迪基的诗歌对我来说不是那么重要,尽管他在我开始写诗的60年代初就已经到达了创作的鼎盛期。我喜欢克里利(Robert Creeley)的诗歌,后来还喜欢过罗伯特·布莱、唐·霍尔、高尔韦·金内尔、詹姆斯·赖特(James Wright)、迪克·雨果、加里·斯奈德、安蒙斯、默温(Merwin)、特德·休斯(Ted Hughes)。刚开始我什么都不知道,我只是读别人给我的东西,不过我从来没有被高度理性化的诗歌吸

---

[1] 威廉·卡洛斯·威廉斯(William Carlos Williams,1883—1963),20世纪美国最著名的诗人之一,与象征派和意象派联系紧密,被誉为美国后现代主义诗歌的鼻祖,曾获普利策奖等重要奖项。

引——玄学派诗人那一类的。

麦卡弗里：作品中的抽象概念或知性主义通常使你厌烦？

卡佛：我不觉得这是一种反知性的偏见，如果你指的是这个的话。只不过有些作品能引起我的共鸣，其他一些作品却不能。比如我对你们所谓的"精心制作的诗"就没有兴趣。看见那样的诗歌，我忍不住想说一句："哦，就是一首诗嘛。"我期待其他的东西，不仅仅是一首好诗。实际上任何一个创意写作班上的优秀毕业生都能写出一首好诗。我期待更多的东西。也许是更粗犷的东西。

格雷戈里：读者会立刻被你作品的"简洁"品质所打动，特别是你《大教堂》之前的作品。这种风格是逐渐发展起来的，还是从一开始就在那里了？

卡佛：一开始我就喜欢修改的过程，像喜欢写第一遍一样。我一直喜欢摆弄句子，改写，把句子削减得结实一点。这也许是因为我做过约翰·加德纳的学生，他教我的东西立刻引起了我的共鸣：如果你能用十五个字而不是二三十个字把一件事说清楚,那就用十五个字。我被那句话震撼了。那时我正在摸索自己的道路,而不知怎的,有人教我的东西与我本就想要做的事不谋而合。对我来说,回头完善写在纸上的东西,去除多余的文字,是最自然不过的事情了。前两天我在读福楼拜的书信集,他说的一些东西似乎与我的美学有共通点。写作《包法利夫人》期间,福楼拜会在午夜十二点或凌晨一点收工,然后给他的情人路易丝·科莱(Louise Colet)写信,谈书的结构及他的美学观念。他的一段话打动了我:"艺术家在他的作品中必须像上帝在他的创造物中一样——无踪无影且无所不能;无论在何处都必须被感受到,但不被看到。"我特别喜欢这段话的后半部分。福楼拜写给准备分期刊登那部小说的杂志编辑的信里有一句话很有意思。他们准备连载《包法利夫人》,但担心如果照搬福楼拜的原文,政府会把杂志查封掉,他们打算对原文做大量的删节。福楼拜告诉他们,如果做删节的话,就不能刊载这本书,但他仍然会和他们做朋友。那封信的最后一句话是这样的:"我知道怎样区分文学与文学生意。"又一个引起我共鸣的见解。即便是写信,他的文笔也非常优美。"散文必须从头到脚直立,像一堵点缀到根基的墙。""散文犹如建筑。""必须冷静地处理每一样东西,沉着镇定。""上周我花了五天的时间写完一页。"福楼拜书信集有趣的一点在于,它展示出福楼拜有意用特别且与众不同的方式创作散文。他有意使散文成为一种艺术形式。看一下1857年《包法利夫人》出版时欧洲的其他出版物,你就会认识到这本书的成就有多大了。

麦卡弗里:除了约翰·加德纳,还有哪些作家影响了你早期的文学鉴赏力?我首先想到的是海明威。

卡佛:海明威的影响是无疑的。直到上大学我才开始读他,而且我开始读的那本不对,我不怎么喜欢《渡河入林》。但不久后我在课堂上读到《我们的时代》,我发现他非常了不起。我记得当时自己在想:"这就对了,要是能把散文写成这样,你算是没白活。"

麦卡弗里:你在随笔里直言不讳地反对文学里的"花招"或"伎俩"——我想就此与你商榷,你的作品与海明威的小说一样,其实也是"实验性"的。对你来说,合理与不合理的文学实验的差别在哪里?

卡佛:我反对那些为了显得自己聪明或只是为了迂回而耍的花招。今天早晨,我读到《出版人周刊》上关于明年春季将要出版的一部长篇的评论;那本书听上去杂乱无章,书中充满了与生活或我所知道的文学无关的东西,除非死到临头,我是决不会去读那本书的。作家不能忽视故事。我对那些只有表皮没有血肉的作品不感兴趣。估计我太老派了,我觉得读者某种程度上必须在人的层面参与作品。而且作家与读者之间仍然存在,或应该存在一种协定。写作或任何形式的艺术活动不仅仅是表达。它还是一种交流。当作家只在意表达,不再对交流感兴趣时,那就不好了——这么说吧,他们可以跑到街角大声喊叫来表达自己。一个短篇、一部长篇或一首诗应该打出若干记情感重拳。可以通过打出的重拳的力度和次数来评判那件作品。如果只是一些怪念头或游戏,我没有兴趣。这样的作品像谷壳,一阵大风就会把它刮跑。

麦卡弗里:你有钦佩的纯粹的实验主义者吗?举例

来说,我想知道你对唐纳德·巴塞尔姆作品的反应。

卡佛:我喜欢他的作品。刚开始读的时候我并没有觉得怎么样。它们太奇怪了,我没有继续读。而且,在我看来,我是紧随其后的一代,当时我不可能那么喜欢他!但是几年前我读了《巴塞尔姆的60个故事》。他太了不起了!我发现他的小说读得越多,我对他越是敬佩。巴塞尔姆做了大量的工作,他是一个真正的创新者,不迂回,不愚蠢刻薄,也不为了实验而实验。他不稳定,但又有谁不是那样呢?他在创意写作课方面的影响无疑是巨大的(就像别人所说的,他经常被模仿,但从来没有被复制)。他像艾伦·金斯堡一样打开了一扇门,之后其他人的作品形成的洪流倾泻而出,有些很好,大多数不怎么样。我不担心跟在巴塞尔姆或金斯堡后面的糟粕会把优秀的作品挤下书架。它们会自行消失的。

格雷戈里:你自己的小说一个非传统的地方在于,它们往往不具备传统小说的"形状":大多数小说那种"开篇/冲突/发展/解决"的结构。你的小说经常有一种停滞的,或模棱两可、开放的特质。我估计你觉得那种常见的框架根本不适合呈现你所描述的经历。

卡佛：那样写不适合我，某种程度上，也不可能干净利落地处理我写的人物和情况。作家往往欣赏在意图和效果上与自己相反的作家。我承认我欣赏那些以冲突、解决和结局这种经典模式展开的小说。尽管我尊重它们，有时甚至有一点羡慕，但我无法那样写。作家的职责——如果有的话——不是提供结论或答案。如果小说回答了自己，回答了其中的问题和冲突，满足了自身的需求，那就足够了。另一方面，我想要确定读者读完我的小说后，没有被欺骗的感觉。对作家来说，满足读者的需求很重要，即便他们不提供确定的答案，或清晰的解决方法。

麦卡弗里：你作品的另一个特点是，你表现的往往是大多数作家不涉及的人物——这些人总的说来不善言辞，无法用语言表达自己的困境，经常理解不了发生在自己身上的事情。

卡佛：我并不认为你说的那些有什么"与众不同"或非传统，写这些人的时候我完全没有不舒服的感觉。我这辈子都在和这样的人打交道。本质上说我是这些困惑的人中的一员,我来自他们,多年来和他们一起工作挣钱。这就是我从来没有兴趣写与学术生涯、与老师或大学生有关的小说和诗歌的原因。我没有太大的兴趣。给我留下深刻印象的东西来自我身边人的生活,我见证过的生活,还有我亲历的生活。在那种生活中,当有人敲门——无论白天还是晚上——或电话铃响起时,他们真的感到害怕;他们不知道怎样付下个月的房租,冰箱坏了不知道该怎么办。阿纳托尔·布鲁瓦亚尔[①]抨击我的小说《保鲜》时说:"冰箱坏了又怎样——他们为什么不找一个维修工把它修好?"那样的评论很愚蠢。找一个维修工修冰箱需要六十美元;谁知道那玩意儿是不是彻底坏了?好吧,布鲁瓦亚尔也许不知道,但如果去找一个维修工需要六十美元,真会有人拿不出这笔钱,就像如果没有医疗保险他们不会去看医生,他们的牙齿坏了是因为没有钱看牙医。这样的情形对我来说一点也不虚假。我聚焦于

---

① 阿纳托尔·布鲁瓦亚尔(Anatole Broyard,1920—1990),美国作家、评论家和编辑,长期为《纽约时报》撰写书评。

这群人,并没有做与其他作家不同的事情。契诃夫一百年前就在写被淹没的人群。短篇小说家一直在做这样的事情。不是说契诃夫所有的小说都在写落魄潦倒的人,但他很大一部分小说涉及我所说的被淹没的人群。有时他写医生、商人和教师,但他也为那些不善言辞的人发声。他找到一个让这些人也有发言权的方法。所以说在写不善言辞、困惑恐惧的人方面,我并没有做任何完全不同的事情。

麦卡弗里:写这群人在形式上有问题吗?我是说你不能让他们坐在客厅里,没完没了地分析自己的处境,以詹姆斯的方式,或从另一种意义上讲,以贝娄的方式。我估计从技术角度来看,设定和构造场景肯定特别重要。

卡佛:如果你只是指设定场景的话,那不是我所担心的。场景很容易设定:我只要打开门,看看里面有什么就可以了。我在让人物用合适的方式交谈上花了很大的心思。我不只是指他们说什么,还有怎么说,以及为什么这么说。我估计我想说的一部分与语气有关。我的小说里从来没有无关紧要的闲聊。每一句话都事出有因,而且我觉得对话能够增强小说的总体印象。

格雷戈里：人们往往强调你作品现实的一面，但我觉得你小说在根本上有一种非现实的性质。就好像某件事情正在书页以外发生，有一种带梦幻色彩的非理性，几乎像卡夫卡的小说。

卡佛：我的小说大概属于现实主义传统（而不是远离现实的），不过我讨厌照实说，真的很讨厌。没有人会去读那些关于现实中人们怎样说话，以及他们的生活到底发生了什么的冗长描述。那样的话读者会睡着的。如果你仔细阅读我的小说，你会发现我的人物并不像现实生活中的人那样说话。别人总说海明威有一双聆听对话的耳朵，他确实有。但在现实生活中，没有人像海明威小说中的人物那样说话。至少是在他们读到海明威之前。

麦卡弗里：在《火》这篇随笔里，你说你的情况与弗兰纳里·奥康纳或加西亚·马尔克斯不同，对他们来说，写进小说里的事情在他们二十岁之前就已经发生了。你接着说："大多数作为小说'素材'打动我的事情，直到我二十岁以后才呈现给我。我真的不记得我为人父之前的生活。我真的不觉得二十岁结婚生子之前,我的生活里发生过什么。"你还会坚持那个说法吗?我这么问是因为,我们俩读了《时尚先生》上那篇关于你父亲的随笔后都有点惊讶,你描述的童年和父子关系似乎与你的虚构世界在很多方面都有关联。

卡佛:写那篇随笔时我那么说当然是真实的——在我成为人父之前好像确实没发生过什么,至少是那些我可以(或想要)转化成小说的事情。不过在写《火》的时候,我刚在各个方面对自己的生活有所认识,等到我写《时尚先生》上那篇关于我父亲的随笔时,我有了更多的认识。不过我明白你的意思。写那篇随笔时,我以一种亲密的方式触及了与我父亲有关的东西,那篇随笔似乎径直来到我跟前,我写得非常快。不过我仍然觉得那只是个例外。在那种情况下我可以回到过去,触及我早年生活中的一些"素材",但那种生活与我之间隔着一层雨幕。

格雷戈里:早年的你是个什么样的孩子?

卡佛：爱幻想的孩子。我想当作家，但就阅读而言，大多数时候我只是跟着感觉走。我会去图书馆，借与西班牙征服者有关的书或历史小说，合我心意的书，造船方面的书，任何吸引我眼球的东西。完全没有谁指点我；我每周去图书馆浏览一次。总的来说，从各方面看我的童年还算是中规中矩。我们是穷人家，很长一段时间家里都没有一辆车，但我并没有感到什么不方便。我父母工作、挣扎，最终成为中产阶级的下层（我估计你们会这么称呼）。很长一段时间里，从物质财产上看我们几乎一无所有，也没有精神上的财富或价值。不过我十来岁的时候，不用下地干活或做那一类的事情。我想要做的事情主要是钓鱼、打猎、和别人开车闲逛、和女孩子约会。诸如此类的事情。只要有可能我就揩我父母的油。油水虽然不多，但他们会给我买东西。在我抽烟的头两年，他们甚至买烟给我抽；我没有工作，我估计他们知道如果不给我买的话我会去偷。不过我确实想写作，这也许是把我和我的朋友区分开的唯一的东西。我高中的一个朋友也想写作，我们俩会谈论书籍。一个没有特色的童年。

格雷戈里:你父亲会讲故事吗?

卡佛:我小的时候他给我念过一些书,主要是他读的赞恩·格雷的小说(他在家里有几本那样的书)。不过他也给我讲故事。

麦卡弗里:你提到过六七十年代你酗酒的坏时光,回顾往事,那些经历产生过任何积极的影响吗?

卡佛:不用说,我的酗酒经历帮助我写了几篇与酗酒有关的小说。但事实上,在经历了那些后我还能写出小说,这本身就是个奇迹。没有,除了浪费、痛苦和穷困,我没有看见酗酒带给我任何东西。对与我生活有关的所有人而言都是如此。没有好结果,除了有人可能会蹲上十年监狱,出来后把那段经历写出来。尽管理查德·尼克松在要被弹劾时说过那句关于监狱与写作的带喜剧色彩的话,但你们要相信蹲监狱对作家来说不是最好的生活。

麦卡弗里:这么说,你从来没有用匿名戒酒者互助会上听来的坦白作为你小说的基础?

卡佛:没有,从来没有。我在互助会上听到过很多故事，但大多数我转身就忘记了。哦，我能想起几个来，但没有一个像我想用来写小说的素材那样打动过我。当然，我参加这些聚会时从来没有想着它们可能会成为我写小说的素材。至于我的与酗酒有关的小说，基本上都是以我自己的经历为基础，而不是我从互助会听来的那些疯狂、好笑和悲惨的故事。我觉得我的作品中酗酒的故事足够多了，所以我没有兴趣再写了。不是说我脑子里任何类型的小说都有一个限额，但我打算换题材了。

格雷戈里：我在想你是否准备重新去写更多的户外活动或大自然。这些元素似乎从你最近的作品中消失了。

卡佛：我开始想写那些在我感情生活中起过重要作用的事情，比如打猎和钓鱼。早期的诗歌和小说里我确实写了很多关于大自然的内容，你可以在《狂怒的季节》的很多小说里、《请你安静些，好吗？》的部分小说里，还有我的很多诗歌里找到。后来，我似乎失去了与大自然的接触，所以近期很多小说的场景都没有设置在户外，不过我怀疑日后我会有所改变,因为我近期很多诗歌的场景都设置在户外。流水进入这些诗歌中,还有月亮、山峦和天空。住在曼哈顿的人肯定会笑话我!谈到了潮水和树木,鱼有没有咬钩。这样的事物将会回到我的小说里。现在我感到与周围环境有了直接接触,很多年没有这样的感觉了。这种接触正好进入了我当时在写的东西里,当时我在写诗歌。如果那时写的是长篇或短篇小说,这种重新建立的接触也会出现在其中。

格雷戈里:你敬佩或视作同类的当代作家都有谁?

卡佛:有很多。我刚读完埃德娜·奥布莱恩(Edna O'Brien)的小说选《狂热的心》。她太棒了。还有托拜厄斯·沃尔夫、博比·安·梅森、安·比蒂、乔伊·威廉斯(Joy Williams)、理查德·福特、埃伦·吉尔克里斯特(Ellen Gilchrist)、比尔·基特里奇、艾丽丝·门罗、弗雷德里克·巴塞尔姆(Frederick Barthelme)。巴里·汉纳的短篇小说。乔伊斯·卡罗尔·欧茨和约翰·厄普代克。太多了。这是生活和写作的好时光。

"An Interview with Raymond Carver" from *Alive and Writing: Interviews with American Authors of the 1980s*, by Larry McCaffery and Sinda Gregory (Urbana: University of Illinois Press, 1987), 66 - 82. Copyright © 1987 by the Board of Trustees of the University of Illinois. This version updates the interview as it appeared in *Mississippi Review*, no. 40/41(1985), 62 - 82. Conducted Summer 1984.

诗歌、贫困和"卡佛领地"里的现实主义

戈登·伯恩/1985年

坐在纽约向北开往雪城的火车左边的座位上,我看着窗外"契弗领地"里的牧场式平房和殖民风格的四卧住宅渐渐变成建在同一块地皮上、外观相似的简易住房与房车营地,对日益增多的卡佛爱好者来说,这意味着进入了"卡佛领地"。

仅用三部短篇小说集,雷蒙德·卡佛就创造了一个独具特色的美国底层社会,让你觉得火车经过时几乎能听见铁路边住宅区传出的婴孩哭闹声、吸尘器的噪声,以及番茄酱横飞的争吵打斗声。

坐在车厢的左边是我从卡佛最新小说集《大教堂》的

同名小说里读到的建议,在那篇小说里,一个男人很不情愿地在家里招待他妻子的盲人朋友。

"坐车还顺利吧?"盲人来到时叙事者问道,"你坐在火车的哪一边?"盲人的回答是:"右边。我差不多有四十年没坐火车了,上次坐的时候我还是个小孩子。跟大人一起坐的。那是很久以前的事了。我差不多都忘记了当时的心情。"

"坐车还顺利吧?"在雪城车站迎接我的卡佛礼貌地询问我。他是一个大块头,胖得有点出人意料,穿着粗呢大衣和沾着泥巴的鞋子。"你坐在左边了吗?那样的话你能看到哈德逊河最美的景色。"他接着说道,把自己塞进一辆锈迹斑斑的大众甲壳虫车的驾驶座,"搬到这里之前我好多年没坐火车了。上次坐还是小的时候。"

凭借从没有方向和意义的混乱的日常生活中创造出意义的才能,雷蒙德·卡佛为自己赢得了美国最具影响力和最受喜爱的短篇小说家的地位。他逐步形成一种毫不留情削减文字的精简风格,小说省略的部分与包含的部分产生同样的威力——"隐藏在平滑(时有破裂和起伏)表面下的景象"。

诗歌、贫困和"卡佛领地"里的现实主义

"肮脏现实主义"是《格兰塔》(*Granta*,首先在这个国家鼓吹该主义的杂志)给卡佛和其同时代美国作家的作品的命名,那些作家还包括理查德·福特、巴里·汉纳、丹尼斯·约翰逊(Denis Johnson)、杰恩·安妮·菲利普斯和博比·安·梅森。他们共同的主题用卡佛的话说就是:"一些人……不管做什么,不管是那些最想做的事情,还是支撑他们生命的大事小事,他们总是不成功。"

下面这一段摘自卡佛的短篇小说《人都去哪儿了?》,从风格和所关注的事物上看,都符合他的典型特征:

> 那个时候,我母亲和别人乱搞的那会儿,我丢了工作,在酗酒和发疯。我的孩子在发疯,我老婆在发疯。她和一个在匿名戒酒者互助会上认识的失了业的宇航工程师有一腿。他也在发疯。他叫罗斯,有五六个孩子。他走路一瘸一拐的,这归功于他第一个老婆的一枪。他现在没有老婆;他想要我的老婆。我不知道那时候我们都在想什么。

这种简单具有欺骗性。"卡佛的小说,"正如弗兰

克·克默德指出的,"风格如此精简,需要花一点时间才能意识到,看似最为轻描淡写的几笔,呈现的整体文化和整体道德状况却是那么完整。"

直到近期获得美国艺术文学院颁发的每年三万五千美元的生活津贴,卡佛才做到了全职写作。他和诗人特丝·加拉格尔在雪城郊外匿名居住的房子外面经常挂着"谢绝探访"的牌子,偶尔他会独自去他们在西海岸华盛顿州建造的房子里居住。他最近一次造访期间,在六十五天的时间里,超过一百首诗喷涌而出。"不知怎么回事,"他说,仍然有点茫然,"我以每天两三首甚至四首的速度写诗。这对我来说是个全新的经历。我觉得……兴奋极了。"

卡佛最初转向短篇写作,是因为只有短篇小说才适合他作为丈夫和父亲的生活。"下班后,我只能写一些坐下来就能写完的东西,今晚,最多明天晚上写完,不能再晚了。"这经常意味着坐在外面的汽车里,在膝盖上的便笺本上匆匆地写。不过现在他终于开始写长一点的小说(他不愿意称其为长篇),此前的生活环境一直妨碍他这么做。

诗歌、贫困和"卡佛领地"里的现实主义

卡佛出生于 1938 年,在华盛顿州的一个小镇长大,他父亲在一家锯木厂工作,母亲则有什么工作做什么工作。他结婚早,二十岁就有了两个孩子。"在那些日子里,"他写道,"我总是干着一些狗屁不如的工作,我妻子也一样……我干过锯木厂的工作、清洁工的工作、送货员的工作、加油站的工作、仓库管理员的工作……我一次又一次陷入这样的境地——只能撑到下月初,千方百计地弄够钱来付房租、买孩子上学穿的衣服。"

几乎是故意为之,像他父亲和他小说中许许多多的人物那样,卡佛拿起了酒瓶子。他成了酒鬼。在他第一本小说集《请你安静些,好吗?》出版后的十五个月里,他进出医院和其他机构,并最终住进一家由收治精神病罪犯的医院改建的戒酒中心。

"没有酒我什么都做不了,"卡佛说,"除非喝醉了,我无法想象去教书。我办公室抽屉里放着半瓶酒,公文包里有一瓶,车里一瓶,家门口树篱中放着一瓶……我直线堕落。作为作家的生命正逐渐远离我。但后来喝酒的冲动消失了,就像从来没有存在过一样。那真是一件幸事。"

1977年6月2日,他喝了最后一滴酒。过去六年里他过着一种节制的家庭生活,多数时间在雪城大学校园。但他写作的焦点并没有转移。他仍然在写快餐店厨师、超市收银员、上门推销产品的人、维修工和其他"微不足道的"人,搜罗着他深知用之不竭的过往经历。

"我希望我的人生不是这样的,"他说,"我想给我的妻子儿女一种不同的更好的生活。我们只是掉进了旋涡,不能自拔。"

"Poetry, Poverty and Realism Down in Carver Country" by Gordon Burn. A different version of this interview appeared in *The Times* (London), 17 April 1985, 12. Conducted Spring 1985.

对话雷蒙德·卡佛

戴维·塞克斯顿/1985年

1938年,雷蒙德·卡佛出生于俄勒冈州的克拉茨卡尼镇。他在华盛顿州东部的亚基马小镇一栋"有两间卧室的小房子"里长大。毕业后他去他父亲做工的锯木厂工作了六个月,并开始从事一连串工作,包括"清洁工、送货员、加油站员工、库房码货员"等。他很年轻就结婚了,生了两个孩子:"我十八岁;她十六岁,怀孕了。"

他勉强读完了大学,先在奇科分校跟约翰·加德纳(卡佛曾在合集《火》里向他致敬)学习,后来在洪堡州立大学获得本科学位。他还用获得的五百美元奖学金去爱荷华作家工作坊学习了一年,但没能留下来拿到艺术硕士学位。再后来他去了萨克拉门托,在一家慈善医院做夜间清洁工。他开始发表诗歌和小说,先在小杂志上,后来在全国发行的杂志上。

1967年,他得到了第一份白领工作,在帕洛阿尔托一家教材出版公司上班。公司改组后他被解雇了,靠遣散费和失业救济金写作了一年。但此刻他已经像他父亲曾经那样饮酒无度,并开始了与酒精长达十年的抗争:"我失去了控制,和死了差不多……我的生活是一片荒原,凡是我触碰过的东西都被我毁掉了。"他经历了"昏厥,一团糟",最终住进一家由收治精神病罪犯的医院改建的戒酒中心。

1976年,他的第一本小说集《请你安静些,好吗?》由克诺夫出版。十五个月后,1977年6月2日,他停止了喝酒。"这比我一生中做过的任何事情都更值得我骄傲,"他说,"我是一个康复的酒鬼。我永远是一个酒鬼,但决不会是一个现行的。"

1983年,他被美国艺术文学院给予年收入三万五千美元的津贴,现在全职写作。他和诗人特丝·加拉格尔住在纽约州雪城的郊外,或住在他们于西海岸华盛顿州建造的房子里。

在英国,雷蒙德·卡佛的小说被《格兰塔》的主编比尔·布福德(Bill Buford)贴上"肮脏现实主义"的标签。被贴上这个标签的作家还有博比·安·梅森、杰恩·安妮·菲利普斯、伊丽莎白·塔伦特(Elizabeth Tallent)、理查德·福特和托拜厄斯·沃尔夫。

因为他有两本书联合出版,雷蒙德·卡佛于5月来到英国。一本是合集《火》(收录随笔、短篇小说,以及他希望保留的在美国发表过的诗歌),另一本是经济划算的皮卡多①版小说集[包括在英国出版过的两本小说集《当我们谈论爱情时我们在谈论什么》(1982)和《大教堂》(1984),以及没在英国出版过的《请你安静些,好吗?》]。

这是卡佛第一次访问这个国家。我们在贝尔格拉维亚喜来登酒店见面时,他还没从乘坐飞机的疲劳中恢复过来。雷蒙德·卡佛是个大块头,但体型有点奇怪,说话的声音非常轻柔。

---

① 皮卡多(Picador)是英国的一家出版社。

戴维·塞克斯顿(以下简称塞克斯顿):《火》里有一篇关于你父亲去世的随笔,文章最后一句话提及,"来自我童年的美妙的声音"在说"雷蒙德",那是他的名字和你的。你父亲与你的写作有关系吗?他给你讲过故事吗?

雷蒙德·卡佛(以下简称卡佛):讲过。我们家里有本《圣经》,但并没有人读。我们家里没什么书,不过时不时我会看见父亲躺在床上看书。他会带着那本书上床看——我记得那是赞恩·格雷的一本西部小说。他会读赞恩·格雷的小说,在我眼里,在一个不注重私密的家庭里,那是很私人化的生活。我们住的房子非常小。不过我时不时会看见他在看书,我被他看那本书时拥有的那个小小的世界打动了。有时候我会坐上床,要他读给我听。我喜欢他念给我听的东西。而且他也给我讲故事:他孩提时代的故事,还有他祖父的故事,他祖父参加过内战——替南方打了一阵,后来南方失利了,他成了叛徒,去帮北方打,朝他的朋友开枪。他给我讲那些故事,还给我讲了很多打猎和钓鱼的故事,遭遇熊和巨大的蟒蛇这类故事。他经历过或听说的故事。这些故事给我留下了深刻的印象,不过爸爸算不上读者,他没能活到看见我发表作品。

他死于 1967 年。我想他会赞成我所做的事。

塞克斯顿:你最早写的是什么？你从小就写东西吗？

卡佛:我从小就写。我模仿我读的东西。那时我读的是科幻小说,所以早期的尝试与人变成动物和动物变成人有关,挺吓人的故事——诸如此类。我说过我家里没有什么书。没有人告诉我读什么,我只好凭自己的感觉。我会去图书馆,我们镇上的公共图书馆,借一些海盗藏宝、南美淘金的书和历史小说。见到什么读什么。我什么都读——并不是那些高品位的书。

塞克斯顿:你还写了许多钓鱼和打猎的小说。你自己会做这些事情吗？

卡佛:只要有机会。住在城里的时候,我有好多年没去打猎或钓鱼。但过去的一年半里,我在家门口钓过好几次三文鱼。不过,你所说的与钓鱼打猎有关的诗,大部分是我在钓三文鱼之前写成的。显然,这些事情在我的情感生活中留下了很深的印记,因为其中的一部分仍然会回到生活中来。

塞克斯顿:高中毕业后你去了你父亲工作的锯木厂。这是不是自然而然的事情?

卡佛:是的。没有人鼓励我上大学,或者说,实际的情况是,人们在劝阻我。没有人告诉我这一生该干些什么。大家都默认我必须去谋生,而我谋生的手段是去我父亲做工的地方上班。我像个普通工人那样去工厂上班。不过没多久我就明白了,我不想像这样干一辈子。工作很辛苦,没有满足感。但我必须去上班。

塞克斯顿:后来你很年轻就结婚生子。《火》中有个让人诧异的地方,就是你对"为人父母的那些骇人年岁"的表述,描述孩子的影响是"负面的、压抑的,经常是有害的",并强调这种影响是"沉重的,且常常是残暴的"。

卡佛:那在当时都是真实的。我很高兴地说,现在我和孩子们的关系不一样了。不过那时非常艰难,种种原因。我和妻子没有钱。我们什么技能都没有。我们确实有很多梦想。我们生孩子的时候自己还没长大,结果我们担负起了惊人的责任。我想要上学,同时还要担负养家的责任。我努力写作,努力挣工资。很艰难。我们似乎才二十几岁就在苦苦挣扎。也许那时我们更强壮,也更理想主义。我们以为自己什么都能做。我们很穷,但我们觉得如果不停地工作,如果不犯错误,好事就会降临到我们头上。

过了三十岁,我们还是一贫如洗,还在努力去做对的事情,但我们希望中的生活没有实现。它离我们越来越远了。所以一过三十岁我就开始酗酒。而且那时候孩子们也有了自己的思想——他们十三四岁了。生活变得更加艰难。

塞克斯顿:这种压抑的影响有多少与经济有关?也是心理上的吗?小说集《请你安静些,好吗?》中的一篇小说(很难算是小说)《父亲》里,一个孩子问道:"爸爸像谁呢?"孩子们争执起来。"爸爸谁都不像!""可是他总得像一个人呀。"他突然不得不面对自己。

卡佛:这个嘛,有好几年我觉得我和妻子没有金钱解决不了的问题。很长一段时间里实际情况都是这样的,后来我们三十大几了,仍然一贫如洗,我们明白了不只是金钱的问题。有十年的时间我们穷得叮当响,我们是贫穷劳动者,我们整天工作,不分昼夜——我晚上上班,白天上学,像这样坚持了好多年。我们仍然相信如果努力工作,做正确的事情……这是美国梦,从小受到的教育是:如果你刻苦工作,就不会有问题。

经济永远是一个问题。大多数的戏剧、电影和小说都建立在家庭困难、关系破裂的基础上。如果你有这些问题,同时还得操心把食物端上桌、付医生的账单、付房租……所有的事情都搅和到一起了。

我不想把过去说得一无是处,因为并不是那样的。我和妻子有过非常美好的时光。这么说有点老生常谈:我们虽然穷,但我们很幸福。我们有那么多的责任,但我们年轻,有力气,觉得自己什么都能做。而且我们非常相爱。

不过最主要的还是经济上的问题。我家里没有人上学超过六年级。他们只知道工作,除此之外什么都不知道。我妻子家里没有人受过教育、做过什么或知道点什么。没有人给孩子们买过哪怕一双鞋。没人有钱。我的父母在为生活挣扎。我们各自的家庭都在勉强度日。我在一篇关于我父亲的随笔里谈到过这些。要是能有片刻的喘息那该多好啊。我曾梦想哪怕只有一两周没压力的日子。办不到。

塞克斯顿:你在《火》这篇随笔里说,你只写一次就能写完的东西。不过你也说,如果要写长篇,你需要看到一个"至少一段时间里固定在某个地方"的世界。你眼里的世界是破碎的,这也是你写短篇的理由吗?

卡佛:那个世界破碎得厉害,我生活的世界变动不居。不仅周围的人在变(除了我的家庭成员),而且我们期盼通过搬来搬去找到更好的工作。有一次为了一笔不多的奖学金,我去了离家两千英里的地方。我们搬家的次数太多了。我们流离失所。

我想要写作,所以只要可能我就写。没时间写小说我就写诗——写诗歌比写小说要快得多。我没有时间写更长的东西。现在的处境不一样了,我有了我以前没有的东西——写作的时间。现在写诗或写小说是一种选择。我最近在美国出版的《水流交汇的地方》(柯林斯出版社明年会在英国出版)就是一本诗集。

塞克斯顿：你的风格变了吗？句子变得更长了，你采用更积极的表述。特别是你在《火》里对《当我们谈论爱情时我们在谈论什么》里三篇小说的改写。

卡佛：是这样的。而且新书《大教堂》里的小说与早期的小说在某种程度上也不一样了，特别是《当我们谈论爱情时我们在谈论什么》里面的小说。早期那本小说集里，任何我觉得不必要的东西我都去掉了，我进行删减。我觉得我朝那个方向走得够远了。我觉得要不了多久，我就会写一些连我自己都不想读的小说。那本小说集写完出版后的六到八个月里，我什么都没有写。随后我写的第一篇小说就是《大教堂》，我知道这篇小说和我过去写的都不一样，那以后的小说似乎都更饱满一些，而且比以往的宽厚了许多，或许也更加肯定了。写《大教堂》里所有小说的时间比写其他小说集要短。所有的小说在十五个月内写完，从1982年秋天到1983年春天。[①] 这部书

[①] 这应该是卡佛的口误或记者的笔误，《大教堂》的创作时间应该是1981年秋天到1983年春天，为期十八个月。

于1983年秋天出版。写第一本小说集《请你安静些,好吗?》我花了十五年的时间。

我的生活发生了变化,我觉得这些变化某种程度上反映在我的作品里。我的诗歌不一样了。我愿意相信它们更好了。我对它们比对《火》里的诗歌更亲近。我认为作家不应该一遍又一遍地写相同的东西。不过我并不是故意这么做的。我的生活中发生了一些事情,它们似乎影响到了我的作品。

塞克斯顿:早期作品中的这种极简的精准是受到酒精的影响吗?给人的感觉是用极度克制的方式在写失去控制的事情。

卡佛:不是。我写那些小说时非常清醒。

塞克斯顿:我不是在暗示它们是在喝醉酒的情况下写成的——而是说用这种极度镇定的眼光看世界是酒精间接影响的结果。

卡佛:一部分是正确的。过去我没有这么想过。从某方面说你是对的,因为酒精能以多种形式呈现自己,如果你的生活混乱不堪，你会希望对它加以控制。我大概想通过让小说的文字更精准来实现这种控制。它像是个舞台，一个我可以完全掌控的场所。而且，我一直沉迷于准确地说出自己想说的。

塞克斯顿：省略和削减这种做法本身也很精准。

卡佛：这当然要回到海明威的那句话——只要知道省略的是什么，你就可以把它省略掉。我想那是他的格言。我不得不说，也是我的，不过我确实觉得自己知道省略了什么。我在随笔《论写作》里也谈过一点。我很容易感到厌烦，讨厌那些过于转弯抹角或华而不实的写作，我对那样的小说没有一点耐心。我可能急着把小说写完，省去不必要的动作。我感兴趣的是写出在无形中起作用的小说。它们无须作者"闯入"就能起作用。作者会让小说自行运转，获得自己的生命，发挥自己的作用。生活中我们有时候会走捷径，做事的时候不再去注意一些小问题。我并不想在小说里走捷径，但我想让事物自行运转起来，可以这么说吧，就像在生活中那样。有时候我可能省略得太多了。从那时起，我意识到我在那个方向上走得太远了。

有人赞扬我为"极简主义者",我并不喜欢,这样的称呼只让我感到不舒服。我估计这个世界上有杰出的极简主义画家、作家和作曲家,但这么说让我不舒服。我想,也许我省略得太多了。所以我放松了一点。"放松"这个词不准确。应该说开始放开了。

塞克斯顿:这就是你修改的动机吗?有几篇扩充得就好像小说中的人物想起了更多事情。

卡佛:是的。部分原因是我开始用不同的眼光来看它们。有些我回去修改的小说像是没有做完的事情。这没什么可以大惊小怪的。就修改小说而言,弗兰克·奥康纳是其中的佼佼者——甚至在小说发表以后。他那篇杰作《国家的客人》曾发表了约四种版本。

塞克斯顿:不过也许在诗人中更为普遍。在《论写作》中,你提到一篇小说(《把你的脚放在我鞋里试试》)开头的一句话:"电话铃响起的时候,他正在吸尘。"你说从那儿开始,就像完成一首诗一样把这篇小说写完了:"一行接着一行,又是一行……""行"这个字通常用在诗歌上,不是吗?你在诗与小说里采用同样的素材,比如《忍痛大甩卖》和《你们为什么不跳个舞?》。

卡佛:不是的。我不常这么做。我记得那是唯一的一次。

塞克斯顿:你如何决定某个素材是成为一首诗还是一篇小说?

卡佛:去年春天,我写所有这些诗——最后结集为这本新书——的时候,我遇见的一切似乎都倾向于成为一首诗。但是肯定有很多很多的小说被这些诗埋没了。

塞克斯顿:可以打听一下你具体是怎样写作的吗?海明威写小说时经常用打字机在字词之间打出间隔。

卡佛:他初稿用手写。我初稿或草稿也用手写。诗歌或小说的第一稿我写得非常快——把它落实到稿纸上。就像居伊·德·莫泊桑所说的"白纸黑字",写出点什么。然后,除了第一句,所有的东西都可以修改——第一句,诗歌或小说的第一行则保持不变。即使改也是在很难得的情况下。但其他的东西则会修改。骨架完成后,我感觉所有的东西最终都会各归其位。我喜欢修改、重写。不过我需要从某个地方开始,那当然了。我想我总是在担心,如果不快点写下来,我就会失去它。这是过去留下来的习惯,必须尽快写,在那种特殊的境况下。现在当然不再是那样了,但我仍然倾向于那么做——飞快地写下来,再用打字机打出来。一旦打出来,我就可以开始工作了。我是说真正意义上的工作。

塞克斯顿:结尾会有问题吗?人们总是挑剔结尾,是吧?你对结尾做了非常谨慎的平衡:既确定了形式,又保持着隐晦。

卡佛:有些小说的结尾做得有点过头了,我不得不回去修改。对于诗歌和短篇小说,结尾当然是最重要和最关键的,仅次于开头。和小说的其他部分相比,我认为结尾不会给我带来更多麻烦,也不需要花费更大的力气,但它们需要被写得恰到好处。通常,真正打动你的是一首诗或一篇小说的最后一行或最后一个字,那对你来说才是有意义的。很多情况下,我很早就知道一篇小说会怎样结束。我有了开头第一行,并提前有了结尾。

塞克斯顿:你还在教创意写作吗?

卡佛:没有,不教了。我得到了艺术文学院的津贴。连续五年的免税收入,到期后可以申请延长。唯一的规定是我不能有其他形式的工作——我不能去教书、开旅馆、在锯木厂挣工资,诸如此类的工作。所以得到消息后我就辞职了。我教完了这学期,告诉他们我不回去了。我不再教书了,但并不遗憾。我觉得自己书教得还不错,但我一点也不遗憾。实际上我经常在想,要是我还在教书的话,怎么去做其他的事情呢?

塞克斯顿:你觉得能教别人什么呢?在随笔《火》里,你引用约翰·加德纳的话说,作家既可以是天生的,也可以培养出来。但随后你在括号里加了一句:"真的吗?我的天,我还是不知道。"

卡佛:你可以教作家(假定的作家)不要做什么。你可以教他们,在作品中做到真诚是绝对必要的,不要玩虚的。

我觉得就像演奏小提琴、演奏钢琴或绘画,写作中的一些东西是可以教授的。当今一些最杰出的小提琴家向大师学习,音乐大师。这并不是说每个跟随大师学习的学生都能成为一个杰出的钢琴家、杰出的小提琴家或杰出的作家。但这么做至少能让他们走上正道。米开朗琪罗并没有一夜成名,马上就去画西斯廷教堂的壁画——他跟另一位画家学了七年徒。贝多芬向海顿和其他作曲家学习作曲。我认为这是一种古老且尊贵的关系。你无法把一个没有写作能力的人变成一个杰出的哪怕只是还行的作家,但我觉得某些东西是可以教授和传承的。而且我觉得我能把这些东西传授给学生,用别人传授给我所用的方法。

所以教授写作、音乐、摄影、建筑或任何其他艺术,都可以帮助到年轻艺术家。这么做有时会伤害他们,但不这么做他们就会因无知而受到伤害。这是我们这个时代的一个现象——也许是最重要的文学革命。叶芝从埃兹拉·庞德那里学到很多,庞德帮助并教过欧内斯特·海明威和叶芝。居伊·德·莫泊桑向福楼拜学习。福楼拜读完莫泊桑的小说手稿后说,不行,不行,不行,这绝对不行的。最后,居伊·德·莫泊桑给福楼拜看了一篇小说——《羊脂球》。福楼拜说,这才是小说,你做到了。所以说非正式的教学一直存在,只不过现在被正规化了。

塞克斯顿:你教的课程里有文学吗?

卡佛:有。我在雪城大学的情况很特别:我教一堂小说写作课,还教一堂文学课,不过课程可以由我自己来设计。比较一个作者在长篇或短篇中的创造性工作,与同一作者的评论作品,效果似乎很不错。

塞克斯顿:《蓝石头》是《火》里一首漂亮的诗歌,诗的题头来自福楼拜。它揭示了福楼拜在用词准确方面对你的直接影响。你什么时候开始读他的?

卡佛:我第一次读《包法利夫人》是很多很多年前的事了。我读过三遍,最近的一次是我两年前向学生讲解它的时候。但是你说的那首诗源自早些时候发生的事情——那首诗不算旧诗,是我 1978 年或 1979 年写的。很多年前我读到龚古尔兄弟[①]的日记,里面有福楼拜的谈话。那首诗基于其中一个特定的段落——福楼拜与埃德蒙·德·龚古尔谈论写作《包法利夫人》的过程,说他写到小说中的恋爱场景时,会坐在书桌旁打飞机。那个情景留在了我的脑海里。

塞克斯顿:文学能在多大程度上帮助读者理解他们的生活?

卡佛:我读过一些东西,特别是在我年轻的时候,它们让我明白了自己过着非常不体面的生活。我以为可以改变自己的生活,我以为放下书本后必须去改变自己的生活。不过那是不可能的,不可能走出家门,成为另一个人,或过上另一种生活。我觉得文学能够让我们意识到自己的匮乏,意识到生活中那些贬低我们的东西,那些已

[①] 法国作家,兄弟二人:哥哥埃德蒙·德·龚古尔(Edmond de Goncourt, 1822—1896);弟弟茹尔·德·龚古尔(Jules de Goncourt, 1830—1870)。两兄弟毕生形影不离,都没有结婚。他们共同创作,献身于艺术和文学。

经贬低我们的东西,能让我们认识到成为一个人、超越自己、让自己变得更好所需付出的代价。我觉得文学能让我们意识到我们并没有活到自己的极限。但我并不知道文学是否真的能改变我们的生活。我真的不知道。能这么想当然很好。也许小说可以改变人生,改变我们的情感生活——在阅读的过程中。也许我们读得足够多,就会潜移默化,有益于我们的将来。

塞克斯顿:我纳闷一个俄国人读你的作品会怎么想美国。你的小说没有政治倾向吧?它们不往那个方向延伸,也没有设置在某个特定的时间。

卡佛:没有,与谁竞选总统没有太大的关系,也无所谓提交到国会的议案是哪一个,因为谁当总统、哪个议案提交到国会并没有真正的差别。我不知道其他国家的读者对此怎么想,不过我觉得小说中有足够多的东西,感兴趣的读者能够产生联想。

但去年秋天有人攻击我,一个新保守派评论家,说他担心我的小说会让美国给人留下一个错误的印象——给美国人和其他国家的人民。(这些小说已经被翻译成大约二十种文字。)因为在里根政府的治理下,你看,人民应该幸福,人民不应该受苦、丢掉工作或不满意自己的工作。这个评论家说,我们不应该去写那些被剥夺了财产的不幸福的人,那些破了产的人。"让我们给大家戴上幸福的面具"似乎是他所希望的。

不过我不明白。我读过高尔基和契诃夫,以及一些意大利与法国作家的小说,还有爱尔兰短篇小说家的小说,他们写得最多的就是被剥夺了财产、被淹没的人群。他们不去写在白领工作场所遇到危机的职业人群,或担心他们的劳斯莱斯会出什么问题的人群。我没有试图去表明任何政治立场。我只不过是在写小说,写我知道的东西。

塞克斯顿:一个评论家提到《人都去哪儿了?》时说:"小说让我从头笑到尾——但那是一种尴尬、不轻松的笑。"他说读完后需要来上两杯烈酒。你的幽默接近痛苦,是这样吗?

卡佛:那是生活。不是吗?很多情况下幽默是把双刃剑。我们之所以要笑,是因为如果我们不笑的话——我不是在老生常谈,但是如果不笑的话,我们会号啕大哭。我很高兴有人在那些小说里发现了幽默。《大教堂》里有篇叫《小心》的小说,讲一个耳朵被耳屎堵住的家伙,他面临一种凄惨而绝望的境况,但上个月我在哈佛大学大声朗读这篇小说(我第一次朗读这篇小说)时,人们大声地叫喊。他们发现这篇小说的某些部分非常好笑。朗读小说最后几页时他们并没有笑,不过有几个地方确实很好笑。不是《周六夜现场》那样的幽默,是黑色幽默。

塞克斯顿:《大教堂》真的是唯一一篇人物进行接触的小说吗?在《粗斜纹布》这篇小说里,帕克夫妇显然相爱,但在你的小说里很罕见,是这样吗?

卡佛:你是说我的人物之间没有太多的爱和沟通?

塞克斯顿:是的。在《大教堂》结尾处你确实跨出了一大步,他们突然靠近而不是分开。

卡佛:是的,我很喜欢那个部分。写这篇小说时,我知道它与我写过的所有小说在类型和程度上都有所不同。而且它是我为《大教堂》那本小说集写的第一篇小说。这篇小说向我展示了早期小说里没有的某些东西。

我觉得《大教堂》里的好多小说比我的其他小说更饱满也更有意思，至少对我来说是这样的。比如《发烧》——小说里面妻子丢下丈夫和孩子离家出走。《一件有益的小事》里的人在小宝宝去世后开始沟通。

不过我的生活发生了改变，可以说我变得更加乐观。我希望那是你从作品中觉察出来的。

我确实会回到过去，因为在我年轻的时候，很多东西给我留下了深刻的印象。我确实会回到我的另一种生活中去寻找素材。对我来说它仍然现成，尽管我现在的处境已经不同了。

塞克斯顿：准确地说这些小说的自传成分有多少？

卡佛：小说不是无中生有，它们必须来自某个地方。所以说我写的每一件事——小说里的某件事情要么真的发生过，要么是我听来的或以某种方式见证的。我想象、我回忆、我组合——像所有好作家那样。作家不能写严格意义上的自传，不然的话那会是世界上最无聊的书。但你从这儿取一点，从那儿拿一点，于是就像从山上滚下来的雪球，它沿途收集所有的东西——我们听到的东西，我们见证的东西,我们经历过的东西。你把零零碎碎的东西粘起来,弄出一个有条理的整体。

塞克斯顿:把你所有的小说放进一本书里会有一种连贯性,是这样吗?

卡佛:我觉得作品应该是一个作家的识别标志,就像作品应该是一个作曲家的识别标志一样。如果你听了几小节莫扎特的音乐,你不需要听太多就会知道这是谁创作的。我希望你可以拿起一篇我的小说,读上几句或一小段,不用看作者的名字,就知道是我写的。尽管它有可能写的是居住在伦敦和乘车往返布鲁塞尔,那些我从来没写过,可能也不会去写的事情。

至于你说的,我没太多经验。我开始写诗和小说时对自己的期望很低,所以我不知道怎样理解你说的。卡佛的小说——对此没有人比我更吃惊了。但我很开心,是的。

"David Sexton Talks to Raymond Carver" by David Sexton from *Literary Review* (London), no. 85 (July 1985), 36 - 40. Conducted Spring 1985.

雷蒙德·卡佛

尼古拉斯·奥康奈尔/1986年

雷蒙德·卡佛用他非同寻常的才华书写普通人与平常的事物。他的短篇小说借助暗示运作：每一个字、每一个动作都饱含深意。通过审慎选择的细节，他赋予像厨房里一把椅子那样看似微不足道的物体以惊人的威力。美式口语在他笔下变得如此简洁，一个句子就可以概括完整的世界观和道德状况。

通过细心的改写和修订，卡佛深入普通生活虚假的表层下面，揭露极端情况下的人心。他的小说关注被推到悬崖边上（破产、离婚、分居、被逐出家门）的人群，他们被迫通过言行袒露自己。一旦着眼于他们，卡佛会从各个角度毫不留情地审视他们的品性,但他并不指责他们,而是带着同情心接近他们,并尊重他们的隐私。

卡佛用精准、怜悯的笔触描绘美国的底层阶级,因为他曾是其中的一员。1938年,卡佛出生于俄勒冈州的克拉茨卡尼镇,在华盛顿州的亚基马度过了童年的大部分时光。他十八岁时和玛丽安·伯克结婚,等到了二十岁,他已是两个孩子的父亲。为了维持年轻的家庭,他干过一系列他所谓的"狗屎不如的工作",包括在加油站给车加油、采摘郁金香、在医院擦地板和打扫厕所。多年从事这样的工作,以及家庭纠纷和酗酒引发的问题,使他跌入人生的谷底。直到戒了酒,情况才有所好转。渐渐地,卡佛让自己的生活回到正轨,而混乱年代留下的记忆让他能够更好地为那些尚未走出困境的人做见证。

卡佛是以下四部短篇小说集的作者:《请你安静些,好吗?》(1976)、《狂怒的季节》(1977)、《当我们谈论爱情时我们在谈论什么》(1981)和《大教堂》(1983)。他也是两本图书[《火:随笔、诗歌、短篇小说》(1983)和《陀思妥耶夫斯基:电影剧本》(1985)]和五本诗集[《克拉马斯河畔》(1968)、《冬季失眠症》(1970)、《鲑鱼夜溯》(1976)、

《水流交汇的地方》(1985)和《海青色》(1986)]的作者。

1963年,他获得洪堡州立大学的文学学士学位,后来又去爱荷华大学深造,并最终在那里和其他几所大学任教。来华盛顿州安吉利斯港居住之前,卡佛住在纽约州的雪城,并在雪城大学任教。他获奖无数,包括声望卓著的米尔德丽德和哈罗德·斯特劳斯津贴(1983);凭借小说集《大教堂》获国家图书评论奖小说奖提名(1984)和普利策奖提名(1984)。

这次采访于1986年夏天在安吉利斯港卡佛和诗人特丝·加拉格尔的家中进行。房子坐落在一个安静的住宅区,俯瞰胡安·德富卡海峡。卡佛是个大高个儿,说话声音轻柔,有点害羞,在用词准确方面则一丝不苟。

尼古拉斯·奥康奈尔(以下简称奥康奈尔):为什么你的故事大多数发生在室内?

雷蒙德·卡佛(以下简称卡佛):我不知道。它们确实是那样,难道不是吗? 也许部分是因为我大多数时间都待在室内。实际上小说与男女之间的交锋或纠缠有点关系,而这样的片刻或小戏剧在室内展开要比在户外好。

户外比较健康,而室内总是聚集着一些水蒸气——浊气。

奥康奈尔:大多数的故事可以发生在美国的任何一个城镇吗?

卡佛:当然,而且发生了。

奥康奈尔:物理位置、城市之类的没有那么重要?

卡佛:没有,在我的小说里地标和导游没那么必要。作用会有一点,不过你可以说,无论是在安吉利斯港,还是在贝尔维尤、休斯敦、芝加哥、奥马哈和纽约,男人和女人的行为都差不多。

而且我不知道这对我的小说来说是好还是不好,没法评判。多年来我像无根的浮萍,没有真正属于我的地方或住处,那些对作家来说是非常有养分的东西。我似乎把它们丢失在60年代的旋风里了。

奥康奈尔:你是在哪里长大的?

卡佛:我在亚基马长大,在喀斯喀特山脉的另一侧。我出生在俄勒冈,父母在我两三岁的时候搬到亚基马。

我在那里上的小学和中学。我童年的时间主要花在了钓鱼、打猎和棒球这一类活动上。十七岁的时候,我和一个姑娘确定了关系。一年后我们结了婚,并搬去加州。我在亚基马仍然有一些亲戚,时不时我还会回去看看。那里和这个地区的差别很大,但有其自身的美。一看见亚基马谷,我的心情就会好起来。

我不知道就亚基马我还能说些什么。我很高兴自己离开了那里;那个地方对青少年时期的我来说实在是太小了,我不得不离开。我想出去看世界,去有事情发生的地方,去我觉得有事情发生的地方。

奥康奈尔:所以你很快就搬到一个大一点的城市?

卡佛:我只知道我不能在那里生活一辈子,我急于离开那里。不过我觉得这和大多数的年轻人没什么两样。我想去一个陌生的地方,做我没做过的事情。

奥康奈尔:你有野心吗?

卡佛:我想有吧,某种程度上。我知道即便在那个时候我也想写作,但我在其他方面则很懒惰。我不想工作。

亚基马的一家五金店给了我一份工作。去那儿工作的话生活会很舒适；我刚结婚，这份工作将给我们的生活提供保障。我没有接受。此外，我从来就不喜欢体力劳动；我不得不做，但很不喜欢。

所以说我对感兴趣的事情有野心，遇到不感兴趣的事情则偷懒，提不起精神（笑）。

奥康奈尔：写作是你感兴趣的事情吗？

卡佛：当然。我打记事起就想写作。结婚后，生活似乎占据了我很大的一部分，因为我们很早就有了孩子，家庭成为我生活的焦点。我仍然想写作，但我们不得不付房租、买食品和孩子上学穿的衣服。

奥康奈尔：结婚前你有写长篇小说的计划吗？

卡佛：坦白地说，我从来就对写长篇小说没什么兴趣。我喜欢写短篇。我生活的境况决定了我只能写较短的东西。一两次就能写完。我喜欢读长篇，但我对写长篇从来没什么兴趣。

那段时间我的阅读趣味还没有形成。没有人，没有一个人在这方面给我方向或指点;没有人告诉我应该读什么或读谁写的。所以我有点跟着感觉走。我去图书馆借自己感兴趣的书——小说,那当然,还有关于赶牛①和寻找宝藏的书,各种各样的历史书籍。婚后我读书的时间自然少了,但早些年我一直喜欢阅读。就是在那段时间,我想着要写点东西。我做过一些半心半意的尝试。

奥康奈尔:首先是诗歌?

卡佛:我觉得差不多所有人都是从诗歌开始的;我自己肯定是这样的。刚开始写的那些诗自然很糟糕。认真起来后,我开始往外投寄作品。在此期间,我有一篇小说和一首诗在同一天被两家杂志接受了。

奥康奈尔:这件事发生在你开始写作很久以后吗?

卡佛:发生在我二十三岁的时候,我从十七八岁起就想写作,但那时我还没有养成认真工作的习惯。

---

① 19世纪下半叶,美国南部牛仔常把牛赶到北方城市销售。

奥康奈尔：你觉得家庭责任与写作很难兼顾吗？

卡佛：是的。当然是。如果你还没有成熟，没有尝试过，没有被考验过，那就更难了。突然你有了像抚养孩子和养家糊口这样沉重的责任。很困难，直到我们散伙之前都很困难。

奥康奈尔：读你的小说时我突然想到，不经历很多是写不出那样的小说的。假如没有经历过你所经历的，你还能写出那样的小说吗？

卡佛：这个嘛，也许写不出来。我肯定是我所经历之事的产物。一些事件给我留下了深刻且持久的印象，但考虑到我的写作愿望那么强烈，谁说得清假如没有经历过我的生活，我又会写出什么？我敢肯定我会找到其他可以写的东西。

我写的诗和小说并不是自传性的，但我写的每一件事在现实世界里都有一个萌发点。小说并非无中生有，它们来自某个地方，是想象与现实的结合，一点自传性的内容加上很多想象。

但小说做了特别的变动或从特别的角度来呈现，因为我知道我写的是什么,从这一点来说我和你尊敬的任何作家没有差别。你期望作家在他写的题材上具有权威性;你愿意信任他,把自己交到他手上——可以这么说——并接受他写的。

如果我有一种不同的生活,我可能写不出我写的那些很特别的小说,不过我想我会写出同样有意思、具有同等价值的小说。不过又有谁说得清呢?

奥康奈尔:我之所以问那个问题,是因为读了你的小说后,我注意到你似乎对受压迫者抱有极大的同情。

卡佛:我希望是这样,我希望我能表现出来。因为很久以前我与他们命运相同。这是一些和我一起长大、我最了解的人,我大部分的想象似乎仍然来自他们。我没怎么写那些不需要做这样那样努力的人。我和学术界时有接触,也在大学校园度过了很多时光,但我从来没有写过与大学校园或上学有关的东西。从来没有。那种生活从来没有在情感上给我留下持久的印象。我确实了解贫困阶层的生活和过那种生活的感觉,因为我自己就过了很久那样的生活。我确实从那些人身上感受到更多的亲情,即便是现在。他们是我的人。他们是我的亲人,我是和他们一起长大的。我家里有一半的人仍然像那样生活。他们仍然不知道下个月的日子该怎么过。信不信由你,但那是真的。

奥康奈尔:你把自己看作这些人的代言人吗?

卡佛:我只是为我知道的一些事情做见证。世界上大多数事情我都不知道,我也根本不在乎。我为我能够见证的做见证。

奥康奈尔:你觉得自己非写这些小说不可?

卡佛:是的,不然的话我不会去写。

奥康奈尔:这种冲动是在没有时间写作的那些年逐步积累起来的吗?

卡佛:你看一下我第一本小说集《请你安静些,好吗?》里每篇小说的发表日期就知道了。最早的一篇是1963年发表的,最后一篇是1975年发表的,而书是1976年出版的,所以把这些小说结集成书花了十二三年的时间。我无法花太多的时间持续不断地写作。

《当我们谈论爱情时我们在谈论什么》里的小说写于1976—1981年,而《大教堂》里的全部小说在十八个月内写完。

奥康奈尔:这么说《大教堂》里的小说写得快多了?

卡佛:对,十八个月内。而第一本书花了十二三年的时间,部分是因为我失去控制好几年,部分是因为我历经艰辛:努力养家糊口、写小说、上学。

奥康奈尔:作为《西雅图评论》的编辑,我读到过很多雷蒙德·卡佛式的小说投稿。你意识到你的风格产生的影响了吗?

卡佛:我在想我最近看到的一本小说集。里面有两篇戏仿之作,善意的戏仿,戏仿我的小说。最近爱荷华大学还举办了一次雷蒙德·卡佛模仿竞赛。尽管是善意的玩笑,但那是一场真正的竞赛。

我知道很多年轻作家或多或少在学我的写法。但很多年轻作家也在尝试别人的写法。如果他们想要像我那样写的话,还没那么糟糕。他们完全可能有更糟的榜样。小说中的简练对年轻作家有好处,还有对所说的东西的关注。尝试别人的写法没有问题。过去很多人想学唐·巴塞尔姆。从很多方面看,巴塞尔姆都是一位很好的作家,但他并不是年轻作家最好的榜样。他写得好的东西,不如他聪明、不如他有才华的年轻作家会搞砸。结果往往很糟糕。

奥康奈尔:发展自己独特的风格花了很长时间吗?

卡佛:确实花了一些时间。从60年代到70年代,我写小说,然后修改它们,在一篇小说上不断下功夫。我不急于把小说寄出去,因为寄出去了,我就不得不再写一篇,那时候小说来之不易。形成自己的风格是下意识的,需要一点时间。我没有一上来就写像《羽毛》或《大教堂》那样的小说。

我觉得我最近写的小说与以前写的小说既相似又不同。我很满意,因为你不能不停地重复自己。这不是说对早期的小说有什么不满意,而是新写的小说与早期的小说有足够的差异,我很满意这样的差异。

奥康奈尔:刚开始的时候你有没有通过模仿来学习写作?

卡佛:没有,至少不是你想的那样。我听说弗兰克·奥康纳试图模仿居伊·德·莫泊桑,他研究莫泊桑的小说,体会这些小说是怎么写成的,甚至把它们抄下来。萨默塞特·毛姆会做同样的事情,为了改进自己的风格、消化吸收其他作家的优点,他会把自己敬佩的作家写的东西抄上一整段。

我从来没有这么做过,但一些作家曾对我有过重大的影响,至今仍然是这样,举几个例子,像契诃夫、海明威、托尔斯泰、福楼拜这样的作家。我读他们的书,长篇和短篇。尽管我没有想要像他们那样去写,但我肯定写得更仔细了,也更好了,我觉得,因为我敬佩这些人。但我心目中没有一个比其他作家高出很多的作家,除了契诃夫。我认为他是有史以来最好的短篇小说家。伊萨克·巴别尔是另外一个绝妙的作家。他用两三页就可以写出一篇精彩绝伦的"小小说"。

奥康奈尔：你一直是一位完美主义者吗？我是指在写作上。

卡佛：生活上我很马虎。我想我是在某个领域里寻求完美。我记得我一向不能容忍凌乱的手稿。那时候我没有机会用复印机和打字员。我都是自己打字。一篇投稿给杂志的小说寄回来后，如果我改动了几个字或画掉了某个东西，如果看见一个回形针留下的痕迹或一个咖啡污渍，我最终会把整篇小说重新打一遍。一篇小说我可能会打上二十遍，就是想做到完美，弄成我希望的样子。所以我想答案必是肯定的——我是写作上的完美主义者，而非生活上的。

奥康奈尔：你不会把自己不满意的东西寄出去吧？

卡佛：我不着急。今年春天和初夏我写了好几篇小说，但我没有急着把它们寄出去。现在我的抽屉里就放着一篇还没有寄出去的小说。现在我和一个有文字处理机的打字员合作，我把手稿给她，她可以在上面花点时间，然后把它交还给我；同时我在写另一篇小说。所以我经常发现自己同时在写两篇小说。我喜欢这么做。

奥康奈尔：你有没有把小说放上六个月的经历？

卡佛：我从来没有把它们放那么久，不过即便是最近，我仍然会把它们放上两三周。如果一个作家可以那么做，那很好，因为小说会冷却下来，作家可以和它们隔开一段距离，感情不会像刚开始那么强烈。我喜欢我的小说足够冷却，这样我就可以冷静客观地审视它们。

奥康奈尔：最先发现你才华的人是谁？

卡佛：我想每一个刚开始写作的人都必须觉得自己有才华，不然的话他不可能去做他要做的事情。你需要有东西来支撑你，所以说你肯定需要相信自己。不过我盲目飞行了很长一段时间。毫无疑问，找到约翰·加德纳这位老师后，我的人生改变了。他对我的影响是巨大的。

奥康奈尔：你从加德纳的风格里学到了什么？

卡佛：不是从他的风格里，不是的。但是从来没有人像他那样阅读我的稿件。听我说，我相信有些东西是可以传承的。大师和学徒之间的关系由来已久：米开朗琪罗有一位老师，贝多芬也一样。他们在某个时期做过学徒，后来有人告诉他们应该怎么做，把技艺传授给他们。如果你的一个熟人想学小提琴，你会设法聘请一位真正杰出的老师来教他，你不会把他和一把小提琴、几张乐谱放在房间里。所以说写作的某些方面是可以传授的。

加德纳是一位奇妙的老师。他会教你。他会拿起一篇小说并告诉你：这样做可以，那样做不行，原因是什么。

我简直太兴奋了。在此之前，我从来没有遇见过作家。我才十九二十岁，还没见到过一位作家。而他是一位作家，尽管当时他还没有发表过什么。他与我认识的人都不一样。他乐于助人。他肯教我，而我正处在什么都想学的特殊的人生阶段。不管他说的是什么，都会立刻进入我的血液，改变我看事物的方法。

他让我懂得，如果你可以用十个字说一件事，那就用十个字而不是二十个字。他教会我准确，他教会我简练，还教会我很多其他的东西。我从他那里学到了很多。生活上我仍然举步维艰，但我从他那儿学到了经久长存——尽管还不能立刻付诸实践——的东西。

奥康奈尔:你在课堂外也经常见到他吗?

卡佛:没有,并不是那样的。他比我大不了多少。我十九岁,他大约二十五岁。不过他很忙,他在努力写自己的书,一直在写自己的书,尽管其中的一部分直到十五年后才出版。比如《十月之光》,那是他二十来岁时写的,但直到六年前才出版。这就是他显得多产的原因,他70年代出版的东西大部分是在60年代写成的。

我把写作当成一种使命,一件需要认真对待的事情,他在增强那一点上起到了非常重要的作用,但我和他在校园外的交往几乎为零。偶尔他会和学生一起参加派对,但除此之外我没在社交场所见过他。我只是一个小屁孩,他是一个成年人,有成年的朋友。

在他生命的最后一年,我们恢复了交往并成为朋友。在认识他的十七年里,我们可能只通过三四次信,多年不见后我们又开始交往,真好。

奥康奈尔:在多大程度上,你的小说符合加德纳对道德小说的定义?

卡佛：很长一段时间里，我不愿意去读加德纳那本关于道德小说的书；我不想发现我写的小说是不道德的。不过加德纳只是要求作家更认真地对待自己的作品；你真的不知道自己的作品可能会对别人产生什么样的影响；某人可能身患癌症，濒临死亡，你的作品可能会给他某种支持或救助。贬低人类精神的东西已经够多了。

约翰·契弗和我说过同样的话。他说小说应该给某个情境投入光明和新鲜空气，它不应该是污浊的。如果有个人在时代广场一家剧院的阳台上接受别人吹箫，这可能是个事实，但不是真相。这之间是有差别的。也许我后期的小说会被认为是对生命的肯定，把我们连接成一个大家庭，等等。但是有些作家会告诉你写作就是一种道德行为，其本身已经足够道德了。

奥康奈尔：你在一篇随笔里说，道德小说与写作的诚实和准确有很大的关系。

卡佛：是的。在同一篇随笔里，我引用了埃兹拉·庞德的话："表述的基本准确是写作唯一的道德标准。"不论从哪方面说，那都是一个很好的出发点，你可以从那儿往前走。但你不能只是说:"我想要写一部道德小说。"你必须写自己能够写的。这之后如果运气好的话,旋律会从你心里飘出来,从你的小说里飘出来。小说当然首先应该是情感的沟通,然后才是一种智力的沟通。

我读一篇契诃夫的小说并被它打动,这与听一曲莫扎特的音乐并被打动,或在情感上被伊迪丝·琵雅芙[①]的某首歌打动很相似。如果某个东西可以跨越语言,甚至跨越数百年的时间打动你,你还能要求什么呢?

奥康奈尔:你是否避免在作品里做明确的说明?

卡佛:是的。我缺乏这方面的能力。我根本不知道怎样说明。摘桃子的人摘了一箱桃子,但没拿到足够的酬金,那么就放一个人物在那里表现这一点,无须计划或规划什么。

奥康奈尔:但是你的小说似乎有一个特点。读者读

[①] 伊迪丝·琵雅芙(Edith Piaf,1915—1963),法国最受喜爱的女歌手之一。最著名的歌曲包括《玫瑰人生》《爱的礼赞》《我无怨无悔》等。

完后会想,某个人做得不好,或某个人做得很好。

卡佛:是的,绝对是这样的。我的小说里很多人做得不好,有些人做得很好,但我不指出来或加以说明。

奥康奈尔:所以你想说的已包含在小说里了?

卡佛:是的。小说的意义来自小说本身,不是作者强加在小说上的。我不想在说到自己的小说时像个傻瓜,不过有时候这些小说让我感到惊讶,有时候它们会偏离我写它们时的想法和感觉。

奥康奈尔:你是否对情感效应更感兴趣?

卡佛:是的。

奥康奈尔:在契诃夫那儿,意义似乎产生于小说所暗示的东西。

卡佛:而非作者强加的东西。当然了,是他坐在驾驶座上,因为他给你提供特定场景里那些人的信息,把你带到他想带你去的地方。

奥康奈尔：你会说你写的东西也是这样的吗？

卡佛：我想是的。

奥康奈尔：你是怎样着手写一篇小说的？

卡佛：我写东西的时候，无论是诗歌还是小说，我想说的是，几乎所有的东西都可以引发一篇小说或一首诗。说过的话，我看见、听到的东西，一个意象，甚至一句话或一段对话，这些都会转化成一幅图像，让我感到有写它的必要。我往往写得飞快。当然在那样的时刻，我会找一个安静的地方，一个没有电话铃声的地方。我尽可能快地把小说写完。我觉得只有两三篇小说我在初稿上花的时间超过了两天。通常我一头扎进去——尽管不是每一次都知道自己在干什么——努力在稿纸上留下一些东西。当我觉得精疲力竭了，我会把写下的东西打出来，看看都有些什么。有时候我会大吃一惊，甚至在读着手稿打字的时候。有时我不知道接下来会怎样。看到自己写的东西我很惊讶。我会一边读一边想："哦，很有趣。接下来会怎样呢？"

不是说最初的几稿是在无意识和恍恍惚惚的状态下

写成的，但它们是在脱离常规的状态下写成的，小说在某种程度上接管了我，并引领着我。

我没有很多写砸了的小说，或者说写得不成功的小说。我知道很多作家有过很多不成功的开端。这样的事情极少发生在我身上。有一两篇写完我就失去兴趣的草稿，但让我迷失方向或心里没数的小说不多。

接下来，把小说打出来并改完几稿后，我会给特丝看，得到她的反馈，然后我通常会再次回到打字机旁。最终那篇小说会到一位打字员手里，她会把它打出来，然后真正的工作开始了：改写、修修补补之类的。

奥康奈尔：通常是对小说进行压缩吗？

卡佛：过去我总是在压缩，从小说里拿掉点什么，但最近我放进小说的东西和拿掉的一样多，甚至更多。过去一篇十页长的小说手稿，在我刚写完初稿并打出来的时候，它有两倍那么长。现在一篇二十页的小说的初稿就有二十页，尽管最后基本内容可能已经变了。我增加的与我删减的一样多，这里画掉一行，又在别的地方加上一行。

奥康奈尔:为什么现在你往小说里添加更多的东西?

卡佛:说不清楚。我觉得有必要,否则我不会这么做。这些小说,大部分更加饱满了,我给更多的内容添加血肉,给脸庞涂上色彩,而不是把所有的色彩擦掉。我想这与我的心态和年纪增长等因素有关。但现在我把更多的东西添加到人物身上,加入场景本身,让它们更加饱满,让小说给出更多的内容,让它们更加宽厚。

奥康奈尔:你在往写长篇的方向发展吗?

卡佛:我不知道。我最近写的小说都在五千字左右,肯定比过去的长了。我没有故意往长篇发展。要是愿意,明天我就可以拿到一个长篇合同——我签了这本短篇集的合同,但我是等到自己又想写短篇了才签字的。我有两年没写短篇小说了;我写诗歌和随笔,不过或许有一天我会写长篇,又或许不会。这不是什么了不起的事情。我可以写一部长篇,也可以不写。我不会去操这个心。我不需要为了金钱、荣耀或其他东西去写长篇。

奥康奈尔：这些短篇合起来创造世界的方式似乎与长篇是一样的。

卡佛：别人也这么和我说过。听到这样的话总让我兴趣盎然。我不知道这样是好还是不好，或者只不过与兴趣有关。这一生，我有自己看法的事比没看法的事少得多。

奥康奈尔：在这些更长的小说里，你试图呈现人物的更多方面吗？

卡佛：是的，还有这些人物与其他人物之间的关系。

奥康奈尔：我确实从《大教堂》的小说里注意到了这一点。你似乎对人物做了更多的雕刻。

卡佛：确实是这样，这很好。这么做也是有意为之，不是某个计划的一部分，但我想更多地回到现实世界。

奥康奈尔：总的来说你的人物有类型吗？

卡佛：我认为没有任何类型。实际上，谈论小说里的人物时，我甚至不在谈论人物，而是在谈论小说里的人，他们毕竟是单个的人。

奥康奈尔:他们中的大多数就像是你熟悉的人,似乎很容易被认出来。

卡佛:那样很好。

奥康奈尔:这么说你想要给人物设计独特的个性?

卡佛:我确实试着把他们作为单个的人来写。否则你就不会有现在的感觉。如果我未能让他们具有可信度,你就不会做出刚刚的评论。他们是单个的人,而不是某一类人。

大多数情况下,你不知道他们长什么样。我不擅长,或者说没兴趣做外观上的描述,他们的发型是什么样的,或者他们的脸色发白还是健康红润,或者他们小臂上是否长着毛,或者他们穿什么衣服。但是我觉得我在情感上把他们描述准确了,而那正是你识别出来的。我对维多利亚时代小说中大段的人物描写从来都不感兴趣,一页又一页地讲他怎样穿戴,或她怎样走路和打着阳伞。

奥康奈尔:你对他们怎么想更感兴趣?

卡佛：与其说是他们在想什么，不如说是他们在做什么，他们互相之间所说的，他们没有说出来的，他们言行不一的地方，他们在做但没有多说的事。最有意思的似乎是人的行为，而非为什么要这么做。

我对智利或伊朗的施虐者为什么要那么做并不怎么感兴趣。我根本就不在乎是什么样的心理使得他们成为施虐者的。关键在于他们是施虐者，那才是重要的，而且很可怕。

奥康奈尔：所以说他们通过行动显示……

卡佛：他们是什么样的人。谁关心什么使得"绿河杀手"①杀死三十五个还是多少人？我对过去的哪件事情导致他杀死三十五个女人没有兴趣。什么会让一个人做出这样的事情？我甚至都不想知道。重要的是有人做出了这样的事情，有人犯下了恐怖的罪行，重要的是公共场

---

① 加里·里奇韦（Gary Ridgway）堪称美国历史上杀人最多的连环杀手。最初的五名受害者遗体是在美国西雅图市南郊的绿河附近发现的，因此外界称他为"绿河杀手"。加里在1980年到2000年间被确认至少杀死了四十八人。

所或家庭里的暴力行为。我不需要回溯二十年，探寻是什么让这个男人挥拳击打他老婆的眼睛，或那个女人用平底锅砸她的丈夫。

奥康奈尔：你怎样构思你的小说？

卡佛：原则上是小说选择你，先出现意象，然后是情感结构。你不得不去写这篇小说。我觉得作家达到某种境界后会意识到：由于缺乏兴趣、知识和感情的投入，大多数领域的经验并不是唾手可得的。我完全写不出与年轻政治家甚至老政治家有关的小说，或是关于律师、高级金融和时装的小说。

有一个过滤器在起作用，它会说这是或不是一篇小说。或许会有某个微小的东西——一个想法的萌芽——它会引起某种共鸣，开始成长。我认为原则上是小说走向作家，作家不应该张网捕捞，寻找可以写的东西。

奥康奈尔：在一篇随笔里，你提到短篇小说怎样让人们瞥见生活。你想要为你的小说挑选能够概括一生的事件？

卡佛：那当然。不过不是某个计划的一部分，不是有意为之，但是读者当然可以根据小说的某些情节自行推断，他们也是这么做的。我受到一些评论家的抨击，主要是一些保守的评论家。一年前，有人在《新准则》[1]上写了一篇长文攻击我的作品，说我描绘的美国不是一幅幸福的图画；我的人物不是真正的美国人；他们应该更加幸福，更加满意此生今世；我专注于表现事物的阴暗面。这其实是对我小说的政治解读。他们说我根本不了解劳动者，说我可能从来没做过蓝领工作，这有点好笑。

然后就是另外的一些人，特别是外国人，他们告诉我，我的小说毫无疑问是对美国资本主义制度的控诉，因为它们表现了美国资本主义制度的失败——失业、酗酒等。

我不遵循任何的准则或规划。我没有任何目的，我没有做过任何计划。我只是在写小说。

最近有个人试图向我解读我发在《纽约客》上的其中

---

[1] 《新准则》(*The New Criterion*)是在纽约出版发行的文学艺术批评杂志（月刊），由希尔顿·克莱默（Hilton Kramer，保守主义艺术批评家）和塞缪尔·利普曼于1982年创办。

一篇小说。你会收到这种最奇怪的信件:人们写信告诉你,你的小说是什么意思。我在一篇小说里将一个人物命名为巴德,有人告诉我这其实是百威啤酒①和好时光的简称(笑)。

奥康奈尔:住在安吉利斯港对你的写作有帮助吗?

卡佛:有帮助,在这儿工作很好,特别是冬天,白天很短,没有干扰,除了工作没什么好做的,去哪儿都很麻烦——从12月到来年3月。这段时间在这里很好。我们与世隔绝,工作的时候,与世隔绝是一件好事。不过对我来说,如果在这里待得太久,我会得幽闭症。我需要不时出去走走。特丝不一样,这儿是她的家乡;她在这里长大,这里有她的家人。

奥康奈尔:搬来这里后,你的写作有什么变化吗?

卡佛:这个嘛,那本诗集的变化就很大,那是我独自待在安吉利斯港的时候写成的。那段时间特丝在雪城教

---

① 百威啤酒英文(Budweiser)的前三个字母和巴德一样。

书。我这一辈子从来没有过这样的经历。我一天写一到三首,有时甚至四首诗。我从日出写到日落,像这样一口气写了六周。我用六周的时间写完一整本书。我这一辈子从来没有干过这样的事情。当我完成这本书准备返回雪城时,我感到自己经历了某种震撼,这辈子从来没有经历过的东西。

这些诗歌诞生于突然迸发的活力,对于我,它们是一种真正的开放。我有很长一段时间没写诗,那段时间里写诗是我最想做的事情。所以说来这里对我当然有帮助。

那是1984年1月。我带着写小说的明确目的来这里。《大教堂》是秋天出版的,但还是有与它相关的事情,回到正轨重新开始写作变得很困难,有很多分心的事情。我来这里打算待上两个月,独自安静地写小说。我待了一周,什么都没做,然后开始写诗。我无法想象如果待在雪城或去了其他地方,我会写出这些诗歌。所以从这一点来说,我的写作发生了变化,我的人生也一样。

至于我的小说,我就不知道了,也许吧。我不是最好的评判员。如果我待在旧金山,那些小说也许没什么不同,但也许会不一样。

奥康奈尔:为什么写诗对你有这么大的吸引力?

卡佛:我有很长一段时间没写诗,就像我说过的,我开始觉得自己再也写不出诗来了。所以这些诗歌对我来说是一份丰盛的礼物,完全出乎我的意料。不管诗的质量如何——我觉得其中的一些还是不错的——至少我每天都能写点东西,写点我最想写的东西。它们满足了我讲故事的天性;大多数诗里面都有一条叙事线。写这些诗歌的体验简直太美妙了,无与伦比。我写诗是因为我想写,无论做什么,这都是最好的理由。

奥康奈尔:第二本诗集也一样?

卡佛:是的。我还剩下一些没有放进第一本诗集的诗,还有一些我想要写的诗。鉴于此,我坐下来打算写诗。我写诗,写了更多的诗,很快另一本书就成形了。

奥康奈尔:不写小说是一种放松吗?

卡佛:不是。工作就是一种放松,做我想做的事情。

如果写的是小说,我肯定会同样开心。重新工作让我感觉良好,重新写诗的感觉奇妙无比。写这些诗歌的时候,我觉得这个世界上没有一件事比写诗更重要了。我不知道自己能否再写出一篇小说来,但无所谓,没关系。

奥康奈尔:你和特丝在写作上互相帮助吗?

卡佛:我们是彼此至今最好的读者。我用非常冷静的眼光读她的东西,她也一样。就像我早先说过的,我会把一篇小说改上四五稿,然后给她过目,通常第二天我会回到我的打字机旁。她给出了一些好的建议。她是一位非常优秀的读者。

奥康奈尔:她改变了你写作的方向?

卡佛:这个我非常确定。多亏特丝的好眼光和鼓励,我的作品更饱满了。我们相遇后,她的鼓励和建议,我自己对人生的感悟,以及对我想从中获得什么的领悟,让我彻底放开了。

奥康奈尔:现在你更幸福了?

卡佛：和什么时候相比？

奥康奈尔：十年或二十年之前。

卡佛：哦，那当然。人生中很长一段时间，我在写作，在做抚养孩子这一类的事情；很艰难，但那是一种生活，我的生活，尽管艰难，但我确定我很幸福。后来，那段婚姻结束前，我和妻子有几年在感情上互相伤害的黑暗时期。

毫无疑问现在我生活得更好了，但做比较很困难，我宁愿说我有两次生命：一次生命在我停止酗酒后结束了，而另一次生命，一次新的生命，在我戒酒并遇见特丝后开始了。这第二次生命非常充实，非常有意义，为此我将终生感激。

"Raymond Carver" by Nicholas O'Connell from *At the Field's End: Interviews with Twenty Pacific Northwest Writers* (Seattle Madrona, 1987), 76-94. Conducted Summer 1986.

当我们谈论文学时我们在谈论什么

约翰·奥尔顿/1986年

对雷蒙德·卡弗的此次采访是在1986年10月15日进行的,那天晚上他在弗吉尼亚州布莱克斯堡的弗吉尼亚理工大学有读书活动。

雷蒙德·卡佛1938年出生于俄勒冈州的克拉茨卡尼镇。他在洪堡州立大学(现为加州州立大学洪堡分校)和爱荷华大学接受高等教育,后任教于爱荷华作家工作坊,以及加州大学圣克鲁兹分校、加州大学伯克利分校、戈达德学院、得克萨斯大学埃尔帕索分校和雪城大学。虽然出版过四本诗集,但他以短篇小说著称,出版的短篇小说集包括《请你安静些,好吗?》(1976)、《狂怒的季节》

(1977)、《当我们谈论爱情时我们在谈论什么》(1981)、《大教堂》(1983),还有一部收录了他自认为最好作品的短篇小说集《我打电话的地方》(1988)。卡佛的写作为他赢得过很多奖项,包括国家艺术发现基金诗歌奖(1970)、斯坦福大学颁发的华莱士·斯特格纳创意写作奖学金(1972—1973)、古根海姆奖(1978—1979)和国家艺术基金小说奖(1980)。小说集《大教堂》获得了普利策奖和国家图书奖的提名。1988年8月初卡佛因病逝世,终年五十岁。

约翰·奥尔顿(以下简称奥尔顿):在全国发行的杂志上发表根据自己的经历写的小说(你曾强调过这一点),往往会留下作者试图用自身经历取悦大众的印象。你在写《请你安静些,好吗?》里的小说时这种动机有多少?

雷蒙德·卡佛(以下简称卡佛):你看一下《请你安静些,好吗?》里的小说,小说的发表日期最早是1962年或1963年,最晚是1976年。这些小说是在十二到十五年的时间里摸索着写成的。其他短篇集里小说的写作时间相对接近。我只是尽自己所能写出最好的小说,当然了,我在某种程度上利用了自己的经历,是这样的。我不会把这说成是动机,然而,这确实是一种写作方法。

奥尔顿:你会以自己敬佩的作家的小说为榜样吗?它们是你的标准吗?

卡佛:我觉得每个作家或多或少都会那么做,下意识地把自己写的小说与他敬佩的作家的小说做比较——契诃夫、托尔斯泰、欧内斯特·海明威、弗兰纳里·奥康纳或其他的作家。但是等到我的小说完成了,原始的榜样已经远离了,消失在模糊的过去,完成的作品与开始写的时候完全不一样了。或许部分是因为我会反复修改我的小说。不过我刚开始写小说的时候,脑子里并没有读者,甚至没有读者这个概念。我以为自己唯一有机会接触的读者是那些小杂志的读者,那些是我当时读的杂志。我没有指望自己的小说会被《时尚先生》《大西洋月刊》《哈珀斯》和《纽约客》的读者阅读。我只是尽可能写出最好的小说,不想让读者感到厌倦。

奥尔顿:所以那时候你其实对读者并没有什么意识?

卡佛:没有。

奥尔顿:现在呢?

卡佛:现在有了,那当然。这是不可避免的。但并不意味着我会裁剪我的小说去迎合某家杂志,比如《纽约客》或《大西洋月刊》。像往常一样,我只是尽可能写出最好的小说,那是毫无疑问的。对我的小说感兴趣的人更多了,我比过去更清楚这个事实,更多的杂志、更多的编辑对它们感兴趣。我不可能不知道。

奥尔顿:你以前读过很多纯文学杂志吗?

卡佛:是的。读过很多。

奥尔顿:你会向年轻作家推荐那样的杂志吗?

卡佛:当然。是约翰·加德纳推荐给我的,有一天,他带了一箱那样的杂志来到教室。当时我大概二十岁,我就读的是一所州政府资助的资历不深的小学校,我从来没见过那样的杂志。他说国内百分之九十最好的小说和百分之九十八最好的诗歌都发表在这样的杂志上,上面有短篇小说、诗歌和对在世作家的评论,是在世作家写的。这对我来说是一个巨大的发现。

奥尔顿:你在随笔《火》里说,你的风格可能"只不过是必要和方便行事这两者的有效结合"——就是说你只记住一些特别和必要的细节,你的家庭生活没有留给你写作的时间。你认为这(极简主义)是你的优势,还是你努力摆脱的强加在你头上的标签?

卡佛:我不喜欢"极简主义"这个名称。它被用来给当今一些优秀的作家贴标签。我觉得它只是一个标签而已。

奥尔顿:你的一些小说显然不是极简主义的。

卡佛:对,那是无疑的。我一点也不喜欢这个名称。像很多其他的东西一样,这也会过时。要不了几年,所有"极简主义者"都会被贴上其他的标签。他们有可能仍然以"极简主义"的方式写作,但标签会脱落。

奥尔顿:我经常听到这样的问题:他为什么不像福克纳那样提供一连串细节呢?换句话说,你仅仅提供笼统的、非常简短的描述。我会用另一个问题来回应那个问题:笼统让你的小说更具普遍性?

卡佛:这个嘛,我希望是这样,但这不是重点或目的,而是一种效果。这么写是否让它们更具普遍性不应该由我说,那么做会显得很自负。福克纳?福克纳就是福克纳。不过福克纳也有很多华而不实的东西,有些作家——不仅仅是南方的作家——写小说时倾向于堆砌华而不实的词语。通常我读这类作品有点费劲。

奥尔顿:你在随笔《论写作》与《火》里说,由于生活所迫,你只能写些短篇小说和诗歌,然而你没有明确说明个人生活影响了作品的哪些方面,比如主题或冲突。你能就此多做些说明吗?

卡佛:当然,很多小说,特别是早期小说集里的,在一定程度上类似于某些发生过并成为我生活中的负荷的事情。那是你问题中的"冲突"部分。对我来说,主题隐含在素材和作家处理素材的方法里。

奥尔顿：你会把大多数的冲突归结为家庭方面的吗？

卡佛：有人称它们生存冲突，不过一定程度上家庭冲突会快速升级为生存冲突。我不想就此再多说什么了，我已就家庭生活的方方面面写了很多，是这样的。

奥尔顿：这么说外部冲突和内部冲突并存？

卡佛：是的，我觉得是，而且我并不是在写自传，这是不言而喻的。不过很多小说不是根据其他书或"想出来"的东西写成的，而是根据现实生活中的真实事件。拿《严肃的谈话》来说吧，就是小说里的主要人物把钥匙折断在前门锁里的那一篇。我们曾经把钥匙折断在住过的一栋房子的锁里。但是小说其余部分则是不同时期发生在其他地方的事情的组合。

奥尔顿：这么说，你写的时候并不过多考虑一个理想的主题或冲突？

卡佛：没错。我从来不从一个想法开始写。我总是先看见某个东西。我从一个意象开始，比如装着芥末酱的瓶里摁灭的一支香烟,或桌上残留的晚餐、壁炉里的易拉罐,诸如此类的东西。一种感觉随之产生。这种感觉似乎把我带回那个特定的时间和地点,还有当时的环境。但那个意象,以及随之而来的情绪才是最重要的。

奥尔顿:你用超脱的眼光重新审视它?

卡佛:是的,我觉得如果想成为一个作家,你必须超脱。契诃夫在一封信里说过一句话,用在这里很恰当:"作家的心灵必须平和,不然他无法做到公正。"这就是超脱。

奥尔顿:你第一次获得超脱感是什么时候?读者被你诱发的感受很多是负面的,这种情况下做到客观是很困难的。

卡佛:第一次,我想是诗歌。《火》里的一些诗歌。至于小说嘛,《他们不是你的丈夫》或许是早期的一个例子。

奥尔顿:它更具喜剧色彩,至少我这么觉得,比起你大多数的小说。

卡佛：是的。不过那时我被"人们正在进行观察"或"人们透过某个东西观察别人"这样的想法（一个真实的和比喻意义上的小说结构）所吸引。我在好几篇小说里用了类似的结构，这些小说差不多是在同一时期写成的。比如在《肥》这篇小说里，一个女人讲故事给另一个女人听，她在构建这篇小说。我能想起我写这篇小说时的情形。首先，是我前妻启发了我，当时她在做女招待。她告诉我她接待了一个称自己为"咱们"的肥胖男人。这件事触动了我，留在了我的记忆里。当时我没有时间写这个故事，但几年后我还是把它写出来了。最终坐下来写时，我决定从女招待的视角来写。

奥尔顿：这是一种把事件客观化的方式？

卡佛：是的。这也许可以回到你关于"超脱"的问题上。

奥尔顿：你在《论写作》里断言，对于一个作家的成功，语气或"对事物独特而准确的观察"比技巧和才华更为重要。你怎样描述你早期作品的语气？

卡佛：语气是很难客观探讨的东西，但我觉得语气不仅仅是作家精心制作小说的方法，而且是他的标志。我可以告诉你我的语气是什么样的。它从来不是讥讽的，从来不是嘲弄、机灵或浮夸的。总体上是严肃的，尽管有些故事里显然存在幽默。我认为语气不是作家拼凑出来的。它是作家看世界的方法，他把自己的看法带入他在写的作品里。它不知不觉渗透到他所写的每一行字里。至于技巧，我认为是可以传授的。一个人可以学会写作中哪些是该做的哪些是不该做的，弄明白怎样把句子写得更漂亮。但我觉得对待作品的态度（语气）不可以这样处理。因为如果不是你的语气，如果你试图学习别人的语气或思想体系，结果将会是灾难性的。

奥尔顿：如果必须用一个词来说明你的语气，你会用什么词？

卡佛：我觉得我的小说经常与失败有关，因此这个语气不是阴郁的，而是严酷的。也许是沉重的，有些阴暗——特别是早期的小说。不过我昨晚朗读的小说（《不管谁睡了这张床》）也有阴暗的一面。我想大体上语气是沉重的。但人生本来就是一件很严肃的事情,不是吗?人生是沉重的,佐以幽默。

奥尔顿:看来你对人物怀有极大的同情。

卡佛:我希望是这样。我觉得总有一些吧。在迄今为止我所有的书里,我决不会因为自己是个作家而对人物表现出优越感。我必须关心小说里的人。他们是我的人。我不能冒犯他们,也不会那么做。

奥尔顿:很有意思。你在创造人物时,把自己过去的品质特性灌输给他们,而那反过来诱发出你强烈的同情心。

卡佛:我不知道有多强烈,但它对我相当必要。所以我估计很强烈。

奥尔顿:最近 E. L. 多克托罗(E. L. Doctorow)评论说,作家的事业就是记录他们所处时代的权力运动。你同意吗?

卡佛:这个说法很花哨。我认识多克托罗,我很敬重他的作品。但是如果读过他所有的作品,你会发现他说的和做的有时候是两样的。也许那是他看待自己使命的方式,那很好。但我可以列举出一百个不像他那么看的好作家。他的长篇《欢迎来到艰难时世》又怎么说?它和作家所处时代的权力运动有关系吗?

奥尔顿:我想也许是一种典型化处理。写的是北达科他州的一个小镇吧?

卡佛:故事发生在早年的一个西部小镇上。也许是在北达科他州。

奥尔顿:那部作品是对一个小镇的心理特征的分析,写的是对暴力的处理和人们的反应。所以你觉得你不会写这一类东西?

卡佛:多克托罗是一位一流的作家,我无意冒犯他。我能想到的是:这是一个很有意思、非同一般的想法。但我能想到的也就是这些:多么有意思的见解,确实是一部好长篇。而且它对多克托罗有益——很适合他。那很好,最重要的是适合自己。

奥尔顿：不过你作品中有一样东西是明白无误的，那就是里面的人物似乎都很无能为力（我只能想出几个例外）。而且无能为力的人物都来自美国社会的某个阶层，这会让人联想到——至少间接地——你在记录权力的缺失，即便那不是权力运动。

卡佛：这确实是一个合乎逻辑的反应。过去我从不同的方向考虑这个问题，不过，对，可以这么说。是的，我明白你的意思了，我同意你的说法，只不过早期小说里的情况与后期很多小说里的不一样。后期小说里的人物不再贫困，不再被他们的处境困住或打败。那样的生活以前或许是他们自找的，但他们不想再那样了。他们做出了决定。

奥尔顿：在《火》这篇随笔里，你暗示运气或巧合影响了你的小说——比如《维他命》里的尼尔森。在你的小说里，人物的命运似乎经常由运气来支配，这属于19世纪末20世纪初盛行的伟大的自然主义文学传统的一部分。我经常想：你是否在哲学上赞同德莱塞、多斯·帕索斯和斯坦贝克这样的作家？你与这些作家在语气上有相似之处吗？是否都关心社会问题、穷人的困苦等？

卡佛：我早期小说里的大多数人都是贫穷劳动者，我确实对那样的生活了如指掌。但你提到的自然主义作家，大部分我读不下去。不是因为他们关心社会主义，而是因为他们写得太差、太死板。斯坦贝克有点不一样，他的一些作品对我来说很有意义。

关于我是否在作品中表明社会立场，人们看法不一，褒贬不一。有人说我描绘了社会中受压迫者的挣扎，所以这个社会（我们生活的社会）是堕落的，不是个好的社会，这个系统是失败的，等等。而另一方面，有人指责我发表对国家有害的"政治"声明，我没给事物戴上幸福的面具，表现出的形象不能给我们增加信誉，这么做于我们的海外利益不利。然而，其他一些评论家则称赞了他们所谓的我的"政治"敏感和我的"立场"。但实际上，我想要做的事情只是写小说，通常是写我熟悉的东西。

奥尔顿：你如何回应那些让你为我们在海外的形象负责的人？

卡佛：愚蠢！总的来说我很反感这些新保守主义的评论家，他们觉得这个国家做什么都是对的，如果停止用小说和绘画来批评它的话则会更好。我觉得右翼那伙人毫无用处。我不喜欢右翼政客，也不喜欢右翼评论家。由于政府中的某些势力，现在有一群评论家活得如鱼得水。比如埃里克·艾希曼[①]和布鲁斯·鲍尔[②]，他们就是一对蛀虫。《新准则》杂志则是他们的据点。我的作品冒犯了他们。很多作家写的东西冒犯了他们，而我恰好欣赏这些作家的作品。

奥尔顿：评论家喜欢《请你安静些，好吗？》。对此你有何感想？你觉得这是神秘的运气还是自然的运气？

卡佛：这个嘛，我肯定没感觉到神秘的运气，也没有感觉到自然的运气，尽管运气可能起了一定的作用。谁知道？我们俩都活着并能在弗吉尼亚的布莱克斯堡聊

[①] 埃里克·艾希曼（Erich Eichman），评论家，《华尔街日报》编辑。他评论卡佛《大教堂》的文章套用了卡佛第一本小说集的名字：《请雷蒙德·卡佛安静些，好吗？》。
[②] 布鲁斯·鲍尔（Bruce Bawer），美国文学、电影、文化评论家，小说家和诗人。

天,这本身就有运气的成分。如果你是指这本书的出版和有人喜欢并谈论它这两件事凑到一起了,我不知道这是否可以称作运气,还是说只不过是一个巧合。运气在成千上万的日常小事中起着作用。但我不懂运气,要我说,是真的不懂。我觉得我是个走运的人,作为个人而言。但这个概念,运气这个概念对我来说过于抽象,我不知道怎样明智地谈论它。

奥尔顿:所以你甚至都不从这方面考虑问题?你不经常去想假如这件事或那件事发生在你身上会怎样?

卡佛:不会的。假如1962年我接受了别人给我的那份工作,我还会和我妻子在一起吗?现在我会住在哪里?我孩子的生活会不一样吗?你是说我会不会这样去想?不会。我不会的。过去的已经过去了。我很真实地活在当下。

奥尔顿:所以如果说你的人物不是存在主义的,你却是。你在某种程度上奉行存在主义吗?

卡佛:我想是这样的吧。不过我不强调事物阴暗的一面。我不自封为存在主义者,我不觉得自己是一个存在主义者——不管那是一种什么样的感觉。我不知道怎样来解释。我是一个作家,没别的,我在写作时并不有意识地介入政治。

奥尔顿:在你的随笔里,你表现出审视自己私人生活与作品之间关系的意愿,而很多评论家认为那是他们的领域。你怎么看待文学评论家?

卡佛:你是说针对我的作品还是一般而言?

奥尔顿:一般而言。比如,哈罗德·布鲁姆[①]。

卡佛:哈罗德·布鲁姆我没有读过,不过我读过阿尔弗雷德·卡津[②],他是一个令人称赞的评论家。还有一位我对他怀有崇高敬意的评论家和散文家——V. S. 普里切特,他太精彩了。我认为约翰·厄普代克也是一位

---

① 哈罗德·布鲁姆(Harold Bloom,1930—2019),当代美国著名批评家、文学理论家。代表作包括《影响的焦虑:一种诗歌理论》《西方正典》。
② 阿尔弗雷德·卡津(Alfred Kazin,1915—1998),美国文学评论家、作家。

非常好的评论家,他是一流的。不过我觉得 V. S. 普里切特是我所知最好的评论家。

奥尔顿:你读了很多书吗?

卡佛:我希望自己能读更多书。我想要比现在读得更多。我们都应该去读所有伟大作家的杰作。我喜欢读书,但是我写作的时候不读书。

奥尔顿:你说过现在你不怎么在乎评论家的反应了,不过你脑子里有没有闪过这样的念头:一百年后某个评论家会怎样看我的作品?

卡佛:要是能往前看上哪怕一小段时间,几个星期或几个月,我就觉得很幸运了。我想象不出一百年后他们会说什么。我无法判断。这么想太自负,更别说愚蠢了。

奥尔顿:顺便问一下,你对解构主义有多了解?

卡佛:一点点。足以知道他们在发疯。他们是一群奇怪的人。他们真的与文学没有什么关系,不是吗?他们甚至都不怎么喜欢文学。反正我这么认为。他们把文学看成一系列的文本问题,而作家则像是能指符号。

奥尔顿:那也许是一种文学上的膨胀,但我觉得他们说的一些东西具有哲学趣味。

卡佛:但是我不知道那与文学,以及我们今天谈论的有什么关系。

奥尔顿:似乎是一种对评论进行评论的方法。

卡佛:那又怎样?我觉得他们的兴趣与我们所知的文学背道而驰。他们是一伙有趣的人,这没错。他们(大多数我知道的解构主义评论家)都很热情友好,能说会道,但当我们谈论文学时我们甚至都不在谈论同样的东西。他们肯定对我感兴趣的作家没兴趣。再者,他们不读诗,不懂或不在乎诗歌。他们的思维方式晦涩难懂,有时候让人毛骨悚然。

奥尔顿:非常冷漠。

卡佛:对。非常冷漠,非常远离现实,兄弟。其中的一些人我还是蛮喜欢的,但关于文学,我们之间没有任何共识。

奥尔顿:你有没有从评论家那里学到点什么?

卡佛:没有。我读到的涉及我作品的评论没有一篇改变过我的写作方法,甚至没有改变我对自己或我的小说的看法。

奥尔顿:没有告诉你任何新东西?

卡佛:没有。而且如果你开始相信那些称赞你的评论,你也许就不得不去相信其他的评论。

奥尔顿:所以你最在意的是说出你眼中的真相。

卡佛:是的。

奥尔顿:伦纳德·迈克尔斯用"对这个国家普通人生活的恐怖描摹"来形容《请你安静些,好吗?》这本书。对此你做何反应?

卡佛:当时编辑把这条要放在书上的引用语寄给我看,我第一次读到这条评论就很喜欢。我感到自己在这些小说里做了一些对的事情,我很满意迈克尔斯说的。他是我很敬重的一位作家。

奥尔顿:他用了"描摹"这个词,你对这个国家普通人生活的描摹是什么?你认同那个表述吗?

卡佛:现在的描摹,今天的,应该比过去更有希望。但是大多数情况下我小说中人物的问题还是没有得到解决。事物在消亡。理念和理想、人们的目标和幻想——它们在消亡。但有的时候,大多数时候,这些人并没有消亡。他们不得不挽起袖子铆足劲儿,继续前行。

奥尔顿:从你个人生活的细枝末节(你承认它们对你的作品有着直接的影响)上可以看出,在写前两本小说集里的小说期间,你过着中产阶级下层的生活。

卡佛:工薪阶层,中产阶级下层,是的。后来不再是中产阶级下层,而是众多人过着的、绝望的美国底层生活,无法满足自己经济和道德上的义务与责任。我过了很久那样的生活。

奥尔顿：你称它为"绝望"阶层？

卡佛：是的。我还记得看《普通人》(*Ordinary People*)那部电影(我觉得那是一部好电影)，当时我就在想，如果电影里的人确实有他们在电影里的问题会怎样？如果除了那些让人头疼的问题之外，他们不知道怎么付下个月的房租，那会怎样？假如除了这一切之外，他们的汽车将被没收，或他们的冰箱里一点食物都没有，那又会怎样？除了这些可怕的家庭问题外，如果他们还有难以抵挡的财务上的担忧呢？

奥尔顿：那么可以肯定地说，你写小说是在为整个阶层提取典型的经验吗？

卡佛：也许吧。是你说的。我没有说。

奥尔顿：那么我们可以称他们为中产阶级的下层，包括他们中间的绝望阶层，那些信用卡透支且生活得更糟的人。

卡佛：我父亲和我父亲的亲朋好友都属于工薪阶层。他们的梦想受到限制。他们所处的社会环境和如今与你我来往的人不一样,他们面临的问题与我们的朋友不同。他们确实有问题和担心的事,但不一样。通常他们都在工作,照看他们的财产和家庭。

奥尔顿:你称他们为工薪阶层,但严格来说——从收入上看——他们应该属于中产阶级的下层。虽然他们的处境不同,也就是说,他们不是办公室的职员,但他们的收入在那个(中产阶级下层)范围之内,这让他们每过六年就能买一辆车,并最终与办公室职员有着同样的烦扰。我在《邻居》和《鸭子》里看到类似的东西。那么有理由认为我所描述的中产阶级下层是你写作的主题吗?

卡佛:肯定是我早期的书里很多小说的主题,像你指出的《鸭子》。但是《把你的脚放在我鞋里试试》里的马尔斯和太太的生活要好很多。马尔斯是一位作家(顺便说一句,这是我唯一一篇写作家的小说)。所以不是所有的小说都落入那个范畴。但我估计绝大多数是那样的。

奥尔顿:我偶然读到一篇近期的统计资料,说这个国家百分之七十五的人口属于中产阶级下层。作为百分之七十五的美国人的代言人,你有什么感想?

卡佛:代言人之一。

奥尔顿:你觉得还包括谁?

卡佛:博比·安·梅森、理查德·福特(特别是他的短篇小说)、路易斯·厄德里克(Louise Erdrich)、艾丽斯·沃克(Alice Walker)。当然还有很多其他的作家。我不喜欢列名单,而且你知道,我真的不觉得自己是一个代言人。被放在那个位置上让我感到尴尬。

奥尔顿:是其包含的重要性让你感到不安?说你是代言人似乎夸大了你的重要性?

卡佛:是的,这让我很不安。想到自己是个代言人让我感到不安。

奥尔顿:你的小说似乎代表了中产阶级下层生活的情感地图,一个反复出现的主题是人物深陷自我毁灭的行为。其中之一是吃,或吃得太多。这显然不是一个只限于中产阶级下层的问题,但在你的中产阶级下层的世界里,吃被放在了一个显著的位置。你能详细说明一下吗?

卡佛:很有意思,你把它从小说中挑出来了,你注意到了。约翰·契弗曾经说过,我小说里的人物总是在那里吃吃吃。我估计有一部分是真实的。穷人,被剥夺权利的人,他们得不到足够的食物。他们总是往盘子里放得太多,然后吃不完。然而我并不想表明什么,或做任何说明。

奥尔顿:这是一种观察?

卡佛:只是一种观察,我想这是我很了解自己的一个方面。至今我仍然为此感到惭愧。

奥尔顿:它意味着一种沮丧的症状,一种释放焦虑的方法?

卡佛:不是的,我一点也不那么看。很简单,他们没有或得不到足够的维系生存所需的东西。所以他们拉过一把椅子坐下来,吃!有时候他们往盘子里放了太多的食物。

奥尔顿：审视你前两本书中人物的困境，这些人物面临的主要问题似乎是孤立无助、身心疲惫，以及性反常。你可以解释每一种状况的原因和它们之间的关系吗？

卡佛：性反常我不是很确定。

奥尔顿：这个嘛，举例来说，《主意》里的偷窥。书中很多人物身上都流露出强烈的性冷淡的暗示，或对性没有什么兴趣。

卡佛：要真是那样，我想是身心疲惫造成的。当然了，《主意》里的人物是一对老年夫妇。不过就对性的处理而言，我比较保守，我的小说里没有那么多具有性吸引力或可以约的人。

奥尔顿：我在想《阿拉斯加有什么？》那篇小说，小说里的那对夫妻。

卡佛：是的。妻子和丈夫的朋友有私情。是这样的。

奥尔顿：小说结尾处那个女的想做爱，但结果他们睡在了床的两侧。而在《肥》里,鲁迪违背叙事者的意愿与她做爱了。

卡佛:我明白你的意思了。没有错,我觉得我写的人(至少他们中的大部分)确实孤独寂寞、孤立无助和身体疲惫。在我人生的某个阶段我也是那样的,似乎与我有关的人也都是那样的。这些东西无法不进入我的小说里。

奥尔顿:顺着这个话题还有一个问题。你的很多小说中都有梦这个主题。你在早期的作品中常这么做,比如《学生的妻子》,不过最近我在《纽约客》上你的两篇小说里也注意到了,《大象》和你昨天晚上朗读的那一篇(《不管谁睡了这张床》),还有几篇涉及梦的小说。我在想你赋予无意识的大脑什么样的重要性,还有它与你记录的外部现实之间的关系。你仅用一种间接的方式触及无意识,而且似乎在展示它与清醒的日常世界的关系。我在想你是否对它思考得过多了。

卡佛:我并不过多思考它。梦也许是一个你不去思考但有时候与你作品有关的东西。

奥尔顿:但是无意识与现实世界似乎有关系,很像你之前承认的,身体疲惫和孤立无助造成身体内部甚至性这方面的问题。这一点在梦这个主题里得到重述。人们受到处境的干扰,他们梦见这样的干扰。它出现在他们的梦里。

卡佛:确实是,它在那里。不过说实话我没有那么想。不过我觉得你说的是对的。

奥尔顿:你似乎涉及了无意识这个方面。你似乎暗示那是重要性之所在,你的小说包含某种孵化,像《不管谁睡了这张床》里的夫妇。他们把由来已久的内忧孵化出来了。

卡佛:是的,他们一起解决问题。东拉西扯,但他们没有找到问题的实质。是的。很好。我喜欢你的观察。

奥尔顿:特别是《请你安静些,好吗?》这篇小说,有一个确定的主题,就是与女人相比,男人更易受我们谈论小说时提到的那些状况的影响。你能就此做些评论吗?还是说那只是偶然的?

卡佛:这个嘛,我想我第一本书里的男性或男性视角的人物更多一些。有几篇是以女性的第一人称视角写的。比如《肥》和《主意》,我想到的有这两篇。

奥尔顿:但是,举例来说,《肥》里的女性比男性角色鲁迪更有同情心,而且这本书后面的几篇小说——从《杰瑞、莫莉和山姆》那篇开始——主角的名字叫阿尔,他似乎是我反复见到的男性失败者的典型。你在性别上有所区分吗?

卡佛:没有。我并没有打算那么做。

奥尔顿:但女人似乎更强大。

卡佛:我觉得她们或许更强大一些。至少她们更容易生存。

奥尔顿:昨天晚上,听你朗读关于你父亲的随笔(《我父亲的一生》),我忽然想到你母亲似乎具有承受苦难的能力和意志力。这是那个小说动机的来源吗?

卡佛：也许吧，我没有这么想过。而且，刚开始写小说的时候，我觉得用男性视角来呈现的话，我更知道该怎么说（实际上是个信心问题）。但采用女性视角后，我觉得自己对女人有所了解了，而且我可以更具同情心，也更加涉入其中。所以我开始以女性的视角讲故事。不过确实，男人在很多小说里承受着打击。

奥尔顿：是因为他们常担负责任？

卡佛：而且不能履行他们的责任。是这样的。

奥尔顿：在你的小说里，人物有时会遭遇某些奇怪的东西（有时具有异国情调或非常美丽），但对他们的影响经常是毁灭性的。这在你早期的作品中时有出现，但我特别想到了《大教堂》里《羽毛》那篇小说，小说的叙事者与他妻子似乎被他们目击的美丽毒害了——东道主与孔雀之间的无私。你想说明什么？你是说中产阶级下层不应该走进艺术博物馆？

卡佛：不是，完全不是，当然不是了。只不过这些人——叙事者和他妻子——见到一对夫妻，一对真正幸福的夫妻,还把自己的生活与他们看到的、属于另一对夫妇的理想生活做比较。一对被美围绕的夫妇,你可以这么认为。讲故事的男人说:"对我们来说更多的是遗憾。"那天晚上过后发生了一些事情。她把头发剪了。他们生了一个孩子,一个有缺陷的孩子,等等,从那之后他们的生活每况愈下。不过也就是那样了。我不想建立主宰生活的二分法或规则。

奥尔顿:是否可以这么说,中产阶级下层的状况(孤独无助、身心疲惫、内部生命的消耗)某种程度上耗尽了审美情趣,或改变了对美的感应?

卡佛:你提到的这些人没有时间参观博物馆,他们(至少大部分)没有时间读书,没有时间去听讲座和音乐会。

奥尔顿:但小说中的他们被感染了。去巴德和厄拉家吃晚饭的那对夫妻。

卡佛:是的,但由于那只孔雀的存在,那个场景是如此透明和突出。我不想再多说什么。

奥尔顿：然而观察仍然存在。

卡佛：是的，一个有趣的观察。

奥尔顿：你的很多小说以人物模棱两可的变化结尾。你只是记录源自个人经验的印象，还是存在着主导这些艺术特色的原则？

卡佛：坦白地说，我不知道这个原则是什么，而且像我说过的，我不是在写自传。只不过小说的结尾似乎就应该那么写。它是一种在审美上满足我的要求的方法，是我对小说的要求，抑或只是我看事物的方法。

奥尔顿：从某个方面看，这个问题与美能以一种奇怪的方式影响中产阶级下层的观念相似。你的人物似乎更容易受到变化的作弄。这是导致你人物的困惑的普遍状况吗？因为他们想要从这个境况里走出来，但走出来的机会很渺茫。

卡佛：是的。我喜欢你说的。我喜欢这种理解。我觉得这么说很恰当。

奥尔顿：这么说变化（生活的一种常态）是一种作弄人的东西？

卡佛：是的。你不会从我这儿得到相反的意见。那是事物的一个重要方面。

奥尔顿：我注意到你最近在描述中用到一些陈词滥调，我不知道你只是在观察，还是在记录大脑工作的方式。

卡佛：它们的出现是有目的的。对我有用，我觉得是我想要的。至少我希望并相信如此！

奥尔顿：在你的小说里，一些陈词滥调经常触发更深刻的反应，转变随之自发地产生。某件事即将发生，一个人物即将说出一句老生常谈的话，紧接着就会引发更深刻的思考。

卡佛：对。可以这么说。

奥尔顿：在第一本书里，最引人注目的是人物的无能为力,他们的无助。它以很大的跨度展现了我们的文化——那些无力应对自己生活的人。这是最可怕的。但在新书里,你似乎专注于人们怎样在逆境中求生,比如《一件有益的小事》和《大教堂》。最近的小说集《大教堂》似乎与《请你安静些,好吗?》在几个方面都不相同。叙述更饱满了,不过最引人注目的是你的语气似乎乐观了许多。我在想《一件有益的小事》和《洗澡》这一最初版本之间的差异。你能就此展开谈谈并说说是什么导致了这样的变化吗?

卡佛:我想这肯定与我的生活状况有关,几件事情凑到一起了,我戒了酒,看到更多的希望(戒酒后会有新的生活),认识特丝·加拉格尔并开始和她生活在一起。不仅仅是我生活的内部情况发生了变化,外部环境也变了。我对未来抱有更大的希望,想法也更加积极了。而且,我不想继续一遍又一遍地写同样的小说。所以我开始写这些小说的时候有好几件事同时在起作用,如你所知,所有的小说是在十八个月内完成的。

奥尔顿:写那些更消极和没有希望的小说的时候,你有没有感觉到它们像是在伤害你？如果回到过去，回到那种病态的焦虑中，你身上会被剥夺什么东西吗？

卡佛：我再未陷入十几到二十来岁时有过的焦虑和沮丧情绪中。

奥尔顿：你不给焦虑附加任何艺术价值？

卡佛：不！痛苦还差不多。一点点痛苦会影响一个人很长时间，有十年的时间我是一个真正的酒鬼。那时我饱受各种痛苦。如果我不是一个酒鬼，有些事情我是不会知道的，我的生活也不会混乱那么久。不过我不会向任何人推荐那样的生活。

你认为新的小说与其他的小说——那些早期的小说——不一样，我很高兴。它们不一样了。不过我也不一样了。

"What We Talk About When We Talk About Literature: An Interview with Raymond Carver" by John Alton from the *Chicago Review*, 36 (Autumn 1988), 4 – 21. Conducted 15 October 1986.

卡佛的世界

罗克珊·劳勒/1986年

雷蒙德·卡佛背靠安乐椅,一只手托住下巴,随意地跷着二郎腿。

穿着粗针织棕色毛衣、白色牛仔裤和拖鞋,他看上去像一双穿惯了的旧鞋子一样舒适。这毕竟是他的家,他的很多诗歌和短篇小说就诞生在这个房间。

身处美国小说前沿,过去几年里卡佛能够做到全身心地投入艺术创作。1983年,他获得了米尔德丽德和哈罗德·斯特劳斯津贴(连续五年每年三万五千美元),从而能够进行全职写作。

在此期间,他一直在进行全职写作。他曾在加利福尼亚、爱荷华州、纽约州和得克萨斯州居住过,现定居在安吉利斯港,一个适合他写作的地方。

在西安吉利斯港家中宽敞的书房里,他身后大橡木书桌上放着两个烟灰缸和零散的笔记。桌前一把随时待命的旋转椅。左边,一个单独的台子上放着一台打字机。桌子的正前方,一扇玻璃窗俯瞰埃迪兹沙嘴和安吉利斯港的港口。

"一间对写作有益的房间。"卡佛说道,带着他特有的谦和的简洁。

这显然也是一间对阅读有益的房间。书籍占据了书房的两面墙。

书桌两旁各有两个六层的书架,塞得满满当当的。大多数是小说和诗歌,反映出一个从未放弃儿时文学热情的男人持久的激情。

在亚基马长大期间,小卡佛每周都要去图书馆浏览任何吸引他眼球的图书——历史小说、西班牙征服者的故事,以及船舶制造方面的书籍。

他回到家中,满脑子都是父亲讲给他听的故事。

最终他尝试自己写小说。他不停地尝试,同时为保住婚姻、养家糊口、维持生计而苦苦挣扎——还要和酗酒做斗争。

他的婚姻和家庭破裂了。酒精统治着他的生活,直到他九年前决定戒酒。

不过这种坚持终于在今天得到了回报。看着书架上的书籍,知道其中的很多本是自己写的,他为此感到骄傲。

星期二下午,卡佛身边台灯的灯光使窗外透进来的秋天的灰白色光线变得温暖。他身后书架上放着一打新出版的图书《海青色》,这是近两年里出版的第二部诗集。至今,他总共出版了五部诗集、三部短篇小说集和一部合集(诗歌、随笔与短篇小说)。

多年来,以美国顶尖短篇小说家著名的卡佛在写小说的同时也在写诗。他对这本新诗集特别满意。

提及这本书时,他说:"我觉得我从来没有写出过这么好的诗歌。"这代表了他十八个月的工作。这本书在出版前就已取得成功的标志是,出版商已要求加印。

卡佛认为这本新书的灵感大部分来自安吉利斯港。从1980年起,他每年都要和他的伴侣、全国知名的诗人特丝·加拉格尔来安吉利斯港居住一段时间,特丝是在安吉利斯港长大的。明年,卡佛的一本诗集将在英国出版,届时两人将出国旅行,但他们计划把安吉利斯港作为自己的基地。

对四十八岁的卡佛来说,安吉利斯港是一个有益于工作的地方,也在一定程度上影响了他的作品。

当被问及这些影响时,他点燃了一根烟,思考了一阵,然后用蓝眼睛直接专注地凝视着你——一双寻求真诚与真相的眼睛,里面永远带着疑问。

"要我说,写作的过程很神秘,我真的没法告诉你为什么诗歌开始出现。"他说,有点迷惑不解,"但我知道与这里的景色和水有一点关系。

"我很怀疑要是住在别的地方,我是否还能写出这些诗。我会写点什么——不知道会是什么。但我怀疑我是否会写出这么多首诗,是否会以如此的强度来写它们。"

安吉利斯港的影响并没有出现在所有诗里,但这种影响存在着——在《那余下的》云中的山峦里,在《白色的田野》里系紧雪靴,在《餐刀》里曳绳钓一条银鳟,在《黄昏》里网住一条银色的三文鱼。

卡佛的世界

诗歌中涉及垂钓的地方有很多,实际上,它们是当地对卡佛产生巨大诱惑的证词。一个头发花白、举止温和的大块头男人,从年轻时起就一直在钓鱼打猎。

钓三文鱼他起步较晚,但现在上瘾了。港口停着他的一条十六英尺长的小船。

"这是影响我写作的一件事情。"他说,嗓音轻柔、低沉沙哑,"三文鱼鱼季一到,我就很难在书桌旁坐住。这可能是我的弱点。我会拼命钓上几天,然后回绝所有的邀请,再次外出钓鱼。"

他也参加当地的钓三文鱼比赛。他最好的成绩是和加拉格尔的弟弟莫里斯·邦德(Morris Bond)在埃迪兹沙嘴外面的水域钓到的一条三十二磅重的三文鱼。

他最差的成绩呢?

"跑掉了两条差不多大的,或许更大的。"他咧嘴一笑。

捕钓小说和诗歌稍微有点可预见性。即便在那里,卡佛通常也是从扯出一行文字[①]开始的。

[①] "一行文字"的"行"与"钓鱼线"的"线"在英语中是同一个单词"line"。

"我从第一行开始。"他确凿地说,语气断然。

"通常是第一行找到我,一般情况下其余的部分可能随时会变动,但第一行往往保持不变。

"而且我不知道第一行是从哪儿来的。有时它产生于一个意象,我脑子里的某个东西,或者产生于似乎飘浮在我脑海里的一行字。它会落到纸面上。"

卡佛曾觉得应该知道怎样去写,并因此感到不安。他最终了解到很多作家同样有这种"发现"的过程。

"'没看到我说的,我怎么知道自己想要说的是什么?'就是这样一个过程。"他解释说,一根手指挠着脸庞,"这就是我的小说要写许多稿的原因。我和大多数我熟悉的作家没两样。"

卡佛说他没听过有哪位"称职"作家是不把自己的长篇改上五六遍,或把短篇改上十到十五遍,把诗歌改上二三十遍的。

"而且几乎所有作家都对这样的工作有着无比的耐心。"

过去几周,卡佛忙于很多外部事务。这次访谈中的某个时候,他说已经厌烦了谈论自己。但谈到文学时,他的眼睛里流露出兴奋。

他说话既率直又有点迟疑不决。有时冒出一长串，有时则像是拿不定主意——就像他写作时那样字斟句酌。

他把修改比作芭蕾舞或音乐会演出前的排练。"想想那些排练，"他说，"我觉得改写和修订是对已完成作品的彩排。"

他并不把修改看作一项繁重的任务。

"一点也不，我喜欢做这件事，我喜欢做这件事！"他滔滔不绝地说道，"很多画家也这么做。要我说，他们画点什么，然后擦掉，然后画点别的什么，画变成了别的东西，他们不停地修改。"

卡佛自己的一个例子是诗集《海青色》里的《小步舞》，他说那首诗修改了大约二十五遍。

对细节的耐心也许可以解释为什么卡佛的每一首诗都是精心制作而成的，没有多余的字。其结果是一种具有欺骗性的简洁风格，也反映了卡佛用普通人的语言写作的愿望。

卡佛早期的一位老师是小说家约翰·加德纳。卡佛从他那里学会了用"普通的语言"传达作品的清晰和精准。

"我格外重视清晰和简洁,不是没有头脑的那种简单,完全是两码事。"他说。

他相信最复杂的思想也"可以用最简单最清晰的语言表达出来"。对受过教育的精英采用一种语言,与普通人交流则采用另一种语言,这么做有违他的意愿,他说。

"这么做等于我们不得不建立一个阶级体系。"

所以有《凉亭》里的霍莉在说:"我心里的东西死了。虽然坚持了很久,但还是死了。是你杀死了它,就像是你劈了它一斧子。现在一切都龌龊不堪了。"

或《我可以看见最细小的东西》里的山姆,他说:"鼻涕虫……到了晚上你放眼看去,它们无处不在。我设下诱饵,然后出来捉它们……鼻涕虫,这个糟糕玩意儿是谁发明的。我把它们放在那个瓶子里面。"

但早在上大学之前,卡佛就开始痴迷"用词的准确"。

他呼出一口气,吸烟。

"我估计可以追溯到亚基马的孩提时代。我在家里听到的词,我父亲说的东西。我重复这些词和表达,因为发音不对而遭到其他孩子的嘲笑。这促使我想要做到用词准确。我只是不想被人嘲笑,我估计。

"所以我很重视为我想说的找到准确的词。"

卡佛赞同没做过作家的人可能低估了作家需要做的事情,那就是"大量艰苦的工作"。

他二十出头就开始艰苦地工作,当时他做出决定:假如真想成为作家,最好开始写点东西。

1962年的某一天是作为大学生的他的"幸运日"。那天他有一首诗和一篇小说同时被两家不同的杂志接受。就像第一次做父母的人炫耀自己的小宝宝,他和妻子开车在城里四处转悠,给朋友看杂志的接受函。

但他真正的挣扎还没有到来。三十岁后他喝上了酒,而且"一发不可收拾"。在大约六年的时间里,酒精摧毁了他的家庭生活,他的写作几乎停滞了。

"那真是一团糟。"他说,像是在回忆另一次生命中的往事,"家庭生活变成了一片荒原。到最后简直是一场灾难。"

在他酗酒的最后两三年里,卡佛几乎不怎么写作了,发表的东西就更少了。他几乎不再把写作看成一项严肃的事业。

"这个亮光,如果你不介意我这么比喻的话,在酗酒末期差不多熄灭了。"他说,"闪烁了好一阵,但我几乎在所有方面都完蛋了……酒精控制了我,我几乎什么也做不了。"

在进出了一个又一个戒酒中心后,卡佛下定了决心——1977年6月2日,他快速提及——戒酒。很快,他恢复了健康。然而,他写作的愿望并没有回来。

"戒酒后,我庆幸自己重新获得了健康,觉得写不写都无所谓了。"

古根海姆奖和加拉格尔的鼓励重新激发了他的写作兴趣。卡佛决定用这笔经费写作短篇,其余的事便众所周知了。

"我只是说我要开始写短篇小说了。小说就接踵而至。"

卡佛从此不再碰酒精。在此期间,他继续写那些把他置于美国文学显著位置的小说和诗歌。

他说自从认识加拉格尔,他的生活发生了巨大的变化,现在他无法想象与一个不是作家的人一起生活。他无法想象与一个"不拥有同样的、更大的目标和抱负的人生活在一起,某个像特丝那样的人,能像我理解她那样理解我对隐私与独处的需求"。

诗集出版后,卡佛再次转向短篇小说的写作。但他打算回过头去写诗——在出现这样的需求时,在需要处理可能更私密的东西时。

"诗歌似乎更贴近我,更私人化一点。"他说,又点着一根烟,"尽管我的诗并不比小说更具自传性。"

然而相较于短篇与长篇的关系,他确实看到了短篇小说与诗歌之间更为紧密的关系——因为需要让每一个字都起作用。

尽管几年前已辞去纽约州雪城大学的教职,卡佛仍然给予年轻作家忠告。首先,他们必须"写有用的东西,有价值的东西"。然后必须牢记,所有杰出的作家都做修改,年轻作家也必须学会修改。

"他必须热爱写作,"卡佛认真地说道,"他必须热爱写作这个行为,打字机的声音,油墨的味道,任何有关的东西。他必须把写作变成自己的世界,而不是别人的。"

访谈于下午将尽时结束。

卡佛家的外面,傍晚落下深色的帷幕。

有两只狗在叫,烟囱冒出青烟。秋天清新的空气中是奥林匹克山脉清晰的轮廓。

附近的一个院子里停着一辆破旧的汽车。另一个院子里有一个破损的橡胶轮胎。

这可以是卡佛一篇小说的场景。

在一间灯光明亮、挂着不怎么搭配的窗帘的厨房里,一个人正伸手去取一瓶啤酒。街上,一个在锯木厂上班的工人正计划带女朋友外出吃晚餐。街对面,一个抽烟的人在听朋友说话。

某个地方,一个卡佛式的故事正在发生。

罗克珊·劳勒(以下简称劳勒): 戒酒后,是什么让你回归写作的?

雷蒙德·卡佛(以下简称卡佛): 是古根海姆奖和特丝的鼓励,并且我又有了写作的愿望。刚戒酒的时候我并没有那样的愿望。我甚至有可能下意识地把我家发生的事情怪罪到我想要写作这件事上。我曾经带着家人经历了奇特而艰辛的跋涉,从一个地方搬到另一个地方,努力寻找理想的写作环境、理想的工作和理想的住处。所以我觉得我可能无意识地把发生的一些事情怪罪到写作上面。我当然可以想象没有写作的生活,就像我现在能够做到的一样,假如真的到了那一步的话。我感觉某种意义上我的写作是在见证。等到觉得自己不再需要见证了,我可以停止写作。我希望那永远不会发生,运气好的话就不会发生。

劳勒:你觉得每写一篇小说或一首诗都会产生更多的东西吗?

卡佛:是的。每一首诗或小说都有其价值,并成为你的一部分。我不是在说增加一个人的名声或荣誉。它成为作者的一部分,对自己所处时代的见证的一部分。随着年岁的增长,我更加感觉到自己是某个东西的一部分,我在做一份贡献,作为一条渠道,是的,或一个手段。我指的不是宗教意义上的。你发现自己好像不仅在和活着的作家或艺术家分享什么,也在和死去的作家分享。埃兹拉·庞德说过:"至关重要的是写出伟大的诗歌,是谁写的并不重要。"

劳勒：你怎么评价艺术家需要喝酒、吸毒或疯狂的观点？

卡佛：我完全不同意那样的观点。恰恰相反，我认为过去和当今绝大多数的优秀作品都是由那些不酗酒、不疯狂的人创造出来的。福楼拜说过，在日常生活中应该做到神志清醒，这样才能在作品里放纵不羁、富于创新。我从来没有在某种东西的作用下写过一首诗、一篇小说或任何其他的东西。我在酗酒的日子里写出的一点点东西，都是我神志清醒的时候写出来的。

劳勒：你怎样评估短篇小说的现状？

卡佛：我真心认为出现了一次短篇小说的复兴。我不觉得这是昙花一现。严肃的读者群始终存在，现在短篇小说有了读者。很多作家着手写短篇，而且只写短篇，期待出版短篇小说集。这样的事情哪怕在十年前也是闻所未闻的。刚开始写作短篇的人的小说集送都送不出去。他们先得出版一到三部长篇小说。现在出版商推出这样的书,人们在认真地读和评论这样的小说集。

劳勒:如果你还在教学,你对年轻作家的忠告会是什么?

卡佛:首先,我会告诉他们必须写。他们不能只在那儿谈论写作。他们必须把写作看成赖以生存的东西,他们必须愿意且能够经历这个过程。有一位教写作的老师曾经告诉我:"你做好饿上十年、从事卑微的工作、碰钉子、被拒绝和受挫折的准备了吗?如果十年后你还在写,也许你会成为一名作家。"我不会告诉他们那些,但我会告诉他们必须写,必须诚实。写有价值的东西、重要的东西,如果运气好的话,会有人读你写的东西。

"Carver's World" by Roxanne Lawler from the *Peninsula Daily News* (Port Angeles, WA), 9 November 1986, sec. C, 1, with supplementary material transcribed and edited from the reporter's unpublished audiotape. Conducted October 1986.

生死攸关的大事

威廉·L. 斯塔尔/1986 年

这些日子,雷蒙德·卡佛和他的伴侣特丝·加拉格尔频繁往来于安吉利斯港——华盛顿州奥林匹克半岛顶端的一个工业小镇和不显眼的度假胜地——的两处住所。卡佛修缮得很漂亮的维多利亚式住宅就坐落在小镇西部工薪阶层的住宅区,离卡车道和木材堆放场不远。1986 年 11 月,我们在那里讨论他的小说,为了抵御秋天的潮湿,卡佛给火炉添加了木柴。第二天下午,我们移师加拉格尔在安吉利斯港东部一个优雅的现代住宅区的住所。背对深蓝色的胡安·德富卡海峡,卡佛谈到了他近期的诗作,其中不少是在楼下有玻璃墙的书房里写成的。

雷蒙德·卡佛是五部短篇小说集、两本非正规出版的书和三部诗集的作者。他还和加拉格尔合作了一部电影剧本——《陀思妥耶夫斯基：电影剧本》。1986年，卡佛曾担任《美国最佳短篇小说选》的客座编辑。1983年，美国艺术文学院推选卡佛为首届米尔德丽德和哈罗德·斯特劳斯津贴的获得者之一。他近期的荣誉包括：凭小说集《大教堂》获普利策奖提名，1985年获《诗歌》杂志的莱文森奖。眼下，卡佛正在为爱科出版社的"不可缺少的诗人"丛书编辑一本关于拜伦的书。他在雪城度过了1987年的冬天，写作第三本诗集和更多的短篇小说。（雷蒙德·卡佛于1988年8月2日去世，在这本访谈录即将付印之际。）

《布鲁姆斯伯里评论》：你获得斯特劳斯津贴已经四年了。这笔津贴达到你的期望了吗？

雷蒙德·卡佛（以下简称卡佛）：这笔津贴极大地、彻底地改变了我的生活，让我成为一个全职作家。当然了，他们是因为我的小说而给予我津贴的，而我所做的第一件事是写了两本诗集。不过我又开始写小说了。1984

年1月我来这里的时候,本打算写点小说。1983年10月《大教堂》出版后,雪城那里着实闹腾了好一阵,一直持续到新年。并非完全不愉快,但我的步骤被打乱了,我无法回到工作上来。而且我已经清空了我的橱柜。《火》和《大教堂》出版后,我手上没有新作品。我没写任何新的东西,似乎一切都在合谋阻止我写新作品。电话铃总是响个不停。我试图工作,但我觉得在雪城做不到。有一阵我想租一套公寓来写作。后来特丝建议我来这里。这栋房子正好空着,所以我带着写小说的目的来到这里。但来这里后,我只是呆呆地坐了一周,其间阅读了一些东西。然后,大约是在第六天,我写了一首诗。我真的无法告诉你是什么原因。我想当时我拿起一本杂志,读了几首诗,心想我可以写得更好。我不知道这是不是最好的写诗动机,但我认为那是促使我写诗的原因。第二天我又写了一首诗,接下来的一天我写了两首。两周的时间里我写了二十首左右,我就那样不停地写。没有人比我更惊讶了,因为我已经有两年多没写诗了。每天我都把自己写空了,到了晚上什么都不剩。碗里空空的。晚上上床后,我不知道第二天早晨会有什么,但一直有。写了五六十首诗后,我还没有停下来。我心想,哎呀,也许我将写出一本诗集。真想不到,我写了六十五天的诗,包括离开这里那天写的一首诗。我早晨写了一首诗,然后搭乘午后的一架航班回雪城。我有了自己的书——《水流交汇的地方》。1984年9月,我又开始写诗。我一直写到来年的2月或3月,总而言之,我写出了《海青色》里面的诗歌。去年冬天我回去写小说了,现在那些诗歌就像是一份丰厚的礼物。我真的说不清楚是怎么发生的。

《布鲁姆斯伯里评论》:你曾说过,要想从艺术硕士毕业生中脱颖而出,一个诗人除了才华之外还需要一些东西。什么东西?

卡佛:超越诗歌的东西。到底是什么我也不是很确定,但它是作品中某种明白无误的东西,而且只要在那里,它就会宣告自己的存在。引用里尔克的话说就是:"诗即经验。"这只是一部分。不管怎样,总能从那些经常被技巧和理念搞得头重脚轻、努力想"说"出点什么的伪造产品中辨认出真正的好货。我已经厌烦读那些经过斧凿的诗歌。

《布鲁姆斯伯里评论》：当代诗人里能达到你说的标准的都有谁？

卡佛：我钦佩菲利普·莱文（Philip Levine）的作品。我喜欢罗伯特·哈斯（Robert Hass）的诗。他用一种优美、直接的方式来写重要的事情。高尔韦·金内尔是另一个。海登·卡鲁斯（Hayden Carruth）、菲利普·布思（Philip Booth）、威廉·海恩（William Heyen）、玛丽·奥利弗（Mary Oliver）、唐·贾斯蒂斯、路易斯·辛普森（Louis Simpson）、特丝。以上只是一些例子，还有很多。

《布鲁姆斯伯里评论》：在很多场合你似乎从两个角度处理一个看似单一的事件，分别用诗歌和小说来处理它。作家的经验会有局限性吗？

卡佛：我并不觉得我缺少写作素材。但有些东西，我在想《忍痛大甩卖》那首诗和《你们为什么不跳个舞？》那篇小说，庭院旧物甩卖的情景和意象给我留下了很深的印象，我先用诗歌，再用短篇来处理它。诗歌《深夜，和雾与马在一起》和小说《山雀派》的情况也一样。每次我都是先写出诗,然后再写小说,我估计是因为我显然觉得有对同一主题做详尽阐述的需要。

《布鲁姆斯伯里评论》:叙事——讲故事的要素——是这两个体裁之间的纽带吗?

卡佛:是的。就像相较于抽象艺术,我对具象艺术更感兴趣,我对包含叙事或故事线的诗歌比对在现实世界中没有根基的自由联想式诗歌更感兴趣。

《布鲁姆斯伯里评论》:丹尼斯·施密茨(Dennis Schmitz)是你60年代后期的一位老师。最近他评论说,你的诗歌从日常生活各种比喻上的可能性着手——看见花园墙上的一只蜗牛,或把自己锁在了门外。

卡佛:我对那一类诗歌感兴趣,我很满意施密茨的评价。尽管我俩的诗歌差异很大,但多年来(至今仍然如此)他一直激励着我。

《布鲁姆斯伯里评论》:你的新诗公开赞颂私密,有些诗歌里生活与艺术之间的壁垒似乎不很分明。这样写存在多愁善感或陷入窘境的危险吗？

卡佛：头脑正常的读者或作者都会避免多愁善感。但多愁善感与伤感是有区别的。我对伤感持完全赞同的态度。我对生活中的私密关系感兴趣，那么为什么不在文学中涉及这些关系呢？《理发》或《礼物》中讲述的那些私密体验怎么了？为什么这样的经历不可以转化成诗歌？这些小经历是我们日常生活的重要基础，我没有看出把它们转化成诗歌有什么问题。它们毕竟是我们共同享有的东西——作为读者、写作者和人类。

《布鲁姆斯伯里评论》：你不倾向用讥讽的态度对待平常的事物，为什么？

卡佛：是的。我无法想象用讥讽的态度对待它们，或以任何方式贬低它们。我不认为经历过的生活和写出来的生活之间应该有隔阂，人为的或其他的。写这样的东西很自然。重要的事情往往是私密的。有些人想到有人在写理发、拖鞋、烟灰缸和玉米粥这样的东西会感到难堪，我则为他们感到难堪。

《布鲁姆斯伯里评论》：然而很久以来，甚至直至今日，还是有人认为日常生活中真实的事情，像理发和去信箱取信，是有损诗人尊严的题材。

卡佛：但看看诗歌的现状吧。很多诗歌已经变成你在博物馆看到的东西。你四处走动，礼貌地看看，然后走开，讨论一番。诗歌已经属于教师和大学生了。而且在我看来，所有艺术形式中，诗歌受到的舆论可能是最糟糕的。你明白我的意思吧？诗歌拥有最大数量的外围评判员。很多人甚至都不读诗，却经常对诗歌指手画脚。这些人觉得标准已被扔出窗外，野蛮人已经来到大门口，不再有什么神圣的东西了。我一点也不同情那些所谓的圣火守护者。

《布鲁姆斯伯里评论》：你不赞同诗歌应该晦涩这种现代派观念？

卡佛：当然不赞同。恰恰相反。我的朋友理查德·福特最近把他从乔伊斯·卡罗尔·欧茨那里听来的评价转达给我。她告诉他："雷的诗歌在某些方面激发出愤恨，因为他在写人们看得懂的诗。"我把那句话当作一种称赞。不管在生活中还是文学上,我对晦涩或花言巧语都没有太多的耐心。

《布鲁姆斯伯里评论》:三年前,你在为《纽约时报》写《舍伍德·安德森书信选》的书评时,引用安德森的话说:"名声毫无用处,亲爱的,从我这儿拿走吧。"你怎么看待你受到的关注?

卡佛:我并没有感到不愉快。我还没有厌烦。我不觉得我和别人有什么不同。发生在我身上的好事情更像是一种鞭策,激励我做得更多。这么说吧,我不想躺在成绩上睡大觉,不管那有多么舒服。我觉得还有没做完的事情。在去世前一年,约翰·加德纳谈及自己的工作时说:"你回头看,地里有成捆的稻穗,但前面全是等待收割的。"对此我颇有同感。

《布鲁姆斯伯里评论》:你在随笔《火》里感谢了约翰·加德纳和戈登·利什对你写作的影响。加德纳是你在奇科分校的老师,你在为他去世后出版的《如何成为小说家》撰写的前言里讲述了他教授你的东西。你在《时尚先生》上发表小说时,利什是你的编辑,后来有一段时间他是克诺夫出版社的编辑。你从他那里学到了什么?

卡佛:几乎和约翰·加德纳一样,关于我的某些小说,他向我提出了一些好的建议与忠告。他是一个对用词准确不遗余力的人。从这个意义上说,我有一个作家所能得到的两位最好的老师。他有一双神奇的眼睛,与约翰·加德纳的同样好,尽管在其他方面他俩完全不一样。加德纳说不要用二十五个字来说十五个字就能说清楚的事情。戈登也这么认为,只不过他觉得如果能用五个字而不是十五个字的话,就用五个字。戈登对我帮助非常大的一件事情是他坚信我是一名作家,在我最需要的时候,在我住在加州的森尼韦尔和库比蒂诺,与大千世界没有任何接触的时候。他支持我的写作。他不断地在会议上大声念我的作品,一有机会就把它们重印出来。他对我恩重如山。

《布鲁姆斯伯里评论》:加德纳和利什也许教会你珍惜文字,但在修改收入《当我们谈论爱情时我们在谈论什么》里的小说——即修改发表在杂志上的版本——时,你把文字的精简推到了一个新的极限。你曾经说过,你不止把作品削到了骨头,而是削到了骨髓。后来,当你在《火》里呈现这些小说的另一个版本时,你恢复了很多删掉的东西。是什么让你在最初去做如此极端的"手术"?

卡佛:和省略理论有点关系吧。能删就删,这么做会让作品更有力量。删节,删节,再删节。或许也和那段时间我读的东西有点关系。不过也不一定。我到了想要对每一样东西做删节的地步,可能删节得过多了。然后我肯定产生了逆反心理。我有六个月什么都没写。后来,在一个相对集中的时间段,我写了《大教堂》和同名的那本书里所有的小说。我说过,如果我沿着那个方向——早期小说的方向——往前再走一步,我将写出连自己都不想读的小说。

《布鲁姆斯伯里评论》:斯特劳斯津贴为你赢得了写作时间,但你近期的很多诗作都在暗示你的时间似乎比以往任何时候都要短暂。

卡佛:最近两三年我更加意识到这一点。不过我的生活因为这笔津贴而产生的变化都是正面的。首先我的生活似乎更有意思了。我过上了我想要的生活,通常我并不有意识地这么去想,但我过上了作为年轻作家的我经常梦想,但在我最疯狂的想象里都无法实现的生活。现在我就过着那样的生活。非常好,非常惬意。但我知道这也伴随着巨大的责任。

《布鲁姆斯伯里评论》:对什么的责任?

卡佛:我的工作。我觉得我得到了一个非同寻常的机会,而且有那么多的事情要做。不管日子过得怎样,如果有几天没写作,我就会觉得哪儿不对劲。我不觉得我对美国艺术文学院负有责任,或对任何人、任何机构有什么义务,你能理解吧?我只是觉得最重要的是,一个作家继续写下去,我继续写下去。我无法想象从此不写了。噢,我估计我可以,如果我觉得自己没有想说的了,那么我可以停下来,当然了。但是只要觉得还可以写作和见证,我就打算一直写下去。

《布鲁姆斯伯里评论》:传统上作家独自工作,但你和特丝·加拉格尔一起生活、写作与合作差不多有十年了。

怎么做到的？

卡佛：这对我很有好处，而且我也可以替特丝说同样的话。1978年我们刚在一起的时候，她在写作，我没有。我处在恢复过程中。我恢复了健康，不再喝酒了，但我没有写作。1976年我的两本书出版后，就没有写新的作品。戒酒后，有好一阵我也没写新作品。当时我觉得如果我不再写作了，那没什么，真的是那样。脑子能恢复正常我已经感激不尽了。我已经脑死亡很长一段时间了。突然间我有了另一种生活，又一次机会。在这种新生活里，我写不写作没那么重要。但是特丝在写，对我来说是个榜样。我有耐心，我只是在等待，看看如果有东西的话那会是什么。

《布鲁姆斯伯里评论》：最近新现实主义小说，包括你的，遭到左派的责难。有些评论家力主回到60年代末70年代初的实验主义文学。对此你做何反应？

卡佛：真奇怪，因为很多右翼新保守主义评论家说，我给美国的生活绘制了一幅过于阴暗的图画。我没有给美国画上一个幸福的笑脸。这是他们向我挥舞的大棒。

至于六七十年代的实验小说,其中的大多数对我来说都难以理喻。我认为实验文学是失败的。实验作家在尝试用不同的方式表达自己的时候,未能用最基本和最本质的方法进行沟通。他们越来越远离读者,不过这也许是他们希望的。然而,五十年后人们回顾那个时期,某种程度上会像是在看这个世纪文学史上的一个反常阶段,一个插曲。

《布鲁姆斯伯里评论》:现实主义发展过程中的插曲?

卡佛:其实我没从那方面考虑,既然你问到了,那么是的。在我这样具有现实主义传统的作家看来,关于小说的小说,或关于写作小说经验的小说不可能永久存在或持续下去。如果我们不写有意义的事情,借用托拜厄斯·沃尔夫的书名①,生死攸关的大事,那我们在干什么?我并不把自己当作现实主义作家。我只把自己当作一个作家。但是,我努力在写那些发现自己身处紧要关头的可辨识的人,这是确实无疑的。

---

① 指沃尔夫编辑的一本小说集的书名。

《布鲁姆斯伯里评论》：什么使得你的写作具有自己的特色？

卡佛：这个嘛，在我看来，显然是作品的语气。杰弗里·沃尔夫评论我第一部小说集时说过，他觉得他不用看作者的名字就可以挑出一篇我写的小说。我把他的话当作一种称赞。如果你能发现一位作者留在作品里的指纹，就能辨认出这是他的而不是别人的作品。

《布鲁姆斯伯里评论》：这些指纹在哪里？题材？风格？

卡佛：兼而有之。题材和风格，这两者基本上不可分开，对吧？约翰·厄普代克曾经说过，当他考虑写一篇小说时，只有某些领域和经验是向他开放的。某些领域，还有生活，则是完全封闭的。所以说，是小说选择了他。我觉得我也是这样的。作为诗人和小说家，我觉得我的诗歌与小说选择了我。我不必去寻找素材。这样的东西会出现，会召唤你去写它们。

《布鲁姆斯伯里评论》：有时候，你被当作关注工薪阶层生活消极面的社会现实主义者讨论。但是，如果说你的人物受到打击，他们却极少被打败。有人认为你持久不变的主题是人类的承受能力。你同意吗？

卡佛：是的，那是我持续关注的东西。一个作家可以做得不那么好，我是说他可以降低要求。大多数我们在意的东西消逝得太快，我们几乎看不清。所以说这真的是承受力和持久性的问题。

《布鲁姆斯伯里评论》：你的作品，特别是《当我们谈论爱情时我们在谈论什么》里的小说，现在与很多评论家所谓的"极简主义小说"联系在了一起。1985年，《密西西比评论》就此主题出了一个特刊，并着重介绍了你的随笔《论写作》。然而几年前，你试图甩掉"极简主义"的标签。是什么让这个标签粘得这么牢固？

卡佛：越多的杂志特刊关注到这个标签，它待得就越久。看到这个名称逐渐消失，作家被当成作家来谈论，而不是被划分成他们并不属于的组别，我会很高兴。这是一个标签，令被贴上这个标签的人反感。坦白地说，我已经不再去想这件事了。它曾让我不高兴了一阵,现在已经过去了。我欣赏大多数被贴上极简主义标签的作家,而且他们彼此并不相同。每一位都奉献着他或她自己的乐趣。

《布鲁姆斯伯里评论》:有评论家认定,如果有一样东西把这些作家统一起来,并把他们与其他后现代主义作家区分开来,那会是他们对反讽的厌恶。你觉得有道理吗?

卡佛:我觉得他们说这些作家,这些所谓的"极简主义者"不是反讽作家,是指在见多识广的作者与见多识广的读者之间不存在秘密。我赞同他们的看法。我把反讽看成作者与读者之间的一种协议或协定,对此他们比小说的人物知道得更多。先把人物树立起来,然后再通过某种微妙的洋相或醒悟把他们放倒。我和读者之间没有那么复杂。我不驳倒我的人物,或取笑他们,或对他们施以诡计。我对我的人物,对我小说里的人比对潜在的读者更感兴趣。以他人为代价、伤害到小说人物的反讽让我感到不安。我不在小说里考虑那样的东西,我在那些被称作极简主义作家的作品里也看不到那样的东西。我力争不那么做。如果那么做了我会感到羞愧。

《布鲁姆斯伯里评论》：《当我们谈论爱情时我们在谈论什么》里的人物最大的希望似乎只是忍耐。但在《大教堂》里情况变了。那本书里的人物似乎在精神上有所成就，即便不是在金钱上。

卡佛：是的，作为作家和感兴趣的旁观者，我对这样的变化感到欣慰。一个作家不愿意重复自己，在同样的场景里采用同样的人物，一遍又一遍。忘掉过去往前走不仅值得，也很健康。我写小说并不有意识地做规划，那当然了。不过好像我每写完一本书，总会有一条清晰的分界线。完成一本书稿后，我总会有一段时间不去写小说。写完《当我们谈论爱情时我们在谈论什么》后，我停笔了很长一段时间。六个月左右。然后我写的第一篇小说就是《大教堂》。小说集《大教堂》出版后，情况也一样。几乎有两年的时间我一篇小说也没写。真的是那样。我写诗。《大教堂》后我写的第一篇小说是《箱子》，登在了《纽约客》上。接下来的五六篇小说的写作时间相隔很近。而且我感觉这些新小说在形式和程度上都与早期的有所不同。与叙事者的声音有关,是的。另一方面,叙事者只以局外人或旁观者的身份说话。看到这样的变化我很高兴。

《布鲁姆斯伯里评论》:你觉得这些新小说的共同点是什么?

卡佛:这个嘛,有一个共同点是,它们都是用第一人称写的。我并没有这么计划。我只不过听到了那个声音,跟着它往前走。

《布鲁姆斯伯里评论》:如果说每一篇小说都是一个崭新的开始,那么作家的发展真的是靠积累吗?

卡佛:我觉得积累的意思是你写过其他的小说和诗歌。作品开始累积。这给了你继续写下去的勇气。如果我没有写过我以前的小说,我不可能去写现在的小说。但是我决不可能回头去写另一篇《凉亭》,另一篇《我打电话的地方》,或任何我写过的小说。

《布鲁姆斯伯里评论》:《请你安静些,好吗?》里的很多小说是在1971年和1972年写成的,那时你第一次获得了国家艺术基金奖。密集工作一整年让你在写作上学到了什么?

卡佛:这个嘛,简单地说,我发现自己可以做这件事。我从60年代初开始就以一种随意的方式做这件事。但我发现假如我每天坐在书桌旁用功的话,就可以持续认真地写小说。那或许是我最大的发现。不管怎么说,我觉得在某个更深的层面,我触碰到一些对我来说重要的东西,一些我想写并最终能够写的东西,而且没有担忧、羞愧和困惑的感觉。我可以在作品中面对某些事情,把它们作为题材。我想在那段时间,我采用或者说发现了一种写这些事情的方法。在那段时间,写作本身和对写作的认识都发生了变化。它沉下去,又浮上来,沐浴在新的光线下。我开始修凿,先落实到意象上,然后是修辞本身。这些都发生在那段时间。

《布鲁姆斯伯里评论》:下一步打算做什么?

卡佛:我有一个写一部新小说集的合同,我处在写小说的状态。我等不及想回到我的书桌旁边。我有很多想写的小说。坐在那里什么都不做会让我发疯的。

《布鲁姆斯伯里评论》：在叙事和意象上，你的诗歌与小说有相当多的重叠。你认为还有什么联系着你的诗歌和短篇小说？

卡佛：精简和完整。与长篇小说不同，短篇小说和诗歌里没有无关、臃肿或不成形的东西。我用同样的方式写短篇和诗歌，一个字一个字地写，一行一行地写。也有情绪上的因素。你努力捕获并抓牢某个时刻。长篇则是细节的积累，那可能包括数周、数月、数年，甚至几代人的时间，不出什么意外的话。短篇小说则产生在一个短得多的时间范围内，和诗歌一样。你有冲动，想现在就把它说出来，把它赶进畜栏，而不是让它在牧场里闲逛。

《布鲁姆斯伯里评论》：你出版过很多不止一种版本的小说。我在想《人都去哪儿了？》与《咖啡先生和修理先生》这样成对的小说。你把它们算作一篇还是两篇小说？

卡佛：两篇小说。而且《家门口就有这么多的水》大约有四种版本。发表在《光谱》上、后来被收入《小推车奖选集》的那个版本,与《当我们谈论爱情时我们在谈论什么》和《火》里的版本都不一样。它们都是不同的小说,必须从不同的角度评价它们。有一段时间我修改所有的东西。但我已经有好几年不那么做了。不知道是我变懒了,还是更加自信了,或者是对发表了的作品没有太大的兴趣了——或者只是更急于去做新的事情。不过我已经有好几年不那么做了。现在某个东西写完后,我往往会失去兴趣,像我说过的那样。重读对我来说并不痛苦,但这不再是我感兴趣的事情了。而且,此前我一直没这么想,也许在过去我害怕往前看。我不知道转过下一个路口会有什么。或许是一个空荡荡的广场,或许是一个美好的庭院。或许只是一扇关上的门。

《布鲁姆斯伯里评论》:过去你的小说主要聚焦于父子和夫妻关系。你的两篇新作《箱子》和《大象》则聚焦于家庭的其他方面:母子、兄弟之间的关系。对此你怎么看?

卡佛:目前的情况是,我不知道接下来的一篇小说会是什么样的。我说的是真话。不过我不觉得我走到头了。这是一种不错的感觉。其他的事情呈现在我面前，对我开放了。

《布鲁姆斯伯里评论》：去年8月，《时尚先生》刊登了你的一篇名叫《亲密》的小说。里面的人物很像我们在你自传性质的随笔里读到的那些人。这篇小说是虚构的吗？

卡佛：虚构的。我认识的人从来没有过这样的遭遇。这篇小说并非自传，但小说里的情绪是真实的，每一句都是。

《布鲁姆斯伯里评论》：小说《亲密》非常简约，几乎全部是对话。在你近期的另一篇小说《山雀派》里，叙事者提供了各种各样的背景和旁白。你讲故事的方法变了？

卡佛：我写这两篇小说的间隔不超过两三个星期，那是一个发现的时刻，一个高峰期。我对眼下的状况很满意，还有更多我想写的小说。事实上，我觉得过去六到八个月我写的所有小说并不是，说来有点奇怪，它们不是我打算写的小说。其他的小说,我将要写的,会更难写。不过走着瞧吧。我觉得我刚刚发现可以用短篇小说做些什么,还有我想用我的短篇小说做什么。我或多或少处在发现什么的边缘,很刺激。

《布鲁姆斯伯里评论》:你在不同的时间段写下了《水流交汇的地方》和《海青色》这两本诗集里的诗歌,但这两段创作时间间隔得相当短。除了是不同的出版物外,还有什么能把这两本书区分开来?

卡佛:《海青色》两周前刚刚出版,感觉上要比另一本更贴近我,或许是两本里面更有分量的一本。不过为了准备上周的芝加哥诗歌节,我重读了《水流交汇的地方》,发现自己对其中的很多诗歌很有兴趣。我已有很长时间没去读它们了。或许让我重新出版这本书的话,有些诗我不会收录进去,不过我发现有十二到十五首诗,至少,至今我仍然认为写得很好。《海青色》似乎考虑得更周到一点,某种程度上,某些方面更加仔细了。而且,《水流交汇的地方》里的很多诗是我在很久没有写诗、感觉自己脱节了的状况下写的。而且所有的诗是在两个月零两周的时间里写成的。新诗集是在更长的时间里完成的，六到八个月。所以你从那方面看也有差别。两本书我都喜欢，不过《海青色》里的诗也许更饱满一点，因为它们处理与他人关系的方式有时是《水流交汇的地方》里的诗歌不具备的。

《布鲁姆斯伯里评论》：《水流交汇的地方》里的很多诗歌（《能量》《维纳岭》《溺死者的钓竿》）在讲述和重述一个家庭的故事，或许是一个家庭的神话。叙事者在摆脱一个家庭的诅咒吗？

卡佛：回答这个问题我有点尴尬。可以说我不想被看成在制造神话。这么说吧，那些日子里发生了一些相当可怕的事情。我想我不仅要见证这些事件，而且要一探究竟，从而得出某些结论，如果可能的话。在《诅咒》里，我说："房子被拆掉了／地皮翻了起来，然后／我们四处流散。"这里面有点《圣经》的意味，我想。这首诗不只是记载了对叙事者而言已经失去意义的恐怖事件。整本书（以它自己的方式，也许吧）是人一生的故事。最后的一首诗《给特丝》是一封情书，一首表示确认的诗。

《布鲁姆斯伯里评论》：但即便是在《给特丝》这首诗里，叙事者睁开眼睛、回到"开心时刻"的前一两分钟，还躺下想象自己死了。尽管有对爱情、生活和亲密的确认，你的新诗却似乎有一种你过去的诗歌里没有的死亡情结。

卡佛：当你过了四十岁，死亡会对你产生你在二三十岁时感受不到的影响。诗歌，最终是生死攸关的大事。基本上，我对只谈论水果和漂亮装饰的诗歌不感兴趣。我感兴趣的是谈论重大问题的诗歌，生和死的问题，是的，还有在这个世界上如何表现、如何面对一切并向前走这样的问题。时间短暂，水在上升。

《布鲁姆斯伯里评论》：《海青色》已经第二次印刷。诗歌正在赢得更广泛的读者吗？

卡佛：诗歌多年前就失去了读者，这很不幸。我不知道这个情形将来是否会改变。我希望看到一个更广的读者群，不过我们还是面对现实吧，诗歌永远不会有长篇小说和短篇小说集那么大的读者群。这么说吧，如果诗歌能够引起比现在更多的人的关注，那对诗歌来说将是一个更加有望的景况。

《布鲁姆斯伯里评论》：如果"虚构之屋"这个比喻有几分真实的话，很多读者似乎把诗歌与书房联系在一起。诗歌能打开通向其他房间的门吗？

卡佛：通向厨房的门，通向客厅的门，通向壁橱的门，哪怕是卫生间！如果门是锁上的，为什么不打开它？切萨雷·帕韦泽[①]写与意大利日常生活有关的诗歌。他写诗用的是不被受过教育的人和文学课采用的意大利语，我听说他写的是有文化的意大利人不怎么去写，或根本不去写的题材。多年前我读过他的诗。我觉得我不是第一个写生活的诗人，我保证不是。

《布鲁姆斯伯里评论》：你是怎么想象你诗歌的读者的？

卡佛：我认为每一位作家都是为了取悦自己才写作的，如果他取悦了自己，也许就有机会取悦一些优秀的读

---

① 切萨雷·帕韦泽（Cesare Pavese，1908—1950），意大利诗人、小说家、文学评论家和翻译家，代表作有《月亮与篝火》等。

者。我写诗并不比写小说时更多地设想读者,除了约翰·契弗所说的他为之写作的那些读者,那些聪明的读者,成年的男人和女人。我的诗歌不仅仅是一种自我表达。作者希望有交流,作者与读者之间的交流是一条双向道。无论这个作者是在写诗还是短篇小说,他都在写他的心事,写他关心的和他身边的事情。他只需要找到合适的形式,用合适的方式来说这些事情,并希望把他的感觉传达给读者。

《布鲁姆斯伯里评论》:你的一些新诗,比如《花园》,是分节的,而其他的,有时候更长的诗,则是长段落的诗歌,不分节。是什么决定你诗歌的形式?

卡佛:我的诗歌大部分是叙事性的,不需要完美地分成小节。在我看来,每首诗都选择了对它来说最自然的形式。如果需要重写一遍,我肯定会采用完全一样的方式。然而,我觉得给读者的耳朵和眼睛提供的样式够多了,足以避免他们厌烦。它们在纸上看着都不一样。小节、音节数、每节的行数——我对这些并不那么感兴趣。重要的是诗歌有活力,在纸面上看起来有活力且合适。

《布鲁姆斯伯里评论》:你多次使用的一种形式是斯马特(Christopher Smart)的《羔羊颂》和金斯堡的《嚎叫》的清单模式,每句的开头都是重复的。

卡佛:是的,有几首那样的诗。像《我的车》和《害怕》,属于传统的像清单一样的诗。尽管每首诗都有结尾,但它们是开放的。仍然可以往这两首诗里添加东西。车子的保险丝断了,我不得不把它送到修车店,这是今天见证的事。而我甚至还没开始涉及让我害怕的事情!

《布鲁姆斯伯里评论》:你怎么知道一本诗集完成了?

卡佛:这两本书都给我一种结束了的感觉。我知道《给特丝》结束了《水流交汇的地方》。它也作为题献出现在书的最前面。我感到自己有了一本书,不仅仅是诗集,而且是一本意义连贯的书。每一本书都有开头、中间和结尾。结束《海青色》那本书的《礼物》不能放在书的任何其他地方。我觉得当读者读到那里,读到最后一首诗时,应该会有一种感觉:他去过了某些地方,做过了某些事,经历了一部分写进这本书里的生活。

"Matters of Life and Death" by William L. Stull from *The Bloomsbury Review*, 8 (January/February 1988), 14 – 17; reprinted in *Living in Words: Interviews from* The Bloomsbury Review *1981 – 1988*, ed. Gregory McNamee (Portland, OR: Breitenbush, 1988), 143 – 156. Supplementary material has been transcribed and edited from the unpublished audiotape that was the source of the published interview. Conducted 11 – 12 November 1986.

雷蒙德·卡佛和他的世界

弗朗切斯科·杜兰特/1987 年

他是一个奇怪的美国人,他抽烟,不搞同性恋。他让你想到 20 世纪 50 年代的某个电影演员,但你想不起来是谁。在与像他一样频繁出入戒酒中心的可怜虫们做了多年酒友并差点回不来后,现在他只喝矿泉水,最多奎宁水。他是少数仍然认可被太快遗忘的查尔斯·布可夫斯基(既不是垮掉的一代,也不是极简主义者)的作用和技艺的人之一。"在《火》里,我甚至献给他一首诗。诗的名字是《你们不知道什么是爱情》。讲的是他在我家度过的一个夜晚发生的故事,很多句子直接引自他的原话……嗯,布可夫斯基是一个奇怪的家伙;几乎不可能和他达成一致。那时我刚二十出头,我告诉他我喜欢他的诗。他回答说我的品位肯定很差。"

正在和我交谈的雷蒙德·卡佛或许是当今美国最"传奇的"作家,他被奉为(产生了大批刚过青春期的小说家的)文学复兴中的一位大师。他是一位炼金术士,以无比完美的水平,提炼出了十年前还在不可阻挡地衰退的文学体裁中的精髓,这一体裁就是小说,更准确地说是"短篇小说",它被认为高深莫测,以致人们不得不怀疑那些文体工匠到底在干什么。而卡佛则声称,他只遵守一条必须服从的准则:"写日常事物,对普通人而不是精英群体说话。""因为我只有词语,我用几页稿纸说事情,所以用词最好恰当。""不要廉价的花招。我只讲述我的世界,没有别的。一个作家的世界比他的语气更能把他与其他作家区分开。"有一条简练的黄金法则:"简洁是真理之印。我觉得这是一位古罗马圣贤说的,好像是塞涅卡[①]。"

---

① 塞涅卡(Lucius Annaeus Seneca,公元前 4? —公元 65),古罗马政治家、斯多葛派哲学家、悲剧作家、雄辩家,代表作有《道德书简》等。

尽管卡佛写的不是严格意义上的自传,但他讲述的是生活、人、事,以及个人的经验,卡佛在这些方面非常富有。首先,五十年里他从来没有坐过豪华轿车,直到两年前买下一辆梅赛德斯。没有好莱坞式的游泳池,没有带露台的大房子,没有上流社会的派对。有堕落行为,但那也只是穷人的:他的选择不是可卡因,而是啤酒和威士忌。

作为锯木厂工人和女招待的儿子,他的童年与青少年时代是在华盛顿州的亚基马度过的,一句话,那是在地球的尽头。高中毕业后他也去了锯木厂,十八岁的时候,他让十六岁的女朋友怀了孕。他们结了婚。这对年轻夫妇竭尽所能,他们上学,完成学业。雷甚至获得了去爱荷华作家工作坊学习的奖学金。不过与此同时,孩子也从一个变成了两个,他在图书馆打工挣的钱(他妻子在做女招待)根本不够用。这之后是在加州一家医院做夜间清洁工。他会在早晨回到家中写作(这时他上门推销书籍的妻子已经出门)。卡佛二十九岁时开始朝着酗酒的地狱堕落。他被捕,在一个又一个不成功的戒酒过程中多次住进医院。他的婚姻破裂了。直到 1977 年,他的第一本小说集《请你安静些，好吗？》成功出版，他才摆脱了困境。

天晓得这些小说（都是文学经纪人在与他交往的过程中从他手上弄来的，而在这些场合卡佛总是醉醺醺的）是怎么写出来的：用打字机、在厨房里、在车库里。它们并没有带给他财富，但确实带给他一个坚实的名声。他的"祝圣礼"随着1981年《当我们谈论爱情时我们在谈论什么》和1983年《大教堂》的出版而到来。这两本书的意大利语版刚刚出版，第一本由加尔赞蒂出版，第二本由塞拉和里瓦出版（1984年蒙达多里曾出版过这一本，但销售不佳）。

卡佛似乎与他小说中那些肮脏、土气、难以理喻的不幸人物相反。今天的他害羞、温和。他说话的声音轻柔，你必须集中注意力才能听懂他无精打采的英语。他把自己的大部分成就（他说是"所有"）归功于诗人和小说家特丝·加拉格尔，卡佛与妻子分居后，他们从1979年起开始同居。特丝是一位健壮、活泼、快乐的女子，具有爱尔兰人的勇敢。卡佛和她在美国最西北部大西洋边上的安吉利斯港与纽约州雪城两个地方轮流居住。在安吉利斯港，他会去钓三文鱼，他不怎么喜欢雪城，说在那里没法工作。

今天雷和特丝讲授了一堂课，听众席上坐满了罗马大学英语文学系的学生。讲课的地点是诺门塔那大道上的米拉菲奥里别墅，那是意大利第一位国王希望送给一位美妇人的别墅。奥古斯丁·隆巴尔多（Agostino Lombardo）在尽地主之谊，和青春永驻的费尔南达·皮瓦诺（Fernanda Pivano，她为加尔赞蒂版的卡佛小说集撰写了后记）寒暄。年轻学者和诗人里卡尔多·杜兰蒂（Riccardo Duranti）也发了言。他翻译的特丝的诗歌将于今年秋季由《阿森耐尔评论》的出版商拉彼瑞托出版。

雷朗读了《大众力学》，一篇只有两页长的小说，描述一对夫妇分手时的争吵，有点恐怖。他在收拾箱子并想要带走小宝宝。她不愿意给他。他从一侧拉，她从另一侧拉。这就是结尾，至少是模棱两可的："这个问题，就以这种方式解决了。"小说看似很平淡，但称这个场景——以让人喘不过气来的对话为标志——太粗略是愚蠢的。你只有读了才会明白。

"简洁不容易。"卡佛说，"我小说的语言是人们平时说话的语言,但也是一种需要处理、看上去易懂的散文。那是不矛盾的。我的一篇小说要经过多达十五遍的修改。每修改一次小说都会改变。但没有一样东西是自动的,更确切地说,那是一个过程。写作是一种发现。作为写作的人,我必须寻找最有效的方案。"

下面是提问环节。

为了写诗歌,小说作家必须把自己变成两个人吗?

"对我来说,它们是两个有关联的体裁。我小说写得像诗一样简约,诗歌则在讲故事。目前我只写诗,我眼中的一切都是诗歌的素材。"

你怎么看创意写作课程?今天美国的年轻作家,包括你的学生杰·麦金纳尼都是从那里走出来的。

"我觉得它们可以教学生不要做什么。"

你的工作习惯是什么?

"我一遍又一遍地写,先是手写,然后用打字机。接下来一个邻居把我的小说放进她的文字处理机,我修改完她重新打出来。重要的是,像莫泊桑说的,把黑字写在白纸上。"

海明威对你的写作有什么影响?

"尽管我可以把被当作他的后裔看成一种赞扬,但我并不觉得自己受到他太多的影响。不管怎么说,我不写钓鱼的小说。"

这里,需要做进一步的澄清。交谈中,卡佛抛出一长串的人名。契诃夫、福楼拜和托尔斯泰,甚至一两个意大利人:莫拉维亚①、布扎蒂②和皮兰德娄③,还有维尔加④——他们都是短篇小说家。"你们在这个领域有伟大的传统,此外,是乔万尼·薄伽丘发明了这个体裁。"名单里还包括弗兰纳里·奥康纳、辛格、厄普代克、唐纳德·巴塞尔姆、契弗……他没有提及福克纳和塞林格,但这不是说他在故意回避他们。相反,他对70年代的后现代主义者们毫不留情:"真遗憾,如此雄心勃勃,却几乎没

---

① 阿尔贝托·莫拉维亚(Alberto Moravia,1907—1990),意大利著名小说家。
② 迪诺·布扎蒂(Dino Buzzati,1906—1972),意大利作家、记者、剧作家、歌剧剧本作家和画家,被誉为"意大利的卡夫卡"。
③ 路伊吉·皮兰德娄(Luigi Pirandello,1867—1936),意大利剧作家、小说家,1934年度诺贝尔文学奖获得者。
④ 乔万尼·维尔加(Giovanni Verga,1840—1922),意大利小说家、戏剧家。

有取得什么成果。"原因可以理解,这些作家与他和他的世界是相反的两极。卡佛特别嘲讽了约翰·巴思(John Barth)和他的极其怪诞、自我安慰的理论发明,该理论认为文学实验主义与自由精神息息相关。这就像在说,极简主义者卡佛是里根政府的拥戴者,却有一个同伴声称:"在这样的资本主义社会里,写作本身已具备某种道德性。"

无论是前辈还是后辈,你希望看到卡佛甚至在意大利(意大利语是他作品被翻译成的第二十五种语言)——随着二十几岁的模仿者(埃利斯、莱维特、麦金纳尼这样的作家)——也成为畅销作家吗?实际的情况是,意大利语版《大教堂》的第一版受到了冷遇,只卖出了六百本……

"对此我不做评论。当然,"他回答我说,"想到已经是1984年了,属于我的时间还没有到来,这令人气馁。而且当别人的'父亲'并不舒服。这方面我有经验,因为我女儿有两个孩子并和一个无业游民同居。不管怎么说,成为一个畅销作家并不坏。至于扮演一个学派的领头人,那就算了吧。也许我对短篇小说的复兴做出过贡献,甚至是从商业角度看,但也就这些了。我甚至不喜欢被人贴上'极简主义'的标签。还是'新浪潮'吧,这个更普通一点……"

差不多在你开始写作的同时,传声头像①也开始发行唱片。他们最终发行了《真实的故事》那张专辑。其中的一些歌像你的某些小说一样,名字很普通,比如一件物品的名字。那些作品与你的作品有关系吗?

"我听音乐,那当然,不过是在我不写东西的时候。我也听传声头像、斯普林斯汀、莫扎特和查理·帕克②。还有那个光鲜照人的幸存者汤姆·威兹③。他从自我毁灭中幸存了下来,并自我见证了这一切。我们的共同点是,我们对人说话,所有人。"

那么你肯定也对电影感兴趣。

---

① 传声头像(Talking Heads),美国新浪潮乐团,1975 年于纽约市组建,直至 1991 年解散。乐团成员包括主音兼吉他手戴维·伯恩、鼓手克里斯·弗朗茨、贝斯手蒂娜·韦茅斯、吉他及键盘手杰瑞·哈里森。
② 查理·帕克(Charlie Parker, 1920—1955),美国中音萨克斯演奏家。
③ 汤姆·威兹(Tom Waits, 1949—   ),美国歌手、演员。

"1982年,迈克尔·西米诺请我帮他改写一个关于陀思妥耶夫斯基生平的剧本。我把特丝也拉进来了,我们彻底改写了那个剧本。现在它已成为一本书。我希望它能成为一部电影。不管怎么说,《大教堂》里的一篇小说被拍成了电影,《羽毛》那篇,还有几篇也在考虑之中。"

你等待已久的首部长篇呢?

"长篇?也许明年我会写,但是现在还没到那一步。谁知道呢?11月,我的一本诗集《海青色》出版了。1988年2月会出版另一本小说集。书名暂定为《我打电话的地方》。"

"De Minimis: Raymond Carver and His World" by Francesco Durante from *Il Mattino*(Naples), 30 April 1987, 13. Conducted April 1987. Translated by Susanna Peters Coy.

《伦敦书评》访谈

卡西娅·博迪/1987年

雷蒙德·卡佛(以下简称卡佛)：开始写这些诗(《引航灯下》)的时候，我已经有两年没写过一首诗了。我一直在写小说，我不知道自己还能不能再写出一首诗来。我觉得写诗这件事也许已经从我的生命中消失。对此我很失望，但我似乎也不能故意去做点什么。后来我离开纽约州雪城，去了华盛顿州，打算在那里写小说。在华盛顿州的家里我什么也没有写，呆坐了一周后，一天晚上我写了一首诗。第二天早晨起床后又写了一首，那天我一共写了三首诗。就像那样，我想我一口气写了六十五天。我有了一本书——一整本。我写了大约一百二十首诗——足够出一本诗集了。我停了下来,和特丝去了一趟南美洲。三个月后回到家里,我又开始写诗。我写了这本诗集中剩余的诗。十八个月的时间——一段非同寻常的时间,我一共写了两百五十到三百首诗。我这一生从未有过这样的一段时光。写这些诗的时候我感到一种彻底的幸福。我可以在那个时候死去,那样的话我会死得很幸福。然后,不知什么原因,我停止了写诗,重新开始写短篇小说,我很可能已经写够出一本书的小说了。不过最近我又开始写诗了!现在是我一生中的大好时光。我在写小说,也在写诗。当我再次开始写小说时,对我来说这本书里的所有诗歌都像是一份厚重的礼物。它们是从哪儿来的对我来说是个谜。不过我是从诗人做起的。我最先出版的是一首诗。所以我想,如果在我的墓碑上写"诗人和短篇小说家,偶尔为之的散文家",我会很满意的。按照那样的顺序写。

卡西娅·博迪(以下简称博迪):不过从某些方面看,你的诗歌和小说非常相像。你的小说在很多地方像诗,而你的诗歌通常在讲故事。

卡佛：是的。叙事诗，有内容和主题的诗歌——那才是我最感兴趣的诗歌。我的一些诗歌非常像小说。我确实认为短篇小说与诗歌的关系比短篇与长篇要紧密。精简和准确，有意义的细节，加上神秘感——事物表面之下某些事情正在发生。

博迪：你说你喜欢读的小说通常带有自传性的内容。你的诗歌似乎比小说更具自传性。

卡佛：是这样的。但诗歌并非自传。有时会有一点像，也许吧。不过即便是那样，也没什么。我刚刚参观过托马斯·曼的故居——现在是苏黎世的一家小型博物馆。我觉得世界上没有比他更具自传性的作家了。《布登勃洛克一家》是一部关于他家族的长篇。当然不仅如此，但他进行戏剧化的是他家族的历史，通过把历史转变成文学作品，让家族中的人复活。作家（至少是我最欣赏的作家）肯定会利用他们自己的生活。诗歌让我做一些在小说里不能做的事情。我觉得我在诗歌里更私人化、更脆弱，而在小说里我通常不允许自己这样。也许我在小说里更疏离一点吧。我想诗歌更贴近我。它们来自内心深处。小说不总是那样。写这些诗歌的时候,我觉得这一生从未有过那样的一段时光。有时候我会一天写两三首,完全有可能。晚上上床睡觉时,我不知道自己还剩没剩下一首诗。我筋疲力尽。第二天早晨起来,我感到空荡荡的同时也感到神清气爽,我会坐到办公桌旁重新写诗。简直太棒了。那就是我说"现在就带我走吧"的原因。我可以在那一刻幸福地死去。

博迪:我听说你不喜欢"主题"这个词,宁可说是你"痴迷的话题"。

卡佛:这个嘛,我想可以追溯到我的学生时代。过去我经常有意回避"主题"和"象征"这一类听上去很沉重的词。我认为一篇小说的主题或意义是由作品本身宣告的,而且不可能把小说的主题与内容及写作方式分隔开。无论是好是坏,我是一个靠直觉写作的作家,不是一个做计划或寻找适合特定主题的小说的作家。我有一些痴迷的话题,想要就此发声:男人与女人之间的关系;为什么我们经常失去那些自己认为最重要的东西;我们内部资源的处置不当。我也对幸存感兴趣,处于低潮时,能够做些什么让自己振作起来。我希望你能读一些我新写的小说,它们在很多方面(具体哪方面我也说不清楚)都与过去写的小说不一样。我觉得我每本书里的小说在某种程度上都与其他的——更早的小说——不太一样。比如《大教堂》里的(大多数的小说,可以这么说)与第一本小说集里的小说差别就非常大。某种程度上它们更饱满,也更宽厚了。里面有一篇是写契诃夫最后的日子。我从来没有写过这一类的东西,五年前我不可能写出这样的小说。

博迪:评论家说你的小说(特别是前两本小说集)过于寡淡。我并不觉得是那样的。

卡佛:我很高兴。

博迪:里面总有些东西。

卡佛:小说里有些幽默。

博迪:从这个意义上说,我不觉得《当我们谈论爱情时我们在谈论什么》与《大教堂》之间有那么大的差别。不过《大教堂》显得更有希望。

卡佛：我觉得是这样的。《大教堂》里的小说，大多数——至少有一些吧——终于比早期小说集里的小说更积极也更肯定了。但我很高兴你发现我所有的小说并不那么寡淡。

博迪：我发现评论比小说更让人沮丧。

卡佛：是的。不过现在他们的思路不太一样了。作家不应该因为题材而受到批评，不是吗？塞缪尔·贝克特①是一个阴暗到不能再阴暗的作家了。他的作品能引发我的幽闭恐惧症。我上衣口袋里有一本书——菲利普·拉金②的诗集。我的天，拉金太阴暗了，不是吗？但他的技巧太高超了。

博迪：评论家喜欢谈论的另一件事是你把沟通失败作为主题。我认为，尽管人物可能不做口头上的沟通，但

---

① 塞缪尔·贝克特（Samuel Beckett，1906—1989），爱尔兰作家，创作的领域主要有戏剧、小说和诗歌，戏剧成就最高。他是荒诞派戏剧的重要代表人物，1969年度诺贝尔文学奖获得者。
② 菲利普·拉金（Philip Larkin，1922—1985），英国诗人，代表作有《北方船》《少受欺骗者》《降灵节婚礼》《高窗》等。

他们通常采用其他的方式。

卡佛:我觉得是这样的。有些时候让这些人说出他们真正想说的很困难:不是因为他们在与人交往上不够老练,就是因为他们觉得有保护自己的需要。不过总存在其他的沟通方式。事情总会发生,在小说里事情总会被做完和说出来,尽管有些时候人们的意见可能相左,或者看似没有一个正确的目标。

博迪:我对以不同的形式出现在不同小说集里的小说感兴趣。它们是一个小说的不同版本还是不同的小说?

卡佛:我觉得它们是不同的小说。我肯定不是唯一一个在小说出版后还去改写的作家。我在哪儿读到过,弗兰克·奥康纳在他的小说发表后很久还在不停地修改。他那篇杰作《国家的客人》就有三个不同的版本。对我来说,这就像构思出一篇小说,然后把它当作一件没有做完的事情。《一件有益的小事》和《洗澡》其实是两篇不同的小说。

博迪:你对《洗澡》不满意?

卡佛：那篇小说在杂志上发表后还得了一个奖，但我觉得那是小手笔，我至今对它都不满意。我将要出版一本《自选集》，我不会选《洗澡》。我会把《一件有益的小事》选进去，那是当然的。不过现在我不再做那样的改写了。我对自己的小说更有信心了，或许只是因为我觉得要做的事情太多，时间不够用了，现在我不往回看那么多了。我在写小说时完成所有的修改，小说一经发表我就对它失去了兴趣。我想往前看。我觉得这么做是健康的。

博迪：我真的很喜欢你的《写给海明威和 W. C. 威廉斯的诗》。在小说上海明威可以算作你的榜样，而诗歌上则是威廉斯，你同意这样的说法吗？

卡佛：在我年轻的时候，容易受别人影响的时候，他们俩都影响过我。我曾经（现在仍然）对海明威和威廉斯的很多作品钦佩有加。

博迪：也包括威廉斯的短篇小说吗？
卡佛：是的，特别是《使用武力》和后期的一些小说。

不过除了那篇很短的《使用武力》，我很久后才开始读他的小说和诗歌，而那时它们已经很难影响我了。实际上，我二十来岁开始读他的诗歌时，只是模模糊糊地知道他写过小说，但知道他是个诗人。他甚至没有在我上学的地方教过大学。我是在读与20年代巴黎的作家有关的东西时知道他的诗歌的。当时我在加州上大学，创办了一份小杂志——那时候威廉斯还活着，大约是1958年或1959年。我给他写信，请他为杂志写一首诗，还告诉他我是多么崇拜他的诗歌。他回信时寄了一首诗给我。我太激动了。这首名叫《流言蜚语》的诗被收入他去世后出版的诗集《勃鲁盖尔的画作》里。诗的下方是他的签名。真是一件无价之宝啊。当然，我在颠沛流离中把它弄丢了。不过他寄一首诗给我真是太友善了。他是我的英雄。

博迪：我听过他朗读诗歌的磁带。他的声音很好听。读诗的间隙笑声朗朗。

卡佛：他是一个非同寻常的人。有时候他在给人看病的空隙写诗。

博迪:写在他的处方本上。你介意评价自己的小说吗?

卡佛:什么样的评价?

博迪:对你的人物及他们的生活的看法,他们生活的社会。

卡佛:我经常写工薪阶层的人,还有里根时代美国的阴暗面。所以我的小说可以被解读成一种批判,一种控诉。但那些解读必须来自外部。我觉得我不是有意识那么去做的。而且我写小说没有任何计划,正如我前面所说的。

博迪:在一篇名叫《后现代氛围》的随笔里,查尔斯·纽曼①把虚构作品中的"新现实主义"说成是"对通货膨胀典型的保守反应——产能利用率不足、库存减少和言语上的失业"。这篇随笔写于《当我们谈论爱情时我们在谈论什么》刚刚出版时,他提到你的作品是"新现实主义"

---

① 查尔斯·纽曼(Charles Newman,1938—2006),美国小说家和评论家。

的一个范例。我觉得他是说,当人们没有太多东西的时候会变得节俭,各个方面——文学和经济上都是。

卡佛:我写这些小说的时候身无分文。我穷得像教堂里的耗子。我不知道怎么付房租。他也许是对的,尽管这是个很花哨的句子。这是一个理论。他也许是对的。谁知道?谁在乎?关键是把小说写出来。

博迪:斯特劳斯津贴到期后,你会回去教书吗?

卡佛:要教的话也不会是全职的,只会是客座性质的。不过我希望自己不需要再去教书——并不是因为我不能教,或认为那是浪费时间,只不过是有太多我愿意做的事情。我不像某些作家那样不喜欢教书。在做过太多更糟糕、更差劲的工作后,我在教书时心怀感恩。我不用在雨里或烈日下工作,或用双手工作。比起我做过的其他工作,教书让我有更多的时间做自己的事情。

博迪:你有写一部长篇的冲动吗?

卡佛:没有。不过明年的这个时候或许会有。到时候再来问我吧。我也许会写一部长篇,也许不会。如果不写也没关系。我觉得我不是非得写一部长篇不可。

博迪:安妮·泰勒曾经写道,你能写出优秀短篇的原因是你不把最好的东西存下来留给长篇。

卡佛:她说我是个"挥霍的人"。那很好。我认为作家应该把自己挥霍在他正在做的事情上,无论是一首诗还是一篇小说,因为你必须认定那口井不会枯竭;你必须认定还会有更多的东西从那里出来。如果作家有所保留,不管是什么原因,都会是一件很糟糕的事情。我总是自我挥霍。

博迪:我读到你写过电影剧本。

卡佛:是的,写过两部,是和特丝·加拉格尔一起写的。其中的一部出版了,是关于陀思妥耶夫斯基的。其中的一部分在美国出版了。剧本很长。我们还写了另一部电影剧本。我觉得每个作家至少都想做一次这样的事情,和好莱坞扯上关系,诸如此类的事情。我在那个时候经历过了,做过了,我没有兴趣再做一次了。不过谁知道呢? 也许五年以后我又有兴趣了。那是一种雇佣关系,我不喜欢。我不喜欢有老板。"我的目标永远会是/无所事事"——摘自一首我喜欢的诗。我更愿意写一首诗,而不是一篇新闻稿。

博迪:陀思妥耶夫斯基被拍成电影了吗?

卡佛:没有。

博迪:你有小说被拍成电影吗?

卡佛:一篇叫《羽毛》的小说刚被拍成电影。他们做得很成功。还有就是好莱坞的一些人把《一件有益的小事》拍成了电影。我觉得他们做得也很成功。

博迪:几周前,我看了根据约翰·契弗《游泳的人》拍成的电影。

卡佛:难道不是一部很妙的电影吗?电影刚上映我就去看了,我和约翰·契弗说了那部电影。我们一起在爱荷华教过书。他号称他只是拿了钱,从来没去看那部电影。我喜欢那部电影,我告诉他了。结尾部分——小说的和电影的——简直让人意想不到。

"A Conversation" by Kasia Boddy from *London Review of Books*, 10, no. 16, 15 September 1988, 16. Conducted 10 June 1987.

小说与美国:雷蒙德·卡佛

戴维·阿普尔菲尔德/1987年

雷蒙德·卡佛说话的嗓音低沉,初次听到这个嗓音会让人觉得似乎与他小说叙事的声音不匹配,它更应属于他小说中一个沉默寡言、真实得让人难以忘怀的人物。他是一位专心的听众,不打断你,别人开口说话时他会停下来。他彬彬有礼。如果说他有什么执念的话,雷蒙德·卡佛可能过于强调做一个好人。他的言谈举止带着悔过和感激的痕迹。他像一个得到了第二次机会的人那样说话;他觉得自己很幸运。他对简单的事物赞叹不已,不在意自己的小需求,而对小心谨慎地"见证"、恰当地与他人沟通、被别人的言行感动等更感兴趣。他不慌不忙地回答问题,任由他的煎蛋饼变凉,他要确保你问了要问的问题,并对他的回答满意。和他交谈不困难,他说话直来直去,他的观念几乎不言而喻。而且,谈论自己的生活和工作时,他缓慢、羞怯、近乎尴尬的说话方式透露出惊奇:竟然有人想知道他的看法。他深感荣幸。

卡佛不理论化;他极少做分析,只是平和地评论,而且从不自我吹嘘。你会纳闷:这个人是不是笔下充满迷人鲜活的对话、精心删减过的描述、痛苦不堪的冲突和轻描淡写的解决方式的作家?是不是那个创造出过去十年里影响了美国小说写作方向的当代美国瑰宝的英才?你假设他是,你的大脑努力把这两个形象进行对照,把作品和作品后面的声音合在一起。有一件事情很清楚:雷蒙德·卡佛不是在故作姿态;这不是一个自我的游戏。他没有夸夸其谈,而是直来直去。他不装模作样,不炫耀。他的衣着就像他说的话:不张扬,舒适。他享受且依赖他早晨的咖啡和香烟。你敦促他做更多的解释,透露他的技巧。他的声音变小了,成了喁喁私语:"我只是尽量做得好一点。"你担心连麦克风都接收不到他减弱的音量。他平静、温和,却是个长着一双大手的壮汉。你能想象与他一言不发地从田野里走过。他不会说他的风格意味着什么,甚至不会暗示他技巧里的自觉成分。他倒是承认自己工作刻苦,而且你相信他的话。他坚持说他的小说描写"真实的生活",他小说的风格完全属于现实主义的传统,这种写作试图真实、真诚地呈现现实世界。没有别的。

这种风格,他暗示道,天生、自然,用耳朵来打磨和锤炼。在小说《邻居》里,卡佛让米勒试穿他邻居的内裤,因为真有人那么做。真诚是卡佛的驱动力,他的清规戒律。或许正是这种对真诚地刻画真实生活(包括难以言表的平庸、家庭生活,以及常见的反常行为)的坚持,使得作家本身的质朴与其小说的精雕细琢、风格化和精巧看似相矛盾。卡佛对现实生活切近到让人不适的地步。我们称之为风格或技巧的东西,在他那里"只不过是诚实"。他的细节像象征、文化符号、宏大隐喻一样发出回声,但对雷蒙德·卡佛而言,这些只不过是他在生活中仔细观察到的事物和行为。

雷蒙德·卡佛1938年出生在俄勒冈州的克拉茨卡尼镇,曾和父亲一起在当地的一家锯木厂锉锯片。现在他与诗人和小说家特丝·加拉格尔居住在华盛顿州的安吉利斯港。卡佛早年深受当时在奇科分校做讲师的约翰·加德纳的影响。去爱荷华大学参加作家工作坊之前,他已在洪堡州立大学获得学士学位,后来去雪城大学任教。他最早的小说集由卡普拉出版社出版,已出版的小说集包括《请你安静些,好吗?》《狂怒的季节》《当我们谈论爱情时我们在谈论什么》和《大教堂》。已出版的诗集包括《克拉马斯河畔》《冬季失眠症》《鲑鱼夜溯》《水流交汇的地方》《海青色》和《引航灯下》。《火》是他的小说、诗歌和随笔合集。他还编辑了《美国短篇小说杰作选》《1986年美国最佳短篇小说选》和其他的一些选集。目前,卡佛靠美国艺术文学院提供的一笔为期五年的资助进行全职写作。1987年夏天,卡佛两次来巴黎推销他最新的诗集《引航灯下》(科林斯·哈维尔出版社,1987)。其间,他接受了《坦诚》杂志编辑戴维·阿普尔菲尔德的采访,这次采访在往来于法国和美国的信件中继续。《坦诚》试图探究雷蒙德·卡佛的视野和看法,作为该杂志"小说与美国"系列对话的一部分。

戴维·阿普尔菲尔德(以下简称阿普尔菲尔德):罗伯特·库弗(Robert Coover)在《坦诚》(6/7期)上对一个问题——关于美国文学中元小说和高度写实主义这两种相反的运动——做出了回应。你能就此谈谈看法吗?尽管库弗称赞了你的作品,但他称你是"极简主义者",以及不断壮大的写作班作家队伍的教父,这些作家听上去越来越相似了。

雷蒙德·卡佛(以下简称卡佛):被别人称作"教父"让我很尴尬。我也不喜欢别人称我为极简主义作家。我不喜欢"极简主义"这个名称。没什么用。实际上,是一个法国评论家——在写给《巴黎评论》的《当我们谈论爱情时我们在谈论什么》的书评里——称我的作品为"极简主义"。他的本意是称赞我,但是某些评论家捡起这个名称,用来抨击某些作家。我觉得这种标签消失得越快越好。应根据作家写了什么、怎样写来谈论他们,应把他们视作个体,而不是把他们分门别类。我觉得约翰·巴思近期发表在《纽约时报书评》上的一篇随笔说到了点子上。他谈到了作为极简主义作家的塞缪尔·贝克特——如果你想给谁贴标签的话——或者艾米莉·狄金森。话虽这么说，一部分作家，或许包括我本人，有些时候确实写得很精简。没有错，所谓元小说或后现代主义作家与另一些作家之间确实产生了分歧，后者重新开始写"小说"，并努力创造易于识别的人物，把他们放入逼真的环境里。有人称这些作品为"高度写实主义"或"超现实主义"。悉听尊便。很大程度上，人们（不仅仅是作家，那当然，还有读者）已经厌倦了那些远离现实问题的小说。诗人也开始只为自己写作，失去了受众。同样的事情差一点发生在小说上。我觉得有一种现实主义的回归，是这样的。很多 60 年代出名的作家的作品不会持久下去。我觉得对寓言主义和元小说的抛弃确实存在。文学正在回到有意义的东西、靠近作家内心的东西、感动我们的东西上。

阿普尔菲尔德：你说的这些东西是什么？

卡佛：幸存是一方面。我认为好的小说必须给人逼真和真实的感觉。不能捏造。一个人怎样勉强度过此生？男人或女人怎样去应对？我们应该怎样表现？我的小说发生在个人层面上，而不是在一个更大的政治或社会舞台上。不过小说必须始于个人。契诃夫曾经说过小说有两极,"他"和"她",北极和南极。我喜欢这个比喻,因为我的小说里有"他"和"她"。有的时候,"他"和"她"的问题得到了解决,有的时候不行。但是我的角色,我的人物是幸存者。他们并不像你第一眼看到时想的那样被人践踏或鞭笞。我想要的是一种真实,事情处于"紧要"或"危急"关头的感觉。这就是我对当代很多作品没有耐心的原因,无论是诗歌还是小说。那些作家似乎只是在那里胡闹一气。那些东西不会持久。能持久下去的东西,无论是契诃夫的,还是托尔斯泰或福楼拜的,必定是真诚的,一百年后看还像问世时一样真诚。如果它在当时得到了认可,如果那个特定的时代被它准确地捕捉到了,那么它就可能永远被认可。

阿普尔菲尔德:所以,从根本上说人是不会改变的,哪怕他们的社会和政治环境变了?

卡佛:不会,他们不会改变。当然,细节会改变。今天我们乘坐汽车而不是马车。但我们仍然能被契诃夫的故事,被托尔斯泰、福楼拜或其他人的小说感动。

阿普尔菲尔德:但是你肯定不再用19世纪后期传统的现实主义模式讲故事。你用的是一种深思熟虑的方式(仔细搜集的细节、稀疏的对话、极少的描述,以及轻描淡写的结尾),让读者去应对和揭示当代美国人的生活与人际关系中的重要方面。

卡佛:如果我说是的,我会觉得有点自私。我觉得我不应该做这种大而笼统的陈述。我不能代表全体。不过,人们确实经常发现沟通上的困难。所以每个故事里都有不可理喻的事情。在事物的表象下面,其他的事情正在发生。我所写的人物通常很难做正面的沟通。不过,在小说里,该做的事情都做了,该说的话都说了。有时候,意思有点偏差,但事情确实发生了。就此而言,我认为没有任何无用的对话,或任何无用的东西。

阿普尔菲尔德:关于你写作风格的社会意义,你还有什么要说的吗?

卡佛:没有。

阿普尔菲尔德：读你的小说，特别是《当我们谈论爱情时我们在谈论什么》，人们感到最不寻常的是你赋予沉默的重要性，太多的事情隐藏在字里行间。

卡佛：如果真是那样，我很高兴。我不知道能否说清楚省略了什么，也不知道这么做是否恰当。不过这是有意为之的。我觉得人们常常这样说话（他把手指靠拢，又故意让它们错开），而不是像这样（把手指并拢）。海明威被称作对话大师。然而，我觉得没人像海明威写的那样说话。那是他风格的一部分。

阿普尔菲尔德：有些文学编辑声称，他们收到的短篇小说投稿几乎有一半在模仿你的风格。你怎样判断你对当下美国小说写作的影响？你的作品被广泛阅读和吸收，你是否感到责任重大？

卡佛：谈论这个话题仍然让我感到尴尬。然而，我觉得年轻作家以我为榜样差不到哪里去，我这么说并不想让人觉得傲慢。写小说的时候，我尽量做到清晰准确，尽量去写要紧的事情。我估计很多年轻作家觉得这么写有吸引力。大学里在教我的作品。它们在学生的阅读清单上;创意写作老师和文学老师在使用它们。从这方面讲,我可以认为这些小说是有影响力的。不过,一般都是这样的,一个年轻作家看见他仰慕的作家的作品,觉得自己可以从中学到点什么。我的小说表面上看很简单。不过,我认为模仿只是一个方面;像我前面说过的,从整体上看,真的存在对寓言作家和元小说作家的一种背离。也许五年以后,所有人都会像某一个人那样写作。我记得我念研究生的时候,所有人都试图像唐纳德·巴塞尔姆那样写,那时编辑收到的小说百分之四十都像巴塞尔姆写的。我也变得喜欢他的小说了。他非常独特,创造了属于他自己的完整世界,如果一个作家能这么做,我会向他脱帽致敬。说到责任感,我不去想这件事。我每本书里的小说都在变。我收到过读者的来信,告诉我他们多么喜欢《当我们谈论爱情时我们在谈论什么》,而当时我已对那本书没有兴趣了。这些信像是来自另一个星球,在说一件现在几乎与我无关的事情。我想有些写得与我相似的作家(我肯定没在批评他们,从最广泛的意义上说我感到荣幸)的失落感和我并不相同。我努力写出最好的小说,不去想我在影响谁,或我在产生什么样的影响。然而，我很清楚我的小说在变化。

阿普尔菲尔德：它们是怎样演变的？你觉得根本原因是什么？

卡佛：我不是很确定，不过我可以告诉你这个——当一部小说完成并交到出版社后，我往往会搁笔一段时间，几个月吧。我会写一篇随笔或几首诗。我不知道这是不是在有意为接下来要写的做储备，不过有一段寂静期，什么小说也不写。例如，我写完《当我们谈论爱情时我们在谈论什么》之后，有六个月的时间我没写一篇小说。然后，我写的第一篇小说是《大教堂》，我知道这里面有种告别自我的意味，那本小说集里所有的小说写得都很快，而且都有点不一样。它们更饱满，也更宽厚了。小说集《大教堂》出版后，有两年的时间我一篇小说都没写。我写了两本诗集。诗歌和几篇随笔。我没有写小说的愿望，直到十八个月前才又开始写小说。这时我意识到我进入了一个写小说的阶段，我签了一份出书的合同。但是在此之前我一份合同都没有接受，部分原因是我甚至都不知道我是否还能写出一篇小说来！反正这些都是上天的礼物和恩赐。能给予你，要我说，也能收回。每完成一本书，就我所知，它都可能是我最后的一本书。自从重新开始写小说，那些小说完成得都很快。现在它们不仅涉及夫妻关系，还包括家庭关系，儿子和母亲、父亲与孩子，而且它们更广泛地介入这些关系。所有这些小说，除了6月发表在《纽约客》上的那篇写契诃夫的小说，都是用第一人称写的。而且它们都更长、更详细了，某种程度上也更肯定了，我想。尽管这些关系更复杂了，但我在用一种更简化或更直接的方式处理它们。

阿普尔菲尔德：你捕获的声音——你从哪儿听到的？它们来自何处？你的想象？你的过去？公共场所？

卡佛：我写的每一篇小说（或许有一两篇除外）都有来自真实世界的萌发点。我最欣赏的小说里面总存在涉及现实世界的段落。小说不是无中生有。至少我感兴趣的小说不是这样的。我不喜欢读写作经验，以及有关小说写作的反省等。我对这些东西没有耐心。我所剩的时间不多了，我不想浪费时间。通常小说或诗歌的第一句保持不变，其他的我往往会修改……有一次，我在飞机上看见一个男人,坐在我旁边的座位上,就在我们飞抵这个城市的时候,他把婚戒从手指上退了下来。这件小事留在了我的脑子里。小说集《请你安静些,好吗?》里有篇叫《肥》的小说,写一位女招待接待一个肥胖男人的故事,这是我的第一任妻子多年前做女招待时讲给我听的故事。一天晚上她下班回家,说:"晚上我招待了一个奇怪的人,他提到自己时用复数。他称自己为'咱们':'咱们想来点面包和黄油''咱们想要点水''咱们要点嫩牛排'。"我觉得一个人这样说自己太不寻常了。但我好多年都没去碰这个故事,等到写这个故事的时候,问题变成怎样讲述这个故事最方便,这是谁的故事。随后,我就怎样呈现这个故事做了个慎重的决定,我决定从那个女人(女招待)的角度来讲这个故事,把小说构架得像是她在给她的女朋友讲这个故事。对于这件事,以及她所有的体验,她自己也不能完全理喻,但她还是讲了出来。我曾和得克萨斯州埃尔帕索市的一位心脏科医生交谈过,那次交谈演变成写《当我们谈论爱情时我们在谈论什么》那篇小说的想法。小说的主角像我从前一样喝很多酒。另一篇小说里的一个角色把钥匙扭断在锁眼里了。这样的事在我身上发生过一次。我几本小说集里的小说要么来自某件我目睹的事,要么是我经历过或听别人说起过的事情。

阿普尔菲尔德:尽管你以短篇小说闻名,但诗歌对你似乎一直都很重要。

卡佛:那是非常接近我内心的东西。我能在诗歌里做小说里不能做的事情。诗歌让我感到更加脆弱,这是真的。我在诗歌里所做的事情,有时候我不允许自己在小说里这么做。我写出这些诗歌的那个时期,真的是我一生中最不寻常的时期。在那时我可以幸福地死去。诗歌受到的欢迎带给我无穷的愉悦。写诗使我无比快乐。

阿普尔菲尔德:诗歌高度私人化。你唤起你的过去、你的家庭、你的地域感。你受过什么样的培养?你保持什么样的传统或历史感?

卡佛:我在华盛顿州东部长大。家里没有人上学超过小学六年级。我的父母勉强识几个字。我爸是个工人。我母亲是家庭主妇。所以,我能说什么呢?一言以蔽之,我受的培养从文化方面讲是贫乏的。我父母和亲戚从阿肯色移居西海岸。但是我的成长过程中并没有任何的传统；我们吃晚餐的时候不点蜡烛，或做类似的事情。我从蓝领工作干起，靠双手工作。我早期的生活在我后来的情感生活上留下了很深的烙印。我断断续续教了十五年的书，但我觉得我没写过任何与学术界有关的东西。我喜欢读历史书籍，我读过很多历史，也许是因为我自己没有什么历史。别的不说，我刚读完一本伏尔泰的传记。

阿普尔菲尔德：从你的人物、主题和语言上讲，你是个特别的美国作家。我想请教你是怎样与你自己的文化和社会互动的。人们普遍认为美国的观点在继续向右滑，变得越来越保守，越来越倾向于孤立主义和种族中心主义。作为一个公民和作家，你怎样回应这些倾向？

卡佛：我不喜欢我看到的东西。情况很糟糕。四下随便看看，就会见到又一个社会项目被裁减了，又一个艺术项目被裁减了。私营企业必须接替这部分工作。别人是这么告诉我们的。我们被告知没有人会遭忽视！人民大众正在被忽视。我当然不喜欢看到这种情况。某些右翼评论家不喜欢我写的东西,特别是和希尔顿·克莱默创办的《新准则》有关系的那些人。他们要我给美国戴上一副幸福的面具。他们说我的小说在走向世界,它们没有显示美国美好的一面,而且如果有这样的人,有像我描述的无依无靠的人存在,那么,他们活该那样;我的小说让人觉得我不是真正的美国人,因为它们引起公众,特别是外国人的关注。

阿普尔菲尔德:所以说,评论界反对你突出那些本质上被现行经济结构,被"里根经济"和伴随它的一切剥夺权利的人的生活。

卡佛:正是这样。

阿普尔菲尔德:仔细观察你的人物或许会让人想到,他们不仅面临种种个人困境(两性间的、情感上的、群体间的),还反映了某种典型的心理倾向。你对精神病学有特别的兴趣吗?弗洛伊德或荣格,举例来说,有没有影响到你对你所描写的人物的理解?

卡佛:我觉得让我来谈论心理学或精神病学方面的

话题不合适。我倒是希望我能够来谈谈！我没有读过你提到的那些大人物的任何东西，比他们差一点的也没读过。也许下辈子会有时间做这件事，以及更多的事情。有时间做所有的事情。然而是这辈子，此时此刻，在为难我，捆住我的手脚，有时候，我甚至没有时间开始做我想做的事情，像读点这个读点那个，更不用说写我想要写的东西了。我会先死掉，我非常确定；没有足够多的时间左顾右盼。

阿普尔菲尔德：早些时候，你提到了海明威，他显然对你有影响。你还会把谁加在这个名单上？你读谁写的东西？

卡佛：契诃夫是肯定的。我最近刚出的一篇小说，是对契诃夫的悼念、致敬。小说与契诃夫生命的最后几天和死亡有关。它与我写过的东西都不一样。我总能带着极大的愉悦重读他的小说。海明威早期的小说也一样。我发现他的句子抑扬顿挫，很刺激。它们进到你的血液里。托尔斯泰，那是肯定的。我特别喜欢他的短篇——当然也喜欢《安娜·卡列尼娜》——还有他的小长篇。弗兰克·奥康纳。还有伊萨克·巴别尔,他的短篇小说对我来说意义重大。还有像理查德·福特和托拜厄斯·沃尔夫这样的小说家。今年秋季,福特将出一本定会引起轰动的短篇小说集,叫《石泉城》(*Rock Springs*),我强烈推荐。还有安德烈·迪比(Andre Dudus),他的很多小长篇非常合我的口味。如今有许多好作家在写作,多得难以一一列举,这是很显然的。

阿普尔菲尔德:最后一个问题,你怎样描述美国80年代的小说写作?

卡佛:从整体上说,我们处在一个非常健康和多产的时期。就很多作家而言,有一种对细节和时刻的关注。我觉得作家们想要捕捉和保留某些东西。狂风大作。存在各种不确定和不可靠的因素,我觉得专注于细节与独特的东西很重要,要在中心不稳定的情况下努力把某些事情确定下来。这是美国文学的一个巨变期。这是毫无疑问的。我不知道现在的这些作品中会产生什么,特别是短篇小说。不过从年轻作家出版的严肃小说的数量和质量上来看,我们正处在一个罕见的健康时期。一切都会随时间理出头绪来的。那没有问题。尽你所能去写，抓住自己的机会。

"Fiction & America: Raymond Carver" by David Applefield from *Frank: An International Journal of Contemporary Writing & Art* (Paris), no. 8/9 (Winter 1987 - 1988), 6 - 15. Conducted Summer 1987.

重燃激情:采访雷蒙德·卡佛

迈克尔· 舒马赫/1987年

上一个十年里,出版界对小说的浓厚兴趣已经广为人知。这在短篇小说上表现得尤为明显,有观察者称这个时期为美国"短篇小说的文艺复兴时期"。有些人则认为读者总是对高质量的小说感兴趣,由于出版商的宣传与推销,这些小说的曝光度更高了。不管是哪种情况,如今书店的书架上从来不缺小说,小说卖得比以往任何时候都好。

想要认真探讨这个趋势,就必须去读巴里·汉纳、理查德·福特、玛丽·罗比森、安·比蒂、约翰·契弗、安德烈·迪比、托拜厄斯·沃尔夫,当然还有雷蒙德·卡佛这些作为开路先锋的作家的作品。没有他们与其他一些作家的不懈努力，小说在当下就不会受到如此的关注和评论界的高度重视。

过去二十年里，雷蒙德·卡佛是文学界鲜为人知的秘密。喜爱他的短篇小说和诗（往往刊登在纯文学杂志和小型报纸杂志上）的读者，通常是一群对极少受到关注的好作品感兴趣的忠实粉丝。虽然全国范围的追随尚待形成，但他的作品已经得了很多奖，几乎是各种选集和最佳小说选的常客。虽然身处短篇小说复兴的最前沿，他在繁华耀眼的图书出版业和学术界却并不起眼。

如今，雷蒙德·卡佛既有"票房价值"，也深受尊重。稿酬丰厚的大杂志向他索稿，大学生、作家与记者则索求他的时间和意见。他被认为是当代最好的短篇小说家，至少是其中之一。他经常收到讲课、教学和参加作家会议的邀请。他的手稿在大学图书馆和收藏家的手中不断增值。

为了逃避喧闹、免受干扰，卡佛和特丝·加拉格尔（诗人、短篇小说家，卡佛过去十年里的伴侣、批评家和灵感来源）从纽约州北部搬到华盛顿州的安吉利斯港。不过即便在那里他们也不得不拔掉电话线,或挂出手绘的"谢绝探访"的牌子来回避关注,好做一些真正的工作。

卡佛承认他的过去和现在是两次不同的生命,而他的成功仅仅增强了他对过去的聚焦与洞察。他说能够活下来很幸运,并补充说他的诗和小说"见证"了他的过去,很不幸,也"见证了"太多人的当下。

实际上,他的生平经历读起来就像他虚构的故事之一。卡佛1938年出生在俄勒冈州的克拉茨卡尼镇,在锯木厂当工人的父亲嗜酒,好流浪,经常换工作。卡佛的母亲做女招待和店员来补贴家用。文学和艺术是卡佛家晚餐桌上最不会谈论的东西。

尽管这样,小雷(家里人这么叫他)还是想当作家,不过没那么容易:卡佛娶了他高中的恋人,二十岁之前已经有了两个孩子。尽管他跟父亲去了锯木厂,但逃脱单调乏味的蓝领生活是卡佛和他当时的妻子共同的梦想。

在把全家搬到加利福尼亚州,并在加州州立大学奇科分校注册登记后,卡佛开始了自己的写作生涯。他选修了约翰·加德纳的一门创意写作课。已故的加德纳是一位小说家和散文家,一位对卡佛影响至深的老师。从那时起,卡佛靠做一些低报酬的工作养家,挤出时间来写作。他发表了很多作品(其中的大部分受到了评论界的称赞),但由此得到的收入微乎其微。

"我们有过梦想,我妻子和我。"多年后,卡佛在回忆那段艰辛的日子时写道,"我们以为我们可以埋头苦干,做自己真心想做的事情。但是我们想错了。"

他们的婚姻结束了,卡佛染上了酒瘾。就连1976年他第一本短篇小说集《请你安静些,好吗?》的出版,也没能阻止他的沉沦。当他的第一次生命接近终点时,卡佛像他虚构的人物一样,几乎无力改变自己人生的方向。在接受《巴黎评论》的采访时,他与莫娜·辛普森讨论过这个时期。卡佛的评价诚实到了冷酷的地步:"当你开始生活时,你从未想到过破产,变成一个酒鬼、背叛者、小偷或一个撒谎的人。"

卡佛的幸存是人类适应力和创新精神的见证。他的第二部短篇小说集《当我们谈论爱情时我们在谈论什么》(1981)某种程度上是一种宣泄,一本被削减到骨头的风格化的作品集,一本关于他生活中的痛苦和绝望的选集。小说的核心是卡佛笔下的现代西西弗斯——从事着无聊工作的工薪族,停在接近山顶的地方,肩上扛着一块巨石,他无法把石块推上山顶,又因骄傲或固执而不愿意让它滚落山底,这僵化成对意志力和忍耐力看似无止境的考验。那本书像他的第一本书一样,受到了压倒性的赞誉,卡佛被认为是继海明威之后短篇小说最强大的生力军之一。

随着《大教堂》的出版和美国艺术文学院声誉极高的斯特劳斯津贴的颁发,卡佛的第二次生命于两年后水到渠成地开始了。前者为卡佛赢得了更多评论家的赞誉(国家图书评论奖提名),后者则使得他有机会把自己的全部时间用在写作上。借助新近获得的自由,卡佛辞去了他在雪城大学的创意写作课教职,并把自己的写作转向诗歌,于1985年出版了诗集《水流交汇的地方》,一年后又出版了诗集《海青色》。和他的小说一样,卡佛的诗紧凑且充满活力,每一个字都是仔细选择的工具,使张力增强到极点。

1988年,卡佛的《我打电话的地方:小说自选集》出版发行。多年来,卡佛一直在说自己要写长篇,但他即使曾经试着写过,现在也不急于去写。他为导演迈克尔·

西米诺写了一部剧本,并暗示还想再写一部。他是《1986年美国最佳短篇小说选》的客座编辑。他和汤姆·詹克斯合作编辑了《美国短篇小说杰作选》,这本雄心勃勃的选集收录了发表于1953年至1986年之间、他们认为最好的美国短篇小说。他还在写诗。

尽管他的时间很宝贵,但卡佛待人热忱且愿意配合,似乎没有卷入围绕自己作品和文学声誉的喧闹之中。他说话的声音轻柔,哪怕是在谈论自己热切关注的话题。为人谦逊的他在评估自己的现状时却充满自信:"我觉得我会幸免于难——不仅幸免于难,还会进一步发展。我活得不容易,不过,话说回来,我肯定其他作家活得同样艰难,或更加艰难。但这是我的生活、我的经历。"

除了顺便提及,几乎没有采访者就诗歌向卡佛提问。对此我很诧异,因为他精简的风格得益于诗歌技巧,而不只是对后者的一种简单认可。我从这个方面着手提问,希望借此延展到对他小说的探讨和更深的理解。我很高兴我这么做了。

迈克尔·舒马赫(以下简称舒马赫):你出版的诗集

比短篇小说集还要多。你的诗人生涯是怎样逐步发展起来的？

雷蒙德·卡佛（以下简称卡佛）：开始写作并把作品寄出去那会儿，我在短篇小说和诗歌上花了同样多的时间。那时，60年代初期，我有一个短篇和一首诗在同一天被接受了。那真是个喜庆的日子。由于我的生活状况，我写诗和小说是没有什么计划的。最终我决定——有意或无意——我不得不选择把精力放在哪里。我选择了短篇小说。

舒马赫：不过，你还在写诗。

卡佛：是这样的。多年来，我是个偶尔为之的诗人，但对我而言，那比完全不是诗人要好。一有时间我就写诗，只要有机会，并且当时不在写小说。早期的诗集都由小出版社出版，现在已经绝版了。这些诗中最好的都保留在《火》那本集子里，那本书还在发行。我想，早期诗集里有五十首左右的诗我想保留下来，这些诗都收进了《火》里。

舒马赫：过去几年里，你远非一个偶尔为之的诗人。那段时间你诗歌的产量非常高。那又是怎么一回事？

卡佛：随着《大教堂》的出版，以及由此引发的喧闹，我好像没办法安静下来，找不到一个写作的地方。我们住在雪城。特丝在教书，家里人来人往，电话铃响个不停，有人不打招呼就找上门。她有学校的事务，还要社交。这样就没有时间写作了。所以我去了安吉利斯港，去了那栋小房子，打算写点小说。我已有两年多没写一首诗了，而且就我当时的感觉，我能想象自己有可能再也写不出一首诗来了。但到了那里后，我就那么呆坐着，安安静静地待了大约六天。我拿起一本杂志读了几首诗，觉得那几首诗写得不怎么样。我想：天哪，我可以写得比这好（笑）。这也许不是一个重新写诗的好动机，但不管是什么动机，那天晚上我写了一首诗，第二天早晨起来我又写了一首。这种状况在持续，有时一天两首甚至三首，持续了六十五天。我感到自己充满了激情。

所以我写下了这些诗，其中很大一部分收进了《水流交汇的地方》，接下来的一两个月我什么都没做。我们去了一趟巴西和阿根廷，去那里朗读作品与讲课。与此同时，那本诗集被出版社接受了。从南美洲回来后，我又开始写诗——此外，我不知道这次的动机是否正确，但我在想：如果那本诗集出来后遭到痛骂（笑），如果我被告知不该再写哪怕一首诗，我应该去写我的小说，等等，那该怎么办？不管什么原因，我又开始写诗，等到《水流交汇的地方》出版时，我抽屉里已经有了一本新书。现在回想那个时期，写那两本诗集的时期，我都说不清是怎么回事。真的！所有那些诗就像是一份厚礼——那整个时期就像是一份礼物。现在，我回去写小说了，就好像那个时期从来没有出现过。它出现过，那当然了，我为此感到高兴，我也不想就此做什么文章，但那是一段美好的时光。快乐的时光。去年秋天《海青色》出版后，我又写了几首诗，但现在我主要把精力集中在小说上。我希望完成手头这部小说集后，可以回去写诗，因为对我来说，写诗的时候，世界上没有什么事情是重要的。你知道的，就我而言，如果别人在我的墓碑上简单地写上"诗人"这两个字，我会很开心。"诗人"，括号，"短篇小说家"（笑）。墓碑下方的某个地方写上"偶尔为之的文选编辑"。

舒马赫：还有"教师"。

卡佛：对，还有"教师"（笑）。教师会在最下面。

舒马赫：我和杰·麦金纳尼说起你做过他的老师，他说到你的时候，与你说到你的老师约翰·加德纳时很像。你喜欢教学吗？

卡佛：喜欢。你看，我的教学生涯独特，有几个原因，其中之一就是，实际上，在我最疯狂的想象里，我也没想到自己会成为老师。我一直是课堂上最害羞的孩子——随便什么课。我从来不说话。所以说教授一门课，说点什么，能帮助到学生，是我最想象不到的事情。像我这样，来自一个没人上过中学的家庭，在大学里有这么个职位，做老师，对我的自尊极为重要。最重要的是我有暑假，与此同时拿着相当不错的薪水。我这一生做过各种各样的工作，没有一份工作付我这么多的钱，还给我这么多的自由去写作。像你知道的，很多教书的作家在说学校和他们所教的作家的坏话，诸如此类，但我从来不那样。我很高兴自己有一份教书的工作。

刚开始教学的时候，我觉得自己干得还不错。我现实中的楷模当然是约翰·加德纳。不过还有另一位作家,洪堡州立大学的理查德·戴,以及萨克拉门托的一个叫丹尼斯·施密茨的诗人。我努力像他们那样教授作家写作班的课程。我试着亲自关照大家,尽自己最大的能力帮助他们。杰选修了我的一门文学课,而我或许,你可以这么说,准备得不是那么充分,所以我总是依靠杰让对话继续下去(笑)。"杰,你对这本书的看法是什么?"他会站出来,讲上十分钟(笑)。

舒马赫:你认为鼓励作家去这样的学校或写作班是个好主意吗?

卡佛:我认为是。当然了,不一定适合所有人,但我无法想象一位作家或音乐家,在没有受到任何帮助的情况下,突然就完全成熟了。莫泊桑受到过福楼拜的帮助,后者阅读了莫泊桑所有的小说,提出批评,给出自己的建议。贝多芬从海顿那里学艺。米开朗琪罗也跟别人学徒多年。早期的里尔克把自己的诗给别人看。帕斯捷尔纳克也一样。几乎所有你能想到的作家。所有人,不管是指挥家、作曲家、微生物学家还是数学家——他们都从前辈那里学艺;师徒关系是一种古老且尊贵的关系。显然,不能保证这么做了就会把随便什么人培养成杰出(或只是好)的作家,不过我认为这么做也不会损害哪个作家的机会。关于作家写作班的前途,有很多困惑、争论、探讨和分析:"我们将去向何方?"不过我觉得这一切不久就会理出头绪来。我不觉得它对年轻作家有害。

舒马赫:不说别的,至少鼓励是很重要的。

卡佛:是的,是这样的。我不知道,坦率地说,要是没有遇到约翰·加德纳我会怎样。(在写作班)一个作家能感到自己不是孤军奋战,周围还有别的年轻作家对你在意的东西充满激情,而且你能感受到鼓励。你曾经独自面对世界,没人留意你。我觉得作家写作班是一种共同的努力,一种非常重要的努力。会有学生或老师滥用它,但对最好的学生和老师来说,这是一件有帮助的事情。

舒马赫:你鼓励学生大量阅读吗?阅读对作家究竟有多重要?

卡佛:我觉得写作的人,尤其是年轻的写作者,见到什么书都想拿来读一读。从这方面讲，内行的指导会对他们有所帮助，读什么和读谁写的。不过年轻写作者在某个时刻必须做出选择：他最终想成为作家还是读者。我认识一些优秀、聪明、年轻、被认可的写作者，他们觉得只有读完所有的东西后才可以动手去写，当然了，你不可能读完所有的东西。你不可能读完你听说过的所有作家、所有名著——你没有那么多的时间。我的意思是我希望有两个我（一个阅读，一个写作），因为我太热爱阅读了。我可能比很多人读得都多，但在我写作期间，我读得没有我希望的多。在那期间我几乎不读书。我只是写，不干别的。当我不在写作活跃期时，我往往读些杂书——历史书、诗歌、长篇小说、短篇小说、人物传记等。

舒马赫：你鼓励学生读什么样的书？

卡佛：福楼拜书信集——我会推荐这本书。每一个作家都应该读一读这些书信。契诃夫的书信，还有契诃夫的生平。我会推荐劳伦斯·达雷尔和亨利·米勒（Henry Miller）的通信集，一本我多年前读过的很了不起的书。多棒的一本书啊！不过作家应该阅读其他作家，是的,一方面了解书是怎样写成的,别人是怎样写的,还有就是一种从事共同事业的感受,共同去面对的感受。根据我自己的经验,特别是诗人,除了阅读诗歌方面的书籍,自然史、人物传记会对他的写作有所帮助。

舒马赫:你用美国俚语写作,非常注重细枝末节,这让我想到威廉·卡洛斯·威廉斯和威廉·布莱克。你受到过他们的影响吗?

卡佛:威廉·卡洛斯·威廉斯是肯定的。我写了很长一段时间的诗后才读到布莱克。但威廉斯——确切无疑。我十九或二十岁的时候,只要是威廉斯写的东西,能找到的我都读了。实际上,我在奇科分校读大学的时候创办过一份杂志。一份小杂志,只出了三期,叫《选择》。我在上面刊登了一首威廉斯的原创诗。我给他写了封粉丝信,说我在创办一本小杂志(当然除了给作者的赠刊外我没法承诺更多),他就给我寄了这首美妙的诗。他在诗的下方签上了自己的名字。这是我人生最激动的时刻之一,这件事发生在他去世前不久。这首诗的名字叫《流言蜚语》,被收录到他去世后出版的诗集《勃鲁盖尔的画作》里。

舒马赫:他的短篇小说怎么样?你和他的短篇小说在风格上有很多相似之处。

卡佛:我非常喜欢他的短篇,但我不确定他的东西(写作方法)有多少进到了我的小说里。有这种可能,你知道,因为在那段时间,差不多所有的东西都在影响我。我刚十九、二十岁,约翰·加德纳是我的老师。那时他还没有发表过任何东西,不过他好像什么都知道。他在指导我该读哪些作家,该读哪些书——所以,有意无意地,威廉斯的诗影响了我,也许还有短篇小说。实际上,读了威廉斯后不久,我就写了那篇叫《父亲》的小故事。不过他对我诗歌的影响更直接。我估计海明威早期的短篇影响了我的小说。每过两三年,我仍然会去重读他早期的短篇,因他句子的节奏感而激动——不只是他写的东西,还有他的写法。我已有两三年没这么做了,我觉得我应该回去重读海明威了。

舒马赫:当你处在诗歌盛产期,有没有发现自己的大脑像照相机一样工作：观察事物就像拍一张快照那样瞬间摄入，能看到这些事物中重要的东西？

卡佛：我觉得是这样，是的，我的很多诗歌都始于某个视觉意象，就像你说的，一张快照。这样的快照经常出现。大多数训练有素的作家对这样的时刻保持着警觉，但我们中的一些，包括我自己，不总像自己希望的那样警觉。尽管如此，这样的时刻确实会出现（要么在那一刻，要么在事情发生后不久）。或许是几个字，或许是一句话，与那个意象联系在了一起，使我能够回想起那张"照片"。那句话常常成为那首诗的第一行。我写的东西没有什么是不可以改变的——我经常修改一首诗或一篇小说中的每一个字——但是开头的那一句，它是最初触动我去写一首诗或一篇小说的东西，那句话不会变。其他的随便修改。开头的那一句则保持它原来的样子。不过我喜欢照片这个说法，因为有个一闪而过的东西留在了你的大脑里。

舒马赫：得到开头的那一句后，你立刻就知道它会被用在一首诗还是一篇小说里吗？

卡佛：我并不有意识地决定一句话是用在一首诗还是一篇小说里。写诗的时候，这句话总是不可避免地成为一行诗；而在我写小说的时候，它会成为小说的一部分。有些作家同时写诗和小说，他们能够很容易地切换，但我似乎做不到。写小说的时候，我处在一个写小说的时期；写诗的时候，我接触到的所有东西似乎都变成了诗歌。所以说，如果开头的那一行到来时我正在写诗，它就会成为一行诗。

舒马赫：你诗歌里的某些句子几乎一字不差地出现在你的小说里。

卡佛：我知道。有三四篇小说和诗歌存在这样的交叉。《火》里面有一首叫《忍痛大甩卖》的诗，诗中有人把他们的东西全部拖到人行道上，被别人看见了，随后这个场景被我写进了《你们为什么不跳个舞？》那篇小说里。这样的例子还有几个。有首叫《母亲》的诗，里面的几行进到了一篇叫《箱子》的小说里。每一次都是先写出诗。随后我觉得这件事对我的情感生活影响太大了，我总有事情没做完的感觉，就又回到它上面，以一种更广阔、更充实的方式来处理它。

舒马赫:《母亲》作为一首诗很完整,但那个事件(母亲在圣诞节打来电话,说雪要是还不停的话她就自杀,还说除非是从棺材里,她不想再多看那个地方一眼)放在小说《箱子》里很有意思。这似乎增强了你在小说前面的部分营造的紧张气氛。另外我不知道你是不是有意识的,《母亲》那首诗里,叙事者在考虑去见心理医生,而《箱子》里,叙事者在考虑让他母亲去见心理医生。

卡佛:是的,会有不同的写法。事实上,我大多数的诗和小说都源自真实的生活,但我不是在写自传。在小说和诗歌里,所有的东西都会改变,每一样东西。不管是什么,只要适合作品,我都会朝那个方向走。小说和诗歌可能有其起源,某些段落与现实世界有关,不过,就像我说过的,不管怎么说我都不是在写自传。

舒马赫:尽管这样,写诗的时候你似乎更贴近骨头,更具自传性。

卡佛:我想是这样的。诗歌给了我一个变得私密、坦诚、脆弱甚至超越现实的机会,写小说的时候我不会介入这些情绪中去。写小说的时候我更疏离一点,保持一定的距离。在诗歌里我感到自己更贴近事物的核心。

舒马赫:你写诗的时候,是内容决定诗歌的形式吗?你是否自然而然知道该怎样写?

卡佛:有的时候,为了让诗更有吸引力,我写得相当辛苦——要让它看上去是"对的",同时希望它听起来也对。诗写完后,我会在稿纸上修改很久。不过有的时候,仅内容就可以决定它在纸上的样子。

舒马赫:我们来谈谈你作为短篇小说家的工作。近期短篇小说的势头似乎很猛,短篇小说集的出版逐年增多。你怎么解释这个现象?

卡佛:我认为这是我们这个时代最为重要的文学现象。我觉得短篇小说或短篇小说家从未有过这样的时光。很多短篇小说家甚至没有兴趣去写长篇了。如你所知,有些短篇小说家能得到不比长篇小说少的预付金。重要的是能卖出去多少本书,短篇小说卖得从来没有像现在这么好。这太不寻常了。曾经,总的来说,出版商认为短篇小说最好还是留给小出版社或大学出版社,但现在情况完全不一样了。短篇小说家显赫地列在出版商的名单上。他们的书受到引人注目的评论。出版社也在大力扶持。

舒马赫:当然,你被认为是这个趋势形成的主要原因之一。

卡佛:好吧,不管我说什么,听上去都有点像在谋私利,谈论这个让我感到尴尬。我觉得不少好作家和我差不多同时开始写小说;我或者其他人的一些成就都促成了这种趋势。当然了,发生在我身上的好事也发生在其他短篇小说家身上。不过别忘了约翰·契弗,他1978年的短篇小说集对此贡献也很大。我想,也许很多年轻作家看到了这样的情形,受到了鼓励。他们觉得专职写短篇,不去考虑写长篇没什么问题。这给了很多短篇小说家一种许可。很多短篇小说家在写作,我是其中的一员。

舒马赫:短篇小说家里面你喜欢谁?

卡佛:哦,我喜欢托比·沃尔夫——他是一位绝妙的作家。乔伊·威廉斯是另一个。理查德·福特。查尔斯·巴克斯特(Charles Baxter)出版了两本优秀的短篇集。我喜欢安·比蒂的小说。加拿大作家艾丽斯·门罗,她一定是一位杰出的作家。杰恩·安妮·菲利普斯。安德烈·迪比。马克·赫尔普林(Mark Helprin)是一位一流的小说家。巴里·汉纳。约翰·厄普代克的很多小说我都喜欢。还有博比·安·梅森的小说。乔伊斯·卡罗尔·欧茨。我们在说活着的作家,也有很多已经去世的杰出作家,像契诃夫和托尔斯泰,像海明威、弗兰克·奥康纳与弗兰纳里·奥康纳。伊萨克·巴别尔。还有很多很多。

舒马赫:除了短篇小说本身,大家(甚至部分文学精英)对幸存者的故事也越发感兴趣,无论是你本人、理查德·福特、巴里·汉纳、查尔斯·布可夫斯基、托拜厄斯·沃尔夫等人的小说,还是布鲁斯·斯普林斯汀、约翰·库格·梅伦坎普(John Cougar Mellencamp)和汤姆·威兹的音乐中讲述的故事。你觉得那是什么原因?

卡佛:这个嘛,一部分当然是因为这些人事实上在为自己的经历做见证,他们能把这些经历说出来。怎样落到那样的境地,又怎样重新振作——活下来如实地讲述自己的经历,这本身就很有吸引力。这就像是:"我会告诉你那是一种什么样的感受。这是我的歌,这是我的诗或短篇。你们各取所需,悉听尊便。"我觉得这些作家和音乐家不只是给大众提供一时的乐趣,他们的作品里包含了一种坚如磐石的真诚,所以大众关注他们。

舒马赫:你在《时尚先生》杂志上发表的随笔《我父亲的一生》里提到,当你告诉他你想成为作家时,他的建议是"写你知道的东西"。那是个了不起的建议,多年来,很多教写作的老师一直在建议学生那么做。你能解释一下你的蓝领背景对你的写作有什么帮助吗?在题材和方法这两个方面。

卡佛:题材肯定不缺,我有要写的东西,我非常熟悉的人和事。我从来不需要去寻找素材。而且,我觉得蓝领生活让我的写作变得直接、不绕弯子。那样的生活里没有太多空间或时间让亨利·詹姆斯这类作家兜圈子。

舒马赫:我估计我之所以提起这个是因为我参加过太多的创意写作课和研习班,那里有很多背景与你相同的人,他们写的都是大学教授或其他东西。

卡佛:是的,我知道。他们应该去写自己了解的东西。除了大学校园和师生关系,他们还知道很多别的事情。天晓得,那算是一个题材,有人会把它变成艺术。但一个作家,不管年纪多大,都不能假装。他的写作必须有说服力,写自己熟悉的、能感动自己的事情,才会写出好小说,不是写应该感动他的东西,而是确实感动了他的东西。每个人的生活中都有能够产生文学作品的重要时刻。你必须对它保持警觉并加以关注。那才是你应该写的东西。

舒马赫:《海青色》里有一首叫《绘画所需要的东西》的诗深深打动了我。那是从雷诺阿的一封信里摘录的清单,不过你把它用在了写作上,像是你对写好一首诗或一篇小说所需要素的建议。

卡佛:特别是最后三句。

舒马赫：那三句是："只关注你的画布/像火车头一样工作的能力/铁的意志。"这对年轻作家来说是很好的指南。

卡佛：刚开始写作时，我不能像现在这样把外部世界屏蔽掉。你在写诗或小说（或绘画、作词和作曲）的时候，一切都归结于此：只关注你正在做的事情。你的画布，可以这么说。换到小说或诗歌上，是指除了打字机上的那一页纸，其他什么都不关心。说到能像火车头一样工作的能力和铁的意志——我发誓，那是必要的。写过东西的人都知道，所有这些都是必要的条件。当然，打动我的这些句子来自雷诺阿的信件，所以说这是一首捡来的诗。不过，一个年轻作家不会因遵循了这些诗句的建议而做得更糟。我认为所有这些都是必要的。比方说，你的车子需要做一次重要的维护，但你的灵感来了，你必须坐到打字机跟前，把外部世界全部屏蔽掉，忘掉其他的东西。我很高兴你提到那首诗和其中的那几行，因为那是我写作的哲学，如果我有的话。你也可以把它们放在我的墓碑上（笑）。

舒马赫:你在《1986年美国最佳短篇小说选》的引言里讨论过短篇小说的写作技巧,列出了五个你认为重要的因素:选择、冲突、戏剧性、后果和叙事。写之前你已经在脑子里把这些因素规划好了吗?

卡佛:没有。我开始写,按照一种自然的进程向前走。开始写一首诗或一篇小说时,多数情况下我意识不到它的去向,直到我抵达了那里。不是在我写的时候。弗兰纳里·奥康纳的随笔《写作短篇小说》里有一段话,说她开始写一篇小说时,从来都不知道故事的走向,直到她抵达结尾。我还读过海明威写的一篇小随笔《对大师的独白》,有人问他是否知道一篇小说的走向,海明威回答说他从来都不知道,他只是往下写,小说的进程逐渐展开。写小说时我没有任何规划。戏剧性进入故事里面,后果和选择自行呈现。我估计在随笔里我试图区分它们,但它们都联系在一起。它们其实是分不开的。

舒马赫:你确实有你之前提到的开头的那一句。

卡佛:是的,我有开头的那一句,然后其他的东西似乎都是从那一句延展出来的。

舒马赫：在读你的短篇小说时，我常有这样的印象，某件非常非常重要的事情在小说开始前就已经发生了——或者会在小说结束后发生。你的小说，像海明威的一样，其实只涉及冰山一角。如果这么做可行，效果会非常好，但很多刚开始写作的人在这个地方存在问题。他们会假设读者已经知道发生了什么——小说里从来没有提及的那些事情。对你来说什么是最为关键的地方？你怎样把它传授给你的学生？

卡佛：这个嘛，你不能让读者读不到必要的信息。你可以假设读者能够想象人物的相貌——你不必描述他们眼睛的颜色，诸如此类。就小说而言，你必须假设读者具有某些知识，他们会去填充一些空缺。但你得向读者提供足够的信息，让他们关心书中的人物，这样他们才不会游离开；你不能模糊正在发生的事情。说到这个，我对某些60年代的后现代作家有看法。有时你读到这样的作品，你不知道问题是什么——只知道有问题或困难。故事中的所有人物都状况不佳，但小说在形式和结构等各方面都与现实脱节。那些关于我们怎样生活、怎样做人、怎样使我们的行动有结果的小说和诗歌更让我感兴趣。我的小说大多数从戏剧性冲突接近尾声的地方开始。我并不过多地给出此前发生的事情的细节。我只从接近情节高潮的地方开始写。

舒马赫:你的小说始于紧要关头。

卡佛:是的,我觉得是。我想我对别的东西没耐心。不过有一种分寸感——最关键的地方,像你说的——你必须给读者足够多的信息,但你不想给得太多。我不想让读者或我自己感到厌倦。

舒马赫:库尔特·冯内古特写过,短篇小说家写完小说后,应该把小说的前几页扔掉。

卡佛:有几分道理。D. H. 劳伦斯做过评论,大意是完成你的小说,全部写完之后,你回去摇摇树枝,再次修剪。

舒马赫:说到修改,你早期的一些小说,从最初发表在小杂志上到最终收入你的小说集里,你做了大量的修改。有时候小说的结尾,甚至小说的名字都改掉了。你在《火》的后记里对自己的修改做过解释,你写道:"我修改也许是因为这逐步把我带到小说的核心。我不停地努力,看自己能否找到它。这更像是一个过程,而不是一个固定的位置。"你能多做一些解释吗?

卡佛:有段时间我什么都修改,改动通常都很大。我也不知道为什么,也许我不知道前面等着我的是什么,我不知道前面有没有任何东西,所以我对捣鼓手头的作品更感兴趣。那时我觉得这些故事尚未到不能更改的地步,我想让它们抵达那里——不管是哪里。现在,我不像过去那样感到有做这些修改的必要。也许我对自己的小说更有把握了,或更满意、更自信了。至少是发生了什么。现在我往往只管写,写完后多半会对它们失去兴趣。从某种程度上说,小说一经发表就不再属于我了。我不想从中获得更多的东西,不过我估计,我现在觉得要做的事情太多,而时间太少,所以我不再热衷于修改小说。现在我边写小说边完成所有的修改。作品发表后我不再回去改动它们,像我过去那样。

舒马赫：也许这是因为你已是个成熟的作家。

卡佛：也许吧。过去我不像现在这样自信。那时，我对自己做的事情知道得不多——不满意。而现在，不管是什么原因，我更自信了，自己的路也看得更清楚了。很多现在起作用的东西六年前或十年前并不起作用。无论是作为作家的我成长了，还是成熟了，像你所说的，我不知道，不过我感觉良好。

舒马赫：修改的时候，你在寻找什么？你往往会做什么样的修改？

卡佛：我想让小说在每个层面都具有吸引力，这涉及创造可信的人物和场景，同时在小说的语言上下功夫，直到它的语言百分之百清晰，但还是能够传达复杂的想法与微妙的变化。

舒马赫：你许多第一人称的小说是以女性的视角来写的。写这些小说时，你是否感到小说的冲击力——所谓的"真实性"——被女性的视角增强了？这样写小说困难吗?

卡佛:第一次试图以女性的视角来写小说时,我有点紧张。这对我来说是一个挑战。写完后,我激动得不行。很兴奋。我希望自己不论以哪种性别的视角写都具有说服力。现在,当我有写小说的灵感时,小说的视角几乎不可避免地呈现在我面前。不过,话说回来,我觉得视角是由题材的性质和处理方法决定的。我只需准备好,放手去写就可以了,我喜欢这样。

舒马赫:小说的视角很重要。我听说有人写完后又把小说从第一人称改成第三人称。

卡佛:是啊,我的朋友理查德·福特把一部长篇小说的视角改了。他花了两年的时间写那部小说,过后他觉得不对劲,又花了一年的时间把视角完全改了。这就是敬业。对你做的事情负责。你想要做对,而且你没有太多的机会。我不知道一个人将会带上几本书进坟墓,但你想要做对,不然干吗去做呢?

舒马赫:在你稳定写作期间,你每天一般都做什么?

卡佛：我起得很早，六点到六点半之间，喝咖啡，吃一碗麦片或类似的东西。我总是在八点前坐在我的办公桌前。如果运气好的话，我会在办公桌旁待到十一二点，然后我会休息一下，吃个早午餐。运气好的时候我能在办公桌旁待一整天，做点事情，因为我喜欢工作。我喜欢写作。写作的时候，我打开电话留言机，拔掉楼上的电话线，这样就听不见楼下的电话铃声。我可以在晚上检查一下是否有人留言。我不怎么看电视——通常我只看新闻——我上床比较早。大体上是一种相对安静的生活。

舒马赫：你更喜欢把小说从头到尾一次性写完吗？

卡佛：是的。我担心被打断，失去最初想写这篇小说的动机。我觉得我花在小说第一稿上的时间从来没有超过两天。通常只需要一天。这之后我会花很多时间打字和修改，不过，我觉得最好在忘掉之前把小说写下来。等到明天再写也许看上去就没那么好了。所以在写第一稿时，你必须相信自己的直觉，希望并假设会写出点什么，用笔飞快地写下来，努力在忘掉前迅速地完成初稿。写完后可以改动。接下来你可以慢下来,仔细推敲。

舒马赫:我记得在哪儿读到过,早年你经常从家里溜出来,在车里写作。

卡佛:这是真事。我不推荐在那个地方工作(笑),不过在我人生的那个阶段,那么做很有必要。我不知道我有没有从中得到过什么,但至少我在写。我试图做点什么,我没有地方可去。我还年轻,家里没有地方。我并不想出门坐在车里——不是说我想在乡间安安静静地开一会儿车,停在小河边寻找灵感。不是的,我只是走出家门,坐在停车场的车里,只想离开我的孩子和家里的混乱环境。那里就像是我的办公室(笑)。

舒马赫:你会警告你的学生作家的生活有多艰辛吗?
卡佛:哦,有时我会讲一点,但你无法告诉他们到底有多艰辛。做不到。你无法诚实地告诉一个年轻的诗人或小说家,如果想要取得一点成就,他们不仅要用最认真的态度对待写作,还要为此奉献余生。你无法告诉他们什么是他们将要经历的。你可以大概地说一说,但是他们必须亲自经历;他们必须活下来。你不用对他们当中的优秀分子说太多。如果他们足够聪明的话,就会知道那是一种什么样的生活,他们会知道那来之不易;如果他们不够聪明且对自己不够狠,毕业以后他们不会写很久的。

舒马赫:我总是对渴望出版与渴望创造之间的关系感到好奇。你觉得这两者之间的关系是什么?渴望出版是一个好的激励因素吗?

卡佛:我认为是。即便在我教学的时候,我总觉得如果从来不与年轻写作者谈论给杂志投稿的事,就太像待在温室和象牙塔里了。偶尔我会带上装订好的校样去课堂,给他们看我正在修改的校样,这样他们就能看到实物。从开始写书到完稿,从接受函到编辑过的稿件和校样,他们对这个过程一点也不了解。所以我给他们看这些东西,讨论他们的小说可能有的市场。我认为谈论出版不会贬低作品。恰恰相反,既要有文学创作也要有文学买卖。有时艺术和商业密切相关。我的投稿第一次被接受时,我得到了一种无法从别处得到的对我人生的确认。它对我非常重要。我记得我发表的第一首诗得到的稿费是一美元,但这丝毫没有降低我的热情。没有。那张一美元的支票让我兴奋不已。

舒马赫:然而,很多严肃作家不得不在艺术和收支预算之间做取舍:你希望写出好作品,有分量的作品,但你也得喂饱你的家庭。有时候你觉得自己在和时间赛跑:如果你不能写出点什么,你就付不了下个月的房租。你遇到过这样的情况吗?

卡佛:我的情况与此既相似又不一样。我知道写诗永远不会让我富裕,不管是一美元还是五美元的稿费,还是作者赠刊。多年来我一直在写短篇小说,当然了,如果付我稿费的话,一般在二十五到五十美元之间。所以说,实际上,我从来没有遇到过你提到的两难情况。问题是相似的,孩子在把我生吞活剥,每个月都有要付的账单(有些我们付不起),不过事实上,我写小说和诗歌对我们的收支状况没有太大的影响。在《时尚先生》上发表的第一篇小说带给我六百美元的稿费;然而,我写了很长一段时间后才在《时尚先生》上发表小说,所以我知道写小说也不能让我富裕。要是我能在保证质量的前提下写得快一点,我会那么做的,但我似乎还在教书,还在上班,还在挣钱养家,所以说我只能尽最大的努力去做能做的事情。

舒马赫:在你想要成为作家的时候,你只是希望在自己家门口的杂志上发表作品,像《真理》或《阿尔戈西》这类刊物。它们按照市场价付作者稿费,但是文学界普遍认为这些杂志不可能产生伟大的作品。是什么让你决定把作品投入更重要的市场的?

卡佛:遇见约翰·加德纳之前,我对严肃文学没有概念。我只知道自己想成为一名作家,而且很显然,我家里没有人读书,所以得不到任何形式的引导。我只好跟着感觉走,无论碰到的是一本历史小说,还是《真理》上的一篇文章。遇到加德纳之前,所有的东西对我来说都差不多。我们相识后发生的最重要的事情之一是他对我说:"我不仅要教你怎样写作,我还要告诉你读谁的书。"那对我来说非常重要。我开始读约瑟夫·康拉德和伊萨克·迪内森,还有很多重要作家的作品。我的人生第一次有了方向。加德纳把这些小杂志介绍给我,我对上面发表的小说和诗歌产生了兴趣,所以我设立了目标:好好写,把我写的发表出来。我不想对其他刊物摆出自命不凡的样子——不是我瞧不起《阿尔戈西》和《真理》这一类杂志,只不过我在那个时候没有足够的时间去读和写所有的东西。

舒马赫:你人生的一个重大突破是遇见戈登·利什,你交往已久的朋友和编辑。那是怎么回事?

卡佛:我们的关系可追溯到60年代中期。他在一家教科书发行公司工作,与我工作的教科书公司只隔一条街,在帕洛阿尔托。我们就是这样认识的。后来他离开那里去《时尚先生》杂志做小说编辑。我再次听到他的消息,是他用别人的信笺写来的一封信。信来自《时尚先生》,他画掉信笺上老编辑的名字。他在信里说:"我已从上面叫这个名字的老先生手里接过小说编辑的工作。把你有的都寄给我吧。"我还在出版公司工作,我把所有的小说(四五篇)都寄了过去,老天做证,它们全被退回来了(笑),附了一张纸条,上面说:"不够好,再来。"我不知道该怎么办。如果我的好朋友成了《时尚先生》的小说编辑,而我的小说仍然没被接受,我还有什么机会?只能说你是真的遇到麻烦了(笑)。不过我打起精神,坐下来,开始写更多的小说,最终他接受了一篇。一篇叫《邻居》的小说,那是我人生的一个转折点。后来他又接受了一篇,如此等等。后来他离开了《时尚先生》,成了克诺夫出版社的编辑。他给了我一份短篇小说集的合同。所以说我们相识已久。

他一直是我的小说的拥护者,无论什么时候都在支持我的作品,甚至在我不写作的那段时间,在我去加州酗酒的时候。戈登在电台和作家会议等场合朗读我的作品。我觉得——在我需要的时候——我从未有过比戈登更重要的支持者。从提供鼓励的角度讲,他与加德纳一样。他和加德纳在这方面也很相似:他会说如果你可以用二十个字,而不是五十个字说一件事,就用二十个字说。他对我非常重要,特别是在我需要倾听他的意见的时候。他还在支持年轻作家的写作。

舒马赫:作家与编辑之间更为密切的关系似乎是出版业的一种趋势。你注意到了吗?

卡佛：注意到了。实际上，几天前的一个晚上我还在和特丝谈论这件事。我们在说罗伯特·戈特利布（Robert Gottlieb）和他离开克诺夫去《纽约客》做编辑这件事。我们意识到这或许是文学史上编辑首次成为公众人物的时代，在某些场合，他们甚至比他们涉及的作家还要有名气。戈特利布去《纽约客》这件事上了《纽约时报》的头版，也成了全国各地报纸杂志上的新闻。还有著名的编辑加里·菲斯克乔恩（Gary Fisketjon），《时尚先生》上有一篇关于他的文章，其他杂志也对他做了报道。我认识许多作家，如果他们的编辑从一家出版社去了另一家，他们会跟着过去。作家与编辑已经建立起一种密切的关系，编辑去了哪儿他们也会跟着过去。我听说的第一个编辑是麦克斯韦尔·珀金斯，他和托马斯·沃尔夫、海明威及许多作家就存在那样的关系。现在编辑在作家的生活中扮演着一个更重要的角色，我不知道这是好事还是坏事。我不知道就此能得出什么结论，不过他们凭借本身的实力成为公众人物，这是不争的事实，我觉得这很了不起。

舒马赫:你作为作家的幸存经历一直激励着很多挣扎中的作家。你不仅能跨过外界施加的一系列障碍,还能把你的经历转化成普世的小说。对此你现在的感受是什么?

卡佛:我感觉自己像一个仪器……问题一直是怎样生存下来,如果我能选择做其他的事情……我也不知道,也许我会选择做其他的事情。不过我必须写作。你知道,火焰熄灭了:在我快要结束酗酒的时候,我觉得火焰彻底熄灭了。不过,确实,我活下来了。事实上,在我彻底戒掉酒精保持头脑清醒以后,有一段时间,一年左右吧,我没有写任何东西,写作对我来说甚至都不重要了。对我来说恢复健康、不再脑死亡太重要了,写不写再也没那么要紧了。我感到我的生命有了第二次机会。不过在一年左右的时间里,我什么都没写。后来,在生活走上正轨后,在我恢复健康后,我在埃尔帕索教了一年书,然后,突然地,我又开始写作了。这简直是一份厚礼,这之后发生的一切都是一份厚礼。每一天都是嘉奖。现在的每一天都是加在蛋糕上的纯奶油。

后记

雷蒙德·卡佛于 1988 年 8 月 2 日去世。

这篇采访是在卡佛得知自己身患肺癌前不久进行的。从他谈话的语气可以看出,卡佛的心情很好,雄心勃勃,相信自己最好的作品还没有写出来。尽管他以开玩笑的口气说到要在自己的墓碑上刻些什么,但从他身上和谈话里看不出临终的感觉。

这种感觉从来就没有出现过。即便在他患病、左肺的大部分被切除后,卡佛仍然保持乐观。我最后一次和他通话时,在《我打电话的地方》出版前不久,他没有抱怨化疗导致的疲劳或健康恶化,而是在期盼这本新书,以及回到诗歌写作上。

在他生命的最后几个月里,卡佛和特丝·加拉格尔举行了婚礼,他加入了美国艺术文学院,完成了诗集《通向瀑布的新路》。特丝告诉《纽约时报》,在他去世前的几个小时,卡佛还提到他从安东·契诃夫的小说中获得了极大的快乐。

雷蒙德·卡佛拥有自己的人生信条和艺术信条，这些信条的大部分已在这篇采访中得到陈述，也包含在（选择时就考虑到了卡佛的）书名①中。与其根据卡佛生命中其余的事件修改这篇采访或这本书的引言，我决定保持其付梓时的原样——仅做了一些微小的扩充。

这是雷喜欢的方式。

"After the Fire, into the Fire: An Interview with Raymond Carver" by Michael Schumacher from *Reasons to Believe: New Voices in American Fiction* (New York: St. Martin's, 1988), 1-27. Copyright © 1988 by Michael Schumacher. Conducted Summer 1987.

---

① 这里所说的是迈克尔·舒马赫 1988 年出版的《相信的理由：美国小说的新声音》。卡佛为这本书写了引言，这篇采访也被收入这本书中。

《出版人周刊》采访雷蒙德·卡佛

佩内洛普·莫菲特/1988年

在雷蒙德·卡佛二十五年的写作生涯里,他精心写成的精简且通常冷峻的短篇小说毁誉参半,这些与工薪阶层生活有关的小说也让他首次引起全国范围的关注。这些小说的大部分被收入《请你安静些,好吗?》(麦格劳-希尔,1976)和《当我们谈论爱情时我们在谈论什么》(克诺夫,1981)这两本小说集里。然而最近几年,卡佛的小说突然改变了方向,作家在对当代的焦虑感目光坚毅的审视中加入了几丝希望,就像他的最新小说集《大教堂》(克诺夫,1983)里的小说表现的那样。1982年,卡佛回到了自己的初恋——诗歌上,分别于1985年和1986年出版了两本深受欢迎的诗集:《水流交汇的地方》和《海青色》。

这个月,大西洋月刊出版社的《我打电话的地方:小说自选集》面市,由此,前三本小说集里卡佛认为"最经久不衰的"小说结集出版了。七篇此前没有被收录过的新作放在了书尾。这本书不是他小说的合集,而是选集,这样他就可以去除"一些我不喜欢和不会再写的小说",卡佛解释说。

当《出版人周刊》在华盛顿州安吉利斯港卡佛家的客厅拜访他时,作家本人看上去有点警觉,但还是比较放松。他块头很大,行动缓慢且小心翼翼,有色镜片后面的眼睛很严肃,带一点羞涩,但非常和善。他的呼吸有点吃力,去年 10 月一次手术——切除了一个肺的三分之二——的后遗症,不过他说话清晰,很少出现语塞。偶尔,在思考问题时,他会把握在一起的双手放在嘴巴前面——特别是被问到影响他生活和写作的新肿瘤的治疗时——但是他并没有回避。每周花一半的时间在西雅图做化疗很大程度上打乱了他的生活,卡佛承认说,但是,"如果一切顺利的话,等这些麻烦过去后,我会空出早晨的时间,恢复正常的作息。现在事情悬而未决。在这个过渡期想要集中精力有点困难"。

来自大西洋月刊出版社的第一批《我打电话的地方》精装本随时会寄到,但书还没有到,这令卡佛失望。当天下午,出版社的编辑部主任加里·菲斯克乔恩来电询问他的作者对这本书的反应,这让卡佛能以一种友好但很清楚的方式宣泄自己的情绪。"我和他是老朋友了。"谈到菲斯克乔恩时卡佛说道。菲斯克乔恩说他自 70 年代中期起就是卡佛爱好者,在"逐步升迁"到兰登书屋最高的编辑岗位的过程中,菲斯克乔恩安排兰登的平装书品牌佳酿图书再版了《当我们谈论爱情时我们在谈论什么》《大教堂》和最初由卡普拉出版社出版的卡佛的随笔、诗歌与小说合集《火》。兰登书屋还出版了卡佛近期的两本诗集的精装版。1986 年,菲斯克乔恩去了大西洋月刊出版社,卡佛跟随他去了那里。

卡佛五十年前出生在俄勒冈州的克拉茨卡尼镇,他在附近的华盛顿州的亚基马长大。他父亲是个酗酒的锯木厂工人,母亲断断续续地做着女招待和店员。卡佛不到二十岁就结婚了,生了两个孩子,开始从事一系列低收人的工作。

他说自己十七八岁开始写诗和小说,而且"从二十岁出头开始认真对待此事",尽管他从未有意成为一名作家。他说,这个决定"某种程度上是水到渠成的。我喜欢阅读,我只是单纯地想写我自己的故事"。最终,他去了加州的奇科分校上大学,在去洪堡州立大学获取本科学位之前,他向已故的小说家、散文家和教师约翰·加德纳学习小说写作。他获得了去斯坦福学习小说写作的斯特格纳奖学金,后来又去爱荷华作家工作坊学习了一年。

贫困缩短了他在爱荷华的逗留时间。但不久,卡佛就在小杂志与《时尚先生》这样的重要刊物上发表小说和诗歌。他开始在全国各地的大学里教授写作,最终成为雪城大学的文学和创意写作教授。

"我从来没有料到我会靠写短篇小说为生。"卡佛说,"写短篇在这个世界上究竟能走多远?我从来就没有两眼放光,我从来就没有干一番大事业的心态。"出名后他"吓了一大跳",卡佛说,而且名气"从来没有停止让我感到惊讶。这也不是在故作谦虚。事情发展成现在这样我很满意和开心。但我很意外"。

一个大的惊喜来自1983年，美国艺术文学院给予卡佛米尔德丽德和哈罗德·斯特劳斯津贴，提供他每年三万五千美元的资助，连续五年。收到斯特劳斯津贴后，卡佛辞掉了雪城大学的教职，搬到安吉利斯港居住，他现在的伴侣——同为作家的特丝·加拉格尔在那里有很深的根基。在这笔津贴的资助下，卡佛写了很多诗歌、一些随笔和少量的小说。他编辑了《1986年美国最佳短篇小说选》（霍顿·米夫林出版社），和汤姆·詹克斯一起编辑了《美国短篇小说杰作选》（德拉科特出版社，1987）。最近，卡佛的斯特劳斯津贴到期了，雪城大学邀请他回去，但是"运气好的话我不需要再教书了"，他说。"我的书被翻译成很多种文字，所以有来自日本、荷兰、英国和其他地方的收入。我也指望我将要写的书带给我收入。我最近和大西洋月刊出版社签了三本书的合同，一本诗集、一本小说集，第三本要么是一部长篇，要么是回忆录。也许我会写一部回忆录，和盘托出。"他说，安静地笑着。

"我从来没有像现在这样做出承诺。以前有人给过我短篇或长篇的合同，但是当我没在写短篇而且不打算写一部长篇的时候，我不会签合同或先拿钱。现在我希望自己更有条理,而且我能看清楚自己的路了。"卡佛说,"我知道我会继续写下去。合同让我感觉良好,给我一种安全感,某种程度上我知道接下来的几年里自己会做什么。"

诗集里的大部分诗已经写好了,卡佛说,而且"我现在能感觉到写小说的冲动,不过我先要把诗写完。诗歌像一个巨大的恩惠,对我来说很神秘;我说不清它们来自何处。写诗的时候,我不知道自己是否还会再去写一篇小说,我觉得没有这个能力,因为诗歌完全占据了我"。卡佛说,他过去七年里的经纪人、国际创意管理公司的阿曼达·厄本(Amanda Urban)"不会多说什么,但她更愿意我去写小说。不过她知道写诗让我开心"。他补充说,厄本是"顶尖高手,她是最能干的。她备受尊敬,而且直来直去,我很喜欢她这个人"。

卡佛的诗歌经常取材于他生活中的真实事件,对父亲的回忆,钓鱼打猎之旅,与加拉格尔、他的两个孩子及其他人的关系。他说:"我在诗歌里比在小说里更加脆弱。在诗歌里我可以更加私密。"尽管他喜欢写诗,但他说,如果必须在写作体裁上做出选择的话,"那会很困难,不过我估计我会倾向于写短篇","我觉得我无法放弃小说"。

卡佛的小说也取材于他的生活,真实的事件或人物可能会触发故事,但与诗歌相比,更多的东西是虚构出来的。比如,在较新的短篇《箱子》里,一个男人努力平衡他自己的需要、与现实脱节的母亲的需要,以及一个新情人的需要。母亲这个人物,卡佛说,"不真的是我母亲,但这个人物与我母亲有某些相同的特点。我不是在写自传,但存在某些参照点,联系小说和现实世界的真实线索"。

虽然卡佛早期的很多小说利用了他对贫困的童年、艰难的青少年生活,以及第一段婚姻的记忆,但他说"那种情况现在鲜有发生","现在的小说大多数发生在当下。这些小说在变化。它们经历了很大的变化,对此我很欣慰"。新小说《差事》用想象重现了卡佛的文学偶像之一——契诃夫临终时发生的事情。

与著名诗人、小说家和散文家加拉格尔长达十年的关系促成了他小说的某些变化,卡佛说。作为榜样,加拉格尔也帮助他重返诗歌写作并开始写随笔。这段感情使卡佛生活得更加幸福。"它很健康,它是件有益的事情。

我无法想象与一个不是作家的人生活在一起。"他说,"你们有共同的目标和担当,你们理解对方对私密与独处的需要。"卡佛和加拉格尔阅读并评论对方的作品。加拉格尔是个"严厉的"批评家,卡佛说。"她从来不对我手下留情,这是最好的方式。"加拉格尔有她自己的房子,离卡佛的房子只有几分钟的路程,所以两位作家可以分开来工作,也可以住在一起相互做伴。

他在安吉利斯港安家最初是因为他的伴侣在那儿更开心(加拉格尔在那里出生),但卡佛说他越来越喜欢那个小镇了。然而,他补充道,因为安吉利斯港远离人群,"假如不需要写作,我无法在这里住下去。我不会只是为了生活而待在一个漂亮的地方,有山有水。如果我不需要写作,一眨眼的工夫我就走了"。一年中他会离开安吉利斯港几次,去纽约住上一阵或去国外旅行。

卡佛过去常被称作"极简主义"作家,他从来就没有喜欢过那个术语,他说那个术语"似乎在逐渐消失。我觉得我有足够多样的小说,不会再被那把锤子击打了。我曾被右翼评论家抨击,他们说我'暴露美国的阴暗面。外国人对美国有了一个错误的印象'。但你怎么能这么说像《箱子》那样的小说？那篇小说与政治毫无关系，（叙事者的）母亲疯掉了。或者像《差事》那样的小说。契诃夫说，在小说中你不必解决问题，你只需准确地呈现一个问题"。

如果要给他贴一个标签的话，卡佛补充道，他比较喜欢作家这个标签。"除了被称为作家，我想不出来还有其他什么，除非是诗人。短篇小说家、诗人、偶尔为之的散文家。"

"*PW* Interviews Raymond Carver" by Penelope Moffet from *Publishers Weekly*, 27 May 1988, 42, 44. Published by the Bowker Magazine Group of Cahners Publishing Co., a division of Reed Publishing USA. Copyright © 1988 by Reed Publishing USA. Conducted Spring 1988.

雷蒙德·卡佛：黑暗主宰着他的作品，而非他的生活

盖尔· 考德威尔/1988 年

雷蒙德·卡佛是个大块头，像一头熊，蓝色的眼睛有种穿透力，但你首先注意到的是他有多么友善——就像你挑选的少年棒球队教练，或小镇上的儿科医生。他的笑声极具感染力，他的好奇心具有同情的意味，交谈时深思熟虑又坦率。说到自己的作品和其背后的生活时，他务实得让人很容易忽略过去十年里他获得的巨大声誉。作为一流的美国当代短篇小说家，卡佛之所以受到关注，是因为他用极其紧凑、苛求的形式来表现黑暗且通常不祥的错综复杂的世界——在这个世界，电话铃声或门廊上的脚步声预示的更可能是坏消息而不是好消息。

这不是一个完全想象出来的世界。刚刚年满五十的卡佛深知命运困苦的内里。刚满二十岁的卡佛已婚,是两个孩子的父亲,白天去上写作课,晚上干着一系列的蓝领工作,在把诗歌和小说寄给杂志多年后,他终于获得了应有的认可。他是一个康复中的酒鬼,十一年前,当酗酒威胁到他的生命时,他在匿名戒酒者互助会的帮助下戒了酒。去年秋天,他被诊断出肺癌并做了手术;作为一个曾经的烟鬼,他"立刻从每天抽六十支减到一支不抽"。他刚在西雅图做完七周的化疗,那里离他和诗人特丝·加拉格尔在安吉利斯港的家不远。医生向他保证,他预后良好。他很容易疲劳,不过似乎是没有力气而不是虚弱,极像一棵在奋力保住阳光下地盘的红松树。"一切都还好,"他说,"对此我很感恩。"

当然,卡佛的生活——他从中汲取过无数小说素材的坏时光——在过去几年里已经转向光明。1983年,他放弃了雪城大学的英语教授职位,好接受连续五年每年三万五千美元的斯特劳斯津贴。今年2月,他入选美国艺术文学院。这次他来东海岸是为了参加学院的入选仪式和接受哈特福德大学授予他的荣誉文学博士学位。大西洋月刊出版社刚刚出版了他的回顾性小说集《我打电话的地方》,这本小说集展示了卡佛过去三十年里最优秀的作品。

轻柔的笔触

卡佛的人物大多数是从芸芸众生中挑选出来的普通人;他们与死路一条的生活徒劳地抗争着,或者,更糟糕,在战斗结束之前就已经放弃了。与其说他们是受害者,倒不如说他们是无辜的旁观者,生活在一个病态、杂乱无章到无法提供基本需求的世界的边缘人。这种严酷很大程度上是由一种带有张力的微妙语气引发的——轻声细语地告诉你不仅出了问题,还有等在下一个转弯处的不测事件。卡佛小说出众的真实性存在于尚未发生的事情中,他只强调他的人物知道的困难,用轻柔的笔触唤起读者的恐惧感。

"你肯定还记得,我是一个诗人。"卡佛说起短篇小说的限制,"我觉得我用类似于写诗的方法写短篇小说。它们是叙事性的,我觉得,有开头、中间和结尾。我只对确实有地点、有行动的小说感兴趣。"

"写小说之前我就开始写诗了。你知道,有一天,在我寄出一些东西后,我的信箱里有了两封信:一封来自亚利桑那州的一家杂志,另一封来自犹他州。一封接受了我的一首诗,另一封接受了一篇小说。那是一个幸运的日子!我还从来没有过那样的日子。"他大笑起来,"太美好了。所以我上瘾了。

"但是很多时候,我只能试探着接近一篇小说。我带着写这篇小说的冲动开始写,但我并不完全知道它会往哪儿发展。通常我在说的过程中发现自己想说的是什么。我总是写得比需要的多;我总是多写,我必须回过头来删减。特别是在早年,一篇十页的小说可能意味着三十页的初稿——我会写上二十稿。现在不再是那样了。《我打电话的地方》里的新故事我并没有改写那么多遍。现在我不爱回头看。"

卡佛的小说总有一个凝练的结局,无论是顿悟,还是已露端倪的平稳回转。它可以波澜不惊,就好像马路对面门廊里的一盏灯熄灭了;也可以落地有声,就好像意识到:"梦,你知道,是你从中醒来的东西。""有时候要去寻找那样的时刻,"卡佛说,"要去想象。"

"我不知道——要是有个写小说的方案或提纲放在那里当然好,但我写作过程中大多数的时候是在盲目飞行——摸索行事!"那幅图像让他大笑起来,他摇着头说,"我会告诉你我所有的秘密。"

如果说卡佛早期的小说集《请你安静些,好吗?》和《当我们谈论爱情时我们在谈论什么》使人想到绝望的景象,那么1983年出版的《大教堂》眼界则更开阔,使人看到了一些可能性,甚至恩赐。按照年代顺序阅读会发现,最近的《我打电话的地方》里的小说呈现出更温和的样貌,但它们描述的仍然是一个就算能被接受,也需要小心对待的世界。

"我觉得我的小说更友善了,如果这是个恰当的词的话。"卡佛说,"我觉得它们比过去更肯定了。我不可能在一夜之间脱胎换骨。小说源自真正发生过的事情,我所有的小说都是这样。"

眼界的变化

作为虚构手法,一个作家有可能对自己的视角加以渲染，但评论家在谈论作品时往往会抓住作家眼界中黑暗的一面。鉴于他生活中发生的重大变化，我问卡佛是否仍然认为这个世界像他的小说暗示的那样暗淡无望。

"我不那样认为了，我不那样认为了。"他说，"我是说，我原先比较顽固，现在不那样了，这是因为我的处境发生了变化，确实变了。我仍然觉得岁月凄苦。但我感觉更积极、更愉快了一点。有些小说已经受到这种看法的影响，有些还没有。

"不过我的小说都有点阴暗，是吧？但它们里面也经常有点幽默。我觉得《大象》就很好笑。有一次我大声朗读它，我笑得没法把它读完。"

就卡佛的小说而言，《大象》是一篇很好笑的小说，尽管主要人物是一个试图照顾他的无赖家人的身心疲惫的男人。他半夜醒来，想起自己做的梦："在第二个梦里，有人给了我威士忌，我喝了。是喝威士忌这件事吓坏了我。这是所能发生的事情里面最糟糕的。真是掉到了谷底。和这相比，其他都算不上什么。我又躺了一分钟，试图平静一下，然后就起床了。"

雷蒙德·卡佛：黑暗主宰着他的作品，而非他的生活

早年的生活

雷蒙德·卡佛 1938 年出生在俄勒冈州的克拉茨卡尼镇，在华盛顿州的亚基马长大。他十九岁结婚，并搬到了加州的天堂镇，在那里他师从约翰·加德纳学习写作。卡佛曾在加德纳《如何成为小说家》一书的前言里向他早年的这位良师致敬。"我确实从他那儿学到了东西。"他现在说，"我像一块海绵，一块被洗得发白的海绵。我什么都不知道，但我知道自己什么都不知道。

"他会告诉我应该读哪些作家，大多数的作家我从来都没有听说过。他会把这件事变得人性化一点，让你觉得做这件事是有可能的。我无法告诉你他有多么重要。

"有些时候我只是凭自己的感觉，读我喜欢或不喜欢的人。即使在那个时候，时间似乎也不够用。我会读上两三篇，然后换一个人读。那是一段受教育的时间——那就是我当时在做的事情，自我教育。

"后来我失去了加德纳这位老师，因为我搬离了他所在的奇科，去了加州的尤里卡，开始了一段不同的生活。

我晚上在一家锯木厂上班,白天上学。我妻子白天在电话公司上班,晚上在家照看孩子、为我准备午餐盒等。我在努力学习写作。我有一种单干的感觉:不再有约翰·加德纳那样的人来帮助我。"

卡佛学会尊敬的作家包括海明威和契诃夫。他在《我打电话的地方》的最后一篇小说里向契诃夫致敬,并说他每隔两三年仍会去重读海明威早期的短篇小说。"我对句子的抑扬顿挫感兴趣,"他现在说,"词语落到纸面上的样子。"

这是典型的卡佛意象,就好像词语机缘凑巧落到了那里,或被一阵风吹到了那里。说到自己的写作——在他酗酒的时期差点彻底毁掉——他似乎同样谦虚。"我当时不在写东西;我写不出来。"他说,"我会清醒上三四天,写一篇小说,但那没什么,你知道……不可能写得更好,或不一样,或戒了酒重新开始。我想不了那么远。"

卡佛镇静地讲述着他的那段生活,不时停顿一下。他把自己的成功戒酒描述成"无疑是发生在我身上的最有意义的事情"。

"你知道,我现在的这些麻烦,这些健康问题——在我酗酒的那些日子里,我不可救药。我无法停止喝酒。我在那件事上没有选择。我在出局。

"我的家庭生活一团糟,我的健康一塌糊涂——现在,从某种程度上说,轻松多了,和那时候相比。现在的情况好多了,永远不会像过去那么糟糕。"

卡佛经受了那些年月("写你知道的东西",他说),并把它们融入他的作品。自然,当代小说不再对酒鬼的世界进行私密建构:卡佛的酒鬼居住在酒气熏天的室内空间,侵入其中的只有响个不停的刺耳的电话铃声或对酒精的更多需求。但是他小说的真正领地是内心——不论是否渴望威士忌。"卡佛领地"里到处都是常见的地标,它的边界——像被外部参数严格界定一样——被随机的残酷与折磨人的挥之不去的声音所界定。

"有人说这些故事发生在西北部某个特定的地点,"卡佛说,"不过我看不出来有这么一个特别的地方。大多数的故事,在我看来,可以发生在任何地方。我想我最感兴趣的是情感上的地理风貌。《当我们谈论爱情时我们在谈论什么》里的四个人可以围坐在阿尔伯克基的一张桌子旁,或埃尔帕索——但他们也可以在威奇塔或雪城。

塔斯卡卢萨!"卡佛笑着说,"反正我的故事大多数发生在室内。"

卡佛对其他作家不吝赞美且不迟疑,说到自己的处境时则像是在说人生道路上常见的障碍。回忆约翰·加德纳(死于 1982 年)时他说:"他保持信念——不屈不挠。"我说这句话也可以用在卡佛身上。他耸耸肩,笑了:"多数时候是这样,我在努力。"

"我很幸福,"卡佛说,"我觉得——我认为我是最幸运的人之一。"

"Raymond Carver: Darkness Dominates His Books, Not His Life" by Gail Caldwell from *The Boston Globe*, 1 June 1988, 25, 27. Conducted Spring 1988.

"我有本书要写完,我是个幸运的人"

詹尼·廖塔/1988 年

一篇夹杂着咳嗽声和叹气声的采访。几个月来,我们一直在做拜访雷蒙德·卡佛的安排,就是那位几天前刚刚去世的美国作家。每次他都无奈地道歉:"不行,我身体不好,我必须去西雅图做化疗。"那是他正在进行的肺癌治疗。

他从未流露出恼怒,而是表现出某种关切:"我有兴趣。我靠来自意大利、来自荷兰、来自英国的版税生活。评论家太好了。"咳嗽。这段半开玩笑的话是说给他敏感的同胞听的,他们指责他"用一些贫穷、绝望、无能的人的故事给美国抹黑"。

"但这是我的世界。"卡佛咳嗽、叹气,解释他为什么不得不再次推迟大陆另一边华盛顿州安吉利斯港的会面,他和他的伴侣诗人特丝·加拉格尔住在那里。"我是全职的贫穷劳动者,小时候是,成年后也一直都是。"为节省时间,我解释说我想知道他对"极简主义"这个标签的感受,在莱维特和麦金纳尼鼓吹曼哈顿的光鲜时,这位作家却在讲述"中部美国"的黑暗。他抱怨说:"我已经超越,超越了极简主义。我的小说不止如此,里面有更多的东西,你不觉得吗?其余的只是标签而已。"

这些定义肯定带给了他沉重的负担,沉重得就像这个把"删减"①变成一门艺术的人所经受的肺部手术("吓死人了")。"再删减一点,我的小说就不见了。"他总爱这么说。

卡佛的只言片语——不论是口头的还是笔下的——从来没有流露出似乎影响了伟大的塞林格的那种痛苦。"没有,我自己感觉很好。当然,化疗很难受,不过会过去的。我有信心。我很平静。我感觉自己受到了上天的眷

---

① "删减"与"切割"的英文都是"cut"。

顾。"他曾被描述成一个黑色诗人,一个考察生活阴暗面的人。他说(他承诺在接受采访时做出更详细的解释)是那样的,特别是在他失业、漂泊不定、与妻子及两个孩子一起生活、在晚上写诗和小说的艰苦日子里。

这之后他经历了不同的时期:与特丝一起写作,需要来点都市节奏给自己充充电时就去一趟纽约;他坐在大窗户前面看海,特丝则在屋子另一头边写作,边在大窗户前面看山。

结束前最好问他一下:"你感觉如何?"

"很好。你知道吗? 我发现写作有困难,不过我觉得我很快就会复原。我有本书要写完,有回忆录(你能相信吗?)要整理,有诗歌要发表。我是个幸运的人。"在死亡中枯萎与在文学中枯萎相似,卡佛用咳嗽结束了谈话。在我看来,他在礼貌推延的过程中,已经找到了说出一切的方法。

"I've Got a Book to Finish, I'm a Lucky Man" by Gianni Riotta from *Corriere della sera* (Milan), 7 August 1988, 12. Conducted Spring 1988. Translated by Susanna Peters Coy.